$\mathrm{\LaTeX\,2_\varepsilon}$ 入門

生田誠三

著

朝倉書店

序

■「LATeX 2ε とワープロはどこがどう違うの？」とまずくるかもしれません．両者は「似てまったく非なるもの」というのがその答えです．従来のワープロの出力は字面(じづら)を単に配列しただけのものです．遠目には格好よく映っても，まともな出版社の目からすればとても出版に耐える代物ではありません．

■ LATeX 2ε は，従来のワープロのソフトが有している機能の多くをその内に秘めた文書整形のための組版システムなのです．本書の版下は，p.119 を除き，この LATeX 2ε を使い，色刷りを含め「本ページの最初の一文字」から「索引の最終ページの最後の一文字」に至るまでのすべてを，ソフトとプリンタ込みでわずか 25 万円ほどのパソコンシステムで作り（ただし，版下の最終原稿だけは業者の高解像度のプリンタで出力しました），業者による組版作業を一切経ずして（ということは組版コストが 0 円ということ）直接印刷・製本しました．「LATeX 2ε とは何か」．この問いへの最も適切な答えは「本書のような本を作成するための組版システムである」ということに尽きます．

■ LATeX 2ε は，完全なフリーソフトでかつその全情報が完全に無料公開されており，しかも ン千万円もする業務用ソフトと潜在的にほぼ同程度の機能を有する「組版システム」なのです．にもかかわらず LATeX 2ε がいまだ一部のマニアのものでしかないのは一体なぜか（もっとも，理工系の学徒・研究者の間では国際的な広がりを見せており，世界標準となりつつあるが）．その理由はただ一つ．最初のとっかかりが難儀するのです．つまり敷居が高いのです．しかし，この敷居を一度乗り越え奥座敷へと進み行くにつれ，LATeX 2ε が悪魔的と言えるほどの魅力と艶っぽさを秘めた無限の可能性を内包したソフトであることを誰もが思い知ることになるでしょう．

■ それまでワープロ専用機を使っていた筆者が 10 年ほど前に同僚から LATeX の存在を知らされ驚嘆し（その凄さに驚きその知らずを嘆き）早速飛びつきましたが，まず困惑したのは，初心者向けの適切な入門書がなかったことでした．無論，幾つかの解説書は既にありましたが，どれもが「専門家による専門家のためのもの」であるか「初心者向け」とはしているが未定義用語で未定義用語を定義するといったなぞ解き的なものしかありませんでした．そこで筆者が取った奥の手は，入手した数冊の解説書に記載されている入・出力例を，理解できることならどんな簡単なことであっても一つひとつ自ら手を動かし確かめ，そのリストを作ったことでした．これによって，半年ほどで理屈はともかく LATeX の何たるかを体得することができました．そして 200 近くになったリストをとりまとめ出版したのが旧「LATeX 文典(1996)」でした．筆者は当初，これを初心者向けに書いたつもりでしたが，出版後これが初心者には少なからず抵抗感の残るものであることを，毎年当研究室にやってくる院生の言から知るはめになりました（その後 LATeX 2ε の出現によってこれを全幅的に書き改めたのが「LATeX 2ε 文典」です）．

■ 初心者用として筆を執ったはずの旧「LATeX 文典」の意図が必ずしも成功しなかった遠因を探って行き着いた結論は，初心者向け解説書の執筆の第一の要諦は，すべからく「何を書くべきではないか」という原則の固守にあるということでした．この原則を一度少しでも緩め，老婆心から「このくらいは知っていると便利であろう」として加筆していくと，たちまち「あれもこれも」となり，中・上級者を喜ばせはしても初心者を戸惑わせる結果となってしまいます．本書はこの原則を固守して書きました．しかしながら，初心者向けとはいっても決して手を抜いている訳ではありません．中・上級者向けの「参考文献リストの作成 (自動的)」（50 節 (p.99)）と「色指定」（51 節 (p.105)）は初心者にも是非使ってもらいたい LATeX 2ε の優れた機能なので敢えて詳述しました．また各節の最後の小節には中・上級を目指す読者のための「更なる上級への指針」を載せました．この指針に沿って上級へと進まれることを期待しています．

■ 本書が，読者諸氏の LATeX 2ε スキル向上の一助にでもなればこれにまさる慶びはありません．旧「LATeX 文典」の執筆以来，今日まで数多(あまた)の諸氏より頂いた励ましとコメントの数々は本書執筆の欠かせぬ糧となりました．とはいえ，本書の内容に不備・誤りがあるとすれば，その責はもとより筆者にあることは言うまでもありません．本書執筆の最終段階で，すべての入・出力例のタイプミスと説明の不適切さについてチェックをして頂きました院生 Ee Mong Shan 嬢にはここで改めて謝意を申し上げます．また，この入門書の企画を快諾していただきました朝倉書店編集部には心底より謝意を表します．最後に，本書の起稿から脱稿に至る 1 年有余の間，家事一切をまかせきりにした妻 秀玲に対しても心底より謝意を捧げたい．

2003 年 6 月

生 田 誠 三

本書を読むに当たって

■ 本書全体にわたり「\begin」「\alpha」「\\」などの命令の頭に付くバックスラッシュ「\」は ¥ キー（デスクトップ型の通常の DOS/V 機ではキーボードの上列右端付近にある）で入力します．文書ファイル上では「¥」と出力されますが，これは「\」とまったく同じ機能を有しています．

■ 本書は，文献 [23, 乙部，江口] に添付の CD-ROM にある LaTeX 2_ε のシステムを使って書き上げました．したがって，本書の読者には是非ともこの文献を入手することをお勧めします．この中には必要なものがほとんどすべて収録されており，このシステムを使用する限り，あちこちのサイトから何かをダウンロードするという必要性はほとんどありません《なお，この CD-ROM の入手に際しては，1.2 節 (p.2) にある『ソフトバンクパブリッシング株式会社よりの書簡』を必ず読むこと》．

■ 本書の本文中にある 〈→p.100 (50.3)〉は「本書 p.100 にある 50.3 節を見よ」を意味します．

■ 本書にある【文典】は自著の「LaTeX 2_ε 文典 [9]」を指します．

■ 本書中の長さを表す，たとえば ←15mm→ という表示はおよそ 90% に縮小されています．

LaTeX 2_ε の魔術的なところ

知れば知るほどに LaTeX 2_ε は魔術的ですらあることを痛感しますが，筆者はここで，これまで接してきた大方の LaTeX 2_ε ユーザが次の 2 点の何れかあるいは両方においてその魔術に幻惑かつ呪縛されているという事実をここで述べておきたいと思います．LaTeX 2_ε の知識を少しでも深め，この魔術的呪縛から解放されんことを祈るばかりです．

- LaTeX 2_ε の表面的なことは，初歩的なマニュアルを読むだけで 二三日もあればマスターできてしまいます．ところが，この表面的なことをマスターするだけでも，他の多くのワープロソフトやワープロ専用機よりもはるかに高等なことができてしまうので，初心者の多くはそれで十分に満足してしまい，それ以上 LaTeX 2_ε の世界に立ち入ろうとはしなくなってしまいます．これが LaTeX 2_ε の 第一の魔術的 なところです．一例をあげれば，数表を作成するには，本来，数式モードである array 環境を使うべきところを文書モードである tabular で済ませてしまう人がほとんどです．マイナスの付いた数，たとえば -12 という数字は，array 環境では -12 となりますが，tabular 環境では -12 となってしまいます．「-」はハイフンであってマイナス記号ではありません．しかも LaTeX 2_ε の相当の使い手と思われる人のみならず，LaTeX 2_ε 解説本においてすら，知ってか知らぬか（多分気付いていないのでしょう）数表を平気で tabular 環境で例示しているのがあります．困ったことです．

- LaTeX 2_ε をある程度使い込みその秘めた可能性に魅了されてくると，その魅惑的な各種コマンドを前後脈絡なく面白おかしく使い始め，やがて自ら無節操に打ち込んだテキストファイルの大海に溺れてしまいます．これが LaTeX 2_ε の 第二の魔術的 なところです．絶世の美女の放った魔性の蜘蛛の糸にひっかかりもがいているようなものです．とくに LaTeX 2_ε で書籍などを執筆する場合，\newcommand などによるマクロ命令を思い付きで勝手に作って行ってみてください．終わりに近づくにつれてまことに滑稽な事態になってしまうことに気が付くことでしょう．この類稀なソフトを有効に使うためには，使い手のしっかりした哲学の確立が不可欠です．そのためにも，LaTeX 2_ε の知識をある程度（少なくとも本書の内容の全部）いち早く身に付けることが急務となりましょう．

… 我が LaTeX 2_ε 遍歴への自戒！

(a) 本書の内容については万全を期していますが，万一，不明・疑問点（タイプミスも含）がありましたら出版社まで 書面 あるいは下記 E メイル にてご連絡下さい．

E-mail:edit@asakura.co.jp

(b) ご連絡を頂いたことに関しては朝倉書店のホームページ

http://www.asakura.co.jp

中の「LaTeX 2_ε 入門」の中にてお答えいたします．

(c) 本書の内容に関わるいかなる効果・結果についても一切責任を負いかねますのでご了承下さい．

(d) 本書の全部または一部について，出版社からの文書による承諾を得ずに複製することは禁じられています．

節の目次

1. $\LaTeX 2_\varepsilon$ のインストール .... 推奨インストーラー ... **1**
2. $\LaTeX 2_\varepsilon$ 教材としての指針 ....【演習】の構成と進め方 ... **3**
3. 最も簡単な入・出力例 .... 文書クラス指定領域　プリアンブル　文書環境 ... **5**
4. 文書クラス .... \documentclass　article　10pt ... **6**
5. ページのレイアウト .... ページの高さと幅　段組　\textheight　\twocolumn ... **7**
6. ページ形式とヘッダ・フッタ .... ヘッダ　フッタ　\pagestyle　plain ... **11**
7. 文書ファイルの分割と結合 .... \input ... **14**
8. 命令と引数 .... 単独命令　環境命令　マクロ命令 ... **15**
9. マクロ命令 .... \newcommand　\newenvironment ... **17**
10. パッケージの使用 .... \usepackage ... **20**
11. 部・章・節・段落 .... \part　\chapter　\section　\paragraph ... **21**
12. 付録 .... \appendix ... **23**
13. 目次 .... 本文目次　図表目次　付録目次　\tableofcontents ... **25**
14. 字下げ .... 15mm 文のはじめ　\parindent　\noindent ... **27**
15. 水平・垂直方向のスペース .... \hspace　\vspace ... **28**
16. 改行・改行幅・改ページ .... \\　\par　\baselineskip　\clearpage ... **30**
17. 文間・単語間・改行不可スペース .... \@　_　~ ... **32**
18. 左・中・右寄せ .... 左　中　右　\centerline　center 環境 ... **34**
19. 段落・左右・数式モード .... [文書モード] = [段落モード] + [左右モード] ... **35**
20. 文書 (段落・左右) モードの文字 .... プロポーショナルスペーシング　字詰め　合字 ... **37**
21. 数式モードの文字 .... $\alpha\beta\varepsilon\Gamma$　$012ab\mathfrak{AB}$　$\mathbb{ABC}$　$\mathcal{ABC}$　$F\mathscr{z}$ロ　$\mathtt{012abc}$　$\alpha\beta\varepsilon\Gamma$ ... **39**
22. 書体選定（文書モード）............. *12abAB*　12abAB　12abAB　**12abAB**　*12abAB* ... **41**
23. 文字・数字・数式のサイズ .... \tiny　\footnotesize　\small　\LARGE ... **43**
24. キーボード上の記号 .... = + - ( ) [ ] / * , . ; ? @ ! > | # $ % & _ } ~ ^ ... **45**
25. 特殊記号 .... œ Å Æ ™ ® ℵ ℏ ℜ ∀ ∂ ♣ ◇ ♡ ... **47**
26. 演算子記号 .... ± × ÷ • ∩ ⊕ ⋒ ⋎ ⋏ ⊛ ≤ ⪇ ≦ ≪ ≺ ⊂ ≈ ... **49**
27. 矢印記号 .... ← ⇒ ⇔ ↦ ⇝ ↗ ⌢ ↺ ⇝ ⇊ ... **52**
28. 区切り記号 .... ([{ ‖ ⌈ ⟩ ↑ ( ) ... **53**
29. ドットとダッシュ .... … ⋮ ⋱ ⋯ - -- --- ... **56**
30. アクセントとプライム .... $\vec{a}$ $\acute{a}$ $\hat{a}$ $\bar{a}$ $\tilde{a}$ $\ddot{a}$ $\vec{A}$ $\hat{A}$ $\widehat{AAA}$ $\widetilde{AAA}$ $AAA^\smile$ f' ... **57**
31. アンダー・オーバーライン .... $\underline{abc}$ $\overline{abc}$ $\underline{abc}$ $\overline{abc}$ ... **59**
32. アンダー・オーバーブレイス .... $\underbrace{aaaaa}$ $\overbrace{aaaaa}$ ... **60**
33. アレイ表とタブロー表 .... $\begin{array}{|c|c|}\hline a&b\\\hline c&d\\\hline\end{array}$　array 環境 ... **61**

34	数式と数式番号............ 文中数式　段落数式　eqnarray 環境　T–スタイル　D–スタイル ...	65
35	Sum 型記号................................. $\sum$ $\int$ $\iint$ $\prod$ $\cap$ $\sqcup$ $\vee$ $\otimes$ ...	68
36	Log 型記号.................... log　max　lim　$\varprojlim_{n}$　lim inf　ess inf$_x$　sin　cos　exp　Pr ...	69
37	添字・分数・平方根・二項係数.................... x^2　$1/2$　$\frac{a}{b+c}$　$\sqrt{x}$　$\binom{m}{n}$ ...	70
38	行列・行列式・ベクトル .... $\begin{pmatrix}a&b\\c&d\end{pmatrix}$ $\begin{vmatrix}a&b\\c&d\end{vmatrix}$ ...	73
39	場合分け .... $x = \begin{cases} a & \text{if } x=1 \\ b & \text{if } x=2 \end{cases}$ ...	74
40	定理の記述 .... **Theorem 1.2** *It converges to 0.5.* ...	75
41	箇条書 .... 1. あああ　● あああ　桐壺 あああ　2. いいい　● いいい　浮舟 いいい ...	76
42	図形 .... ◉ ／ ↗ ┣━━━┫ picture 環境 ...	78
43	曲線 .... \bezier 曲線 ...	84
44	図環境と表環境 .... figure 環境　table 環境 ...	86
45	脚注 .... \footnote ...	88
46	ボックス .... 箱　\fbox　\framebox　\fboxsep ...	89
47	ミニページ .... minipage 環境 ...	93
48	相互参照 .... \label　\ref　\pageref ...	94
49	参考文献リストの作成（手作業）................................... \bibitem ...	97
50	参考文献リストの作成（自動的）................... 文献データベースファイル ...	99
51	色指定 .... 海原　太陽　青葉 ...	105
52	ファイル名と参照ラベルの管理............ ***.TEX　***.000　***.001　***.002 ...	113
53	エラー対策 .... エラーメッセージ ...	114
54	本書で省いたトピックス	115
55	更なる知識習得へ向けての指針 .... 文献　[6]　[11]　[5]　[46]　[20]　[50]　[28] ...	117
56	LaTeX 2_ε 関連情報の所在 .... CTAN　ユーザーズ・グループ ...	118
参考文献	....	120
索引	....	122

目次

1 LaTeX 2ε のインストール　　1
  1.1 推奨インストーラー　　1
  1.2 その他のインストールの方法について　　1

2 LaTeX 2ε 教材としての指針　　3
  2.1 【演習】の構成と進め方　　3
  2.2 レポートの文書ファイルの作成　　3

3 最も簡単な入・出力例　　5
  3.1 基本的な 4 つのステップ　　5
  3.2 文書ファイルの基本構造　　5

4 文書クラス　　6
  4.1 文書クラスと文書クラスオプション　　6
  4.2 文書クラスの種類　　6
  4.3 文書クラスオプション　　6
  4.4 ★★★　更なる上級への指針　　6

5 ページのレイアウト　　7
  5.1 ページのレイアウトパラメータ　　7
  5.2 ページのレイアウトの例　　7
  5.3 ★★★　更なる上級への指針　　8

6 ページ形式とヘッダ・フッタ　　11
  6.1 ページ形式　　11
  6.2 ★　ページ番号の付き方の規則　　11
  6.3 ★★　ページ番号の種類の変更　　12
  6.4 ★★★　更なる上級への指針　　13

7 文書ファイルの分割と結合　　14
  7.1 ★　文書ファイルの分割と結合　　14
  7.2 ★★★　更なる上級への指針　　14

8 命令と引数　　15
  8.1 3 種類の命令　　15
  8.2 命令の引数　　15
  8.3 ★　宣言型の命令とグルーピング　　15
  8.4 ★　文字で終わる命令の後ろの 2 つ以上の空白は無視される　　16
  8.5 ★★★　更なる上級への指針　　16

9 マクロ命令　　17
  9.1 ★　マクロ命令とは　　17
  9.2 ★　新命令の定義　　17
  9.3 ★　既存命令の再定義　　18
  9.4 ★★　新環境命令の定義変更　　18
  9.5 ★★★　更なる上級への指針　　19

10 パッケージの使用　　20
  10.1 ★　パッケージとは応用ソフト　　20
  10.2 ★　パッケージの登録について　　20
  10.3 ★　パッケージを使うには　　20

11 部・章・節・段落　　21
  11.1 部・章・節・段落　　21
  11.2 論文（jarticle）における部・章・節・段落　　21
  11.3 ★　本（jbook）・報告書（jreport）における部・章・節・段落の出力　　22
  11.4 ★★★　更なる上級への指針　　22

12 付録　　23
  12.1 付録の作成命令　　23
  12.2 論文（article）における付録の出力　　23
  12.3 ★　本（book）・報告書（report）における付録の出力　　24
  12.4 ★★★　更なる上級への指針　　24

13 目次　　25
  13.1 目次の出力　　25
  13.2 論文（article）における目次の出力　　25
  13.3 本（book）・報告書（report）における目次の出力　　26
  13.4 ★★★　更なる上級への指針　　26

14 字下げ　　27
  14.1 行頭の字下げ　　27
  14.2 字下げの一時的解除　　27
  14.3 ★★★　更なる上級への指針　　27

15 水平・垂直方向のスペース　　28
  15.1 水平方向にスペースを空ける　　28
  15.2 垂直方向にスペースを空ける　　29
  15.3 ★★★　更なる上級への指針　　29

16 改行・改行幅・改ページ　　30
  16.1 文中改行と改行幅　　30
  16.2 段落改行　　30
  16.3 改ページ　　31
  16.4 ★★★　更なる上級への指針　　31

17 文間・単語間・改行不可スペース　　32
  17.1 ★　文間スペース　　32
  17.2 ★　単語間スペース　　32
  17.3 ★　改行不可スペース　　33
  17.4 ★★★　更なる上級への指針　　33

18 左・中・右寄せ 34
    18.1 1 行のテキストの左・中・右寄せ 34
    18.2 ★ 複数行のテキストの左・中・右寄せ . 34

19 段落・左右・数式モード 35
    19.1 3 通りのモード 35
    19.2 段落モード 35
    19.3 ★ 左右モード 35
    19.4 数式モード 36
    19.5 ★★★ 更なる上級への指針 36

20 文書 (段落・左右) モードの文字 37
    20.1 数字 37
    20.2 英文字 37
    20.3 ★ 文字間の幅の調整 37

21 数式モードの文字 39
    21.1 数字 39
    21.2 英文字 39
    21.3 ギリシャ文字 39
    21.4 数式モード内で文書モードのテキストを書く 40
    21.5 ★★★ 更なる上級への指針 40

22 書体選定 (文書モード) 41
    22.1 書体選定の 2 つの方法 41
    22.2 宣言型の書体命令 41
    22.3 命令型の書体命令 41
    22.4 ★ 書体の組み合わせ選定 42
    22.5 ★★★ 更なる上級への指針 42

23 文字・数字・数式のサイズ 43
    23.1 文書モードにおける文字・数式のサイズ . 43
    23.2 数式モードにおける文字・数式のサイズ . 44
    23.3 ★★★ 更なる上級への指針 44

24 キーボード上の記号 45
    24.1 文書モードにおけるキーボード上の記号 . 45
    24.2 数式モードにおけるキーボード上の記号 . 45
    24.3 ★ 命令の一部として使用する記号 . . . 45
    24.4 ★ % 記号の用法 46
    24.5 ★★★ 更なる上級への指針 46

25 特殊記号 47
    25.1 登録パッケージ 47
    25.2 特殊記号（文書モード） 47
    25.3 特殊記号（数式モード） 47
    25.4 特殊記号（数式・文書モード） . . . 48
    25.5 ★★★ 更なる上級への指針 48

26 演算子記号 49
    26.1 登録パッケージ 49
    26.2 二項演算子記号 49
    26.3 関係演算子記号 50

27 矢印記号 52
    27.1 登録パッケージ 52
    27.2 矢印記号 52

28 区切り記号 53
    28.1 ★ 登録パッケージ 53
    28.2 ★ 区切り記号 53
    28.3 ★ 単独の拡大命令 I 53
    28.4 ★ 単独の拡大命令 II 53
    28.5 ★ 単独の拡大命令 III 54
    28.6 ★ 左右対の拡大命令 54

29 ドットとダッシュ 56
    29.1 ドット記号 56
    29.2 ダッシュ記号 56
    29.3 ★★★ 更なる上級への指針 56

30 アクセントとプライム 57
    30.1 登録パッケージ 57
    30.2 アクセント記号 57
    30.3 プライム記号 57
    30.4 ★★★ 更なる上級への指針 58

31 アンダー・オーバーライン 59
    31.1 アンダーラインとオーバーライン . . 59
    31.2 ★★★ 更なる上級への指針 59

32 アンダー・オーバーブレイス 60
    32.1 アンダーブレイスとオーバーブレイス . . 60
    32.2 ★★★ 更なる上級への指針 60

33 アレイ表とタブロー表 61
    33.1 作表の 3 通りの方法 61
    33.2 アレイ表 61
    33.3 タブロー表 63
    33.4 アレイ表とタブロー表の類似点 . . . 63
    33.5 ★★★ 更なる上級への指針 64

34 数式と数式番号 65
    34.1 文中数式 65
    34.2 段落数式 65
    34.3 数式の 2 つのスタイル 66
    34.4 ★★★ 更なる上級への指針 67

35 Sum 型記号 68
    35.1 Sum 型記号 68
    35.2 ★★★ 更なる上級への指針 68

36 Log 型記号 ... 69
- 36.1 Log 型記号 ... 69
- 36.2 ★★★ 更なる上級への指針 ... 69

37 添字・分数・平方根・二項係数 ... 70
- 37.1 添字 ... 70
- 37.2 分数 ... 70
- 37.3 平方根 ... 71
- 37.4 二項係数 ... 72
- 37.5 ★★★ 更なる上級への指針 ... 72

38 行列・行列式・ベクトル ... 73
- 38.1 行列と行列式 ... 73
- 38.2 ベクトル ... 73
- 38.3 ★★★ 更なる上級への指針 ... 73

39 場合分け ... 74
- 39.1 場合分け ... 74
- 39.2 ★★★ 更なる上級への指針 ... 74

40 定理の記述 ... 75
- 40.1 定理環境の定義 ... 75
- 40.2 ★ 注付きの定理環境 ... 75
- 40.3 ★★★ 更なる上級への指針 ... 75

41 箇条書 ... 76
- 41.1 箇条書の 4 通りの書き方 ... 76
- 41.2 enumerate 環境による箇条書 ... 76
- 41.3 itemize 環境 ... 76
- 41.4 description 環境 ... 77
- 41.5 ★★★ 更なる上級への指針 ... 77

42 図形 ... 78
- 42.1 図形描画の概略 ... 78
- 42.2 ★ 図形環境 (picture 環境) ... 79
- 42.3 ★ 図形要素の参照点 ... 79
- 42.4 ★ 直線 ... 80
- 42.5 ★ ベクトル ... 81
- 42.6 ★ 円 ... 82
- 42.7 ★★ 四分円 ... 82
- 42.8 ★★ 図形要素を並べる ... 83
- 42.9 ★★★ 更なる上級への指針 ... 83

43 曲線 ... 84
- 43.1 \bezier 曲線 ... 84
- 43.2 ★ \qbezier 曲線 ... 84
- 43.3 ★★★ 更なる上級への指針 ... 85

44 図環境と表環境 ... 86
- 44.1 ★★ 簡単な例 ... 86
- 44.2 ★★ 図表の出力位置パラメータ ... 86
- 44.3 ★★ 図表環境の問題点 ... 87
- 44.4 ★★★ 更なる上級への指針 ... 87

45 脚注 ... 88
- 45.1 脚注の基本型 ... 88
- 45.2 ★★★ 更なる上級への指針 ... 88

46 ボックス ... 89
- 46.1 ★ 枠付きボックス I：\fbox ... 89
- 46.2 ★ 枠付きボックス II：\framebox ... 89
- 46.3 ★ 枠付きボックス III：\framebox ... 90
- 46.4 ★ 枠なしボックス：\mbox・\makebox ... 90
- 46.5 ★ ボックス枠と内部テキストとの間隔 ... 91
- 46.6 ★ ボックス枠の線の太さの指定 ... 91
- 46.7 ★ 黒ボックス ... 91
- 46.8 ★★★ 更なる上級への指針 ... 92

47 ミニページ ... 93
- 47.1 ミニページとは ... 93
- 47.2 ★★★ 更なる上級への指針 ... 93

48 相互参照 ... 94
- 48.1 相互参照 ... 94
- 48.2 自動数式番号の相互参照 ... 94
- 48.3 ★ 部・章・節などの番号の相互参照 ... 94
- 48.4 ★ 付録における章・節などの番号の相互参照 ... 95
- 48.5 ★ 図表番号の相互参照 ... 95
- 48.6 ★ 定理番号の相互参照 ... 95
- 48.7 ★ 脚注番号の相互参照 ... 96
- 48.8 ★ enumerate 環境による箇条書の相互参照 ... 96
- 48.9 ★ ページ番号の相互参照 ... 96
- 48.10 ★★★ 更なる上級への指針 ... 96

49 参考文献リストの作成 (手作業) ... 97
- 49.1 ★ 手作業による参考文献リスト ... 97
- 49.2 ★ 簡単な例 ... 97
- 49.3 ★ 参考文献リストの作成 ... 98
- 49.4 ★ 本文中での文献の引用 ... 98
- 49.5 ★★★ 更なる上級への指針 ... 98

50 参考文献リストの作成 (自動的) 99
- 50.1 ★★ 簡単な入・出力例 99
- 50.2 ★★ コンパイルについて 100
- 50.3 ★★ 本文中での文献の引用 100
- 50.4 ★★ 文献データベースファイルの指定 . 101
- 50.5 ★★ 文献出力スタイルの指定 101
- 50.6 ★★ 文献データベースファイルの構造 . 101
- 50.7 ★★ 文献カテゴリの一覧 103
- 50.8 ★★ フィールドの一覧 104
- 50.9 ★★★ 更なる上級への指針 104

51 色指定 105
- 51.1 ★★ 色を指定する 105
- 51.2 ★★ 色文字 I 105
- 51.3 ★★ 色文字 II 106
- 51.4 ★★ 色ボックス 106
- 51.5 ★★ 色ボックスに色文字 107
- 51.6 ★★ 色枠付きの色ボックス 107
- 51.7 ★★ 配色（GRAY）. 107
- 51.8 ★★ 配色（CMYK）. 108
- 51.9 ★★ 配色（RGB）. 109
- 51.10 ★★ 配色（HSB）. 109
- 51.11 ★★ Crayola 67 色 111

52 ファイル名と参照ラベルの管理 113
- 52.1 ★★ 文書ファイル名と参照ラベルの付け方 113

53 エラー対策 114
- 53.1 筆者が直面したエラーとその対策 114
- 53.2 エラー対策を詳述した文献 114

54 本書で省いたトピックス 115

55 更なる知識習得へ向けての指針 117

56 LaTeX 2ε 関連情報の所在 118
- 56.1 CTAN (Comprehensive TeX Archive Network) 118
- 56.2 TeX ユーザーズ・グループ 118

参考文献 120

索引 122

1　LATEX 2ε のインストール

1.1　推奨インストーラー

■　LATEX 2ε は，正常にインストールされていれば何でもかまいませんが，文献 [23, 乙部・江口] に添付の CD-ROM にあるインストーラーでインストールすることをお勧めします．これには必要なものはほとんどすべて含まれており，あちこちのサイトから何かをダウンロードする必要はまったくありません．本書も，また先に出版した「LATEX 2ε 文典」もすべてこのシステムで書き上げました．

■　インストールの際の注意

□　このインストーラーによるインストールでは，使用するプリンタの解像度を聞いてくることが一度だけあり，あとはまったく自動的にすべてをやってくれます．インストール完了後はコンピュータを再起動すればそれで完了です．

□　注意 1：解像度を聞いてくる画面には 1200dpi までの様々な解像度が表示されますので，あなたが使用するプリンタの解像度を 1 つ選定します（解像度の異なる 2 台のプリンタを使用しているからといって 2 つの解像度を指定することはできません）．

□　注意 2：選定する解像度とは「実解像度」のことです．プリンタメーカはすべて高解像度を謳いたいためソフト的に高めた解像度である「相当解像度」をその仕様書に載せてありますが，実解像度が何であるか必ず確かめ，それで選定してください．

□　注意 3：Windows XP を使う場合，[23, 乙部, 江口] の 2002 年 3 月 29 日発行の第 11 刷より古い書籍に付属する CD-ROM では，プログラムは動作しますが特殊記号のあるものが文字化けしたり，出力されなかったりします．2002 年 3 月 29 日発行の第 11 刷以降でその問題に対応しております《このことに関しては，このインストーラーの発売元であるソフトバンク パブリッシング株式会社より次のページにある書簡をいただいています》．

1.2　その他のインストールの方法について

■　インストールのその他の方法として次のようなものがあります《いずれの方法によるとしても，そのコンピュータが使用している OS との対応・馴染み具合いに注意すること》．

□　CTAN から関連ソフトを直接ダウンロードして LATEX 2ε のシステムを自分で組み立てる．

□　アスキー社の「日本語 LATEX 2ε インストールキット」(中野賢，淺山和典，内山孝憲) を使う．このキットには Windows 用，Macintosh 用，UNIX 用の 3 枚の CD-ROM が添付されています．

□　LATEX 2ε の解説書 [20, 奥村] [14, 海上] [25, 神代, 長島] に添付のインストーラーを使う．筆者の知るかぎりではこの 3 書のみ．他書があるかもしれません．

ソフトバンク パブリッシング株式会社よりの書簡
2003 年 5 月 8 日

1. **Windows XP での動作について**

    2002 年 3 月 29 日発行の第 11 刷より古い書籍に付属する CD-ROM では，プログラムは動作するものの，一部特殊記号が文字化けすることがわかっております．

2. **対応策**

    フォントファイルの問題ですので，著者のページからフォント修正ファイルをダウンロードして，実行してください．

    http://argent.shinshu-u.ac.jp/otobe/tex/book/WinXP.html

    新規インストールする場合，2002 年 3 月 29 日発行の第 11 刷以降で，その問題に対応しております．これまでに付属の CD-ROM をインストールしたことがある場合には，フォント修正ファイルを実行してください．

3. **著者のページからの引用**

    Windows XP 上において，一部の文字や記号の表示が不正なものとなり，本来表示されるべき記号ではなく，四角い箱（□）が表示されることがあることが確認されています．不正な表示となるのは，それぞれのフォントで文字コードが 16 進数で 14，8 進数で 24 となるものです．このような文字には，

    - ¥kappa（κ）
    - ¥le（≦ の等号部分が 1 本のもの）
    - やや大きめの [
    - チェックアクセント記号（^ の反対）

    などがあります．この現象は BaKoMa TrueType フォントの問題であることが確認されています．この問題は BaKoMa フォントのテーブルを修正することによって回避できます．この修正を行うプログラムをダウンロードするには，下記のいずれかの方法に従ってください．ファイルのサイズはかなり大きいので，回線が低速の場合は第 2 の方法をおすすめしますが，zip ファイルを展開するためのソフトウエアが別途必要です．

    - `FixBKM.exe` プログラムをダウンロードして実行します（約 3.5MB）．
    - `FixBKM.zip` ファイルをダウンロードしたのち，展開してから `FixBKM.exe` プログラムを実行します（約 2.2MB）．

    いずれの場合も，プログラムの実行後は自動で処理が行われます．場合によってはコンピュータを再起動する必要があります．なおこのプログラムは，BaKoMa フォントがインストールされていない環境においては，BaKoMa フォントを自動的に新規インストールします．インプレス社より発行されている TeX for Windows の環境がインストールされていた場合，それに付属のフォントが破壊されることがありますので，十分注意してください．

2 LaTeX 2ε 教材としての指針

2.1 【演習】の構成と進め方

■ 本書では，初心者にとって必要最小不可欠の LaTeX 2ε の知識を演習形式で述べてあります．演習は

　　初級【演習】 92 問 ＋ 中級【演習】★ 66 問 ＋ 上級【演習】★★ 30 問 ＝ 計 188 問

に分けてあります．

■ 演習は下に述べるように，段階的に進めることをお勧めします．

1. まずは初級【演習】を済ませて下さい（★ と ★★ と ★★★ の付いた項目はすべて読み飛ばす）．
2. つぎに中級【演習】★ へと進んで下さい（★★ と ★★★ の付いた項目はすべて読み飛ばす）．
3. 最後に上級【演習】★★ へと進んで下さい（★★★ の付いた項目はすべて読み飛ばす）．

2.2 レポートの文書ファイルの作成

■ 筑波大学 社会工学類経営工学専攻での筆者による LaTeX 2ε の授業では以下のような手順でレポートのファイルを作成させています．

■ まず，すべての演習に対して次のような個別の文書ファイル（文書クラスは jbook とする）を作成すること．これを「個別演習ファイル」と呼ぶことにします．このファイルが完成したらコンパイルし（50.2 節 (p.100) と 2(p.5) を見よ），その入・出力結果を確認すること（この文書ファイルはあとで使うので消さないこと）．なおここで使っている「verbatim 環境」は入力した通りのテキストをそこに出力させる命令です《左のボックスの「LaTeX 2ε はラテフツーイーとも呼ばれる」は同じテキスト文であることに注意》．

　　【演習 8.2】の個別演習ファイル名は「8_2.TEX」とする．

```
\documentclass[10pt]{jbook}
\textwidth=160mm \textheight=240mm
\begin{document}\fboxsep=1mm\fboxrule=0.1mm
\noindent [\textbf{演習 8.2}] \par\vspace{2mm}
\noindent\fbox{入力}\par\vspace{-1mm}
\begin{verbatim}
\LaTeXe\ はラテフツーイーとも呼ばれる
\end{verbatim}
\noindent\fbox{出力}\par\vspace{2mm}\noindent
\LaTeXe\ はラテフツーイーとも呼ばれる
\end{document}
```

⇒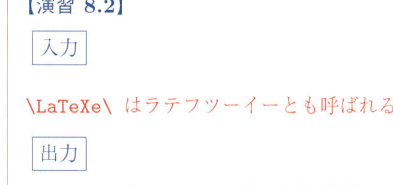

■ すべての【演習】を終えたら，すべての「個別演習ファイル」を次のページにある「全体演習ファイル」にある対応する節 \section の下にコピーする．コピーを終えたらこの「全体演習ファイル」をコンパイルし《脚注 2 (p.5) と 50.2 節 (p.100) を見よ》，その「dvi ファイル」を添付ファイル（これが評価レポートとなる）として担当教官に e-mail で送ること《全体演習ファイル名は学籍番号とすること》．

■ 「全体演習ファイル」のより完全なファイルは朝倉書店のホームページよりダウンロードできます．（p.ii を参照）

■ 全体演習ファイルへの入力の仕方．

- □ 「全体演習ファイル」の対応する \section の下の個所に，上の例にあるように，すでに作成済みの「個別演習ファイル」の 入・出力テキスト の部分をコピーすること．
- □ 【レポート×】とある【演習】に対しては \textbf{【演習 3.1】} 解答不可 と入力すること．
- □ 【演習】のない \section に対しては 【演習】なし と入力すること．

全体演習ファイル 19811328.TEX （学籍番号が 19811328 の学生・筑波太郎）の入力例

「全体演習ファイル」のより完全なファイルは朝倉書店のホームページよりダウンロードできます

```
\documentclass[10pt]{jbook}
\topmargin=0mm \textwidth=160mm \textheight=240mm \oddsidemargin=0mm \evensidemargin=0mm
\begin{document} %=============================== 文書の始まり
\baselineskip=5mm
\vspace*{20mm}
\pagestyle{empty} %------------------------------ ページ形式を宣言
\centerline{\Huge\textbf{\LaTeXe 演習レポート}}\vspace{10mm}
\centerline{\LARGE\textbf{筑波太郎}\footnote{生年月日など自己紹介的なことを入力}}\vspace{3mm}
\centerline{\large 社会工学類経営工学専攻}\vspace{3mm}
\centerline{\Large 学籍番号\hspace{5mm}19811328}\vspace{5mm}
\centerline{\today}\clearpage   %------------------ 文書ファイルをコンパイルした年月日の自動的出力
\pagestyle{plain} %-------------------------------- ページ形式を宣言
\setcounter{page}{1} %---------------------------- ページ番号を 1 に設定する
\renewcommand{\thepage}{\roman{page}} %----------- ページ番号の種類をローマ体の小文字 i,ii,iii,... に設定
\centerline{\textbf{\LARGE 序文}}\vspace{5mm} %--- 序文
序文らしい適当な文章を入力すること．
\clearpage
\centerline{\textbf{\LARGE 謝辞}}\vspace{5mm} %--- 謝辞
謝辞らしい適当な文章を入力すること．
\tableofcontents \clearpage  %-------------------- 目次を出力させる
\setcounter{page}{1} %---------------------------- 本文のページ番号を 1 に設定する
\renewcommand{\thepage}{\arabic{page}} %---------- ページ番号の種類をアラビア数字に設定する
\part{\LaTeXe の演習} %-------------------------- 部
\chapter{演習の入・出力} %------------------------ 章
\section{\LaTeXe のインストール} %---------------- 節
\section{\LaTeXe 教材としての指針}
\section{最も簡単な入・出力例}
\textbf{【演習 3.1】} 解答不可
\section{文書クラス}
\section{ページのレイアウト}
\section{ページ形式とヘッダ・フッタ}
\section{文書ファイルの分割と結合}
\section{命令と引数}

\noindent 【\textbf{演習 8.2}】 \par\vspace{2mm}
\noindent\fbox{入力}\par\vspace{-1mm}
\begin{verbatim}
\LaTeXe\ はラテフツーイーとも呼ばれる
\end{verbatim}
\noindent\fbox{出力}\par\vspace{2mm}\noindent
\LaTeXe\ はラテフツーイーとも呼ばれる
\section{マクロ命令}
\section{パッケージの使用}
\section{部・章・節・段落}
       ⋮
\section{本書で省いたトピックス}
【演習】なし
\section{更なる知識習得へ向けての指針}
【演習】なし
\section{\LaTeXe 関連情報の所在}
【演習】なし
\appendix  %-------------------------------------- 付録の始まり
\chapter{適当な標題} %---------------------------- 付録の章
\section{適当な標題} %---------------------------- 付録の節
\subsection{適当な標題} %-------------------------- 付録の小節
\renewcommand{\bibname}{参考文献} %---------------- 参考文献
\bibliography{myref} %---------------------------- 文献データベースファイルの宣言
\bibliographystyle{plain} %----------------------- 文献出力スタイルの指定
\end{document} %================================== 文章の終わり
```

3 最も簡単な入・出力例

3.1 基本的な4つのステップ

■ LaTeX 2ε で文章を作成するには以下の5つのステップを踏むことになります．

□ **Step 1**（文書ファイルの作成）　まず，拡張子を「〜.TEX」とした 文書ファイル を作ります．たとえばそれを XYZ.TEX とします《本書では文書ファイル名はすべて英大文字で表します[1]》．

□ **Step 2**（文書ファイルへの入力）　この文書ファイルに下のように入力します．

XYZ.TEX

```
\documentclass[11pt]{jarticle}
\textwidth=50mm
\begin{document}
あああああああああああああああああ
\end{document}
```

この文書ファイルは，おおむね次のことを意味しています．

```
\documentclass 命令〈→p.6 (4.1)〉で，11pt（ポイント）の「文字サイズ〈→p.6【演習 4.2】〉」を用い，「和文
の論文」という文書クラス jarticle〈→p.6 (4.2)〉で文書を作成することを宣言しています．次に，文書を幅
\textwidth=50mm〈→p.7 (5.1)〉の範囲の中に書くことを指示しています．文章の本体は \begin{document}
で始まり \end{document} で終わる document 環境〈→p.5 (3.2)〉の中に入力します．
```

□ **Step 3**（コンパイル）　文書ファイルの入力文を出力文に変換します[2]．

□ **Step 4**（プレビュー）　出力文に変換されたものをディスプレイ上に出力します．

```
       50mm
←──────────→
あああああああああああ
ああああ
```

□ **Step 5**（プリントアウト）　ディスプレイに出力されたものと同じものをプリンタに出力します．

□【演習 3.1】　上の文書ファイル XYZ.TEX を実際に作成し **Step 1** から **Step 5** までを実行し，その出力結果を確かめて下さい．　　　　　　　　　　　　　　　　　　　　　　【レポート×】

3.2 文書ファイルの基本構造

■ LaTeX 2ε における文書ファイルは次の3つの領域から成ります．

`\documentclass[11pt]{jarticle}`	文書クラス指定領域	文書クラスを指定する領域
`\textwidth=50mm`	プリアンブル	事前に約束事を宣言する領域

`\begin{document}`
`あああああああああああああああ`
`\end{document}`
	document 環境	文書を作成する領域《 文書環境 とも言う》．

---

[1] 機種やそれにインストールされている OS によっては文書ファイル名を英大文字にするとコンパイルができないことがあります．そのときは xyz.tex と英小文字にすること．

[2] コンパイルはライオンマークの「guishell」と「bwpvtex」のいずれのアイコンでも実行することができます．guishell でコンパイルすると「目次」〈→p.25 (13)〉と「相互参照」〈→p.94 (48)〉を出力させることができます．

4 文書クラス

4.1 文書クラスと文書クラスオプション

■ \documentclass[11pt]{jarticle} 〈→p.5 (3.2)〉における

- jarticle を 文書クラス と言い，
- 11pt を 文書クラスオプション と言います．

4.2 文書クラスの種類

■ 文書クラスとしては次のものが用意されています．

	論文	本	報告書	欧文の手紙
欧文用	article	book	report	letter
和文横書き用	jarticle	jbook	jreport	×
和文縦書き用	tarticle	tbook	treport	×

☐【演習 4.1 】 演習 3.1 (p.5) における jarticle を tarticle に変えてその出力の違いを確かめて下さい． 【レポート ×】

■ 論文（article）と本（book）の違いは本書を読み進むうちに分かってくるはずです．
■ 報告書（report）はあまり使うことはないので本書では解説しません [9, 生田]．
■ 欧文の手紙（letter）については LaTeX 2_ε 文典 (p.69) を参照のこと《欧文手紙を書く人にはお勧めの文書クラスです》．

4.3 文書クラスオプション

■ 文書クラスオプションには文字サイズを指定する pt （これには 10pt・11pt・12pt の 3 通りがある）の他に 2 段組を指定する twocolumn，両面印刷を指定する twoside など様々なものがあります．

☐【演習 4.2 】 演習 3.1 (p.5) における 11pt を 10pt と 12pt に変えてその出力文字のサイズを比較して下さい《これを指定しなければ [10pt] となります》． 【レポート ×】

☐【演習 4.3 】 演習 3.1 (p.5) において，「あ」の文字を 1 ページ分以上入力し，[11pt] を [twocolumn,11pt] に変えてその出力結果を比較して下さい《文書クラスオプションはこのように並列入力します》． 【レポート ×】

4.4 ★★★ 更なる上級への指針

- 文書クラスファイルの変更 ·· 【→ 文典 p.4 　　】

  和文の論文クラス jarticle は文書クラスファイル jarticle.cls によって制御されています．したがって，この文書ファイルの内容を変更することによってその出力形式を変えることができます．たとえば節の標題を次のように変更することもできます．

| 1.2 Introduction （標準） | | 1.2 Introduction （変更） |

5 ページのレイアウト

5.1 ページのレイアウトパラメータ

■ すべてのページは ヘッダ ・ 本文 ・ フッタ ・ 欄外脚注 の4つの領域より成ります《p.9,10を見よ》.

■ これら4つの領域を各ページの中にどのように配置するかは ページのレイアウトパラメータ によって指定します.

■ これらのパラメータはプリアンブル〈→p.5(3.2)〉で \textwidth=50mm のように指定します.

■ 用紙の左上端点より下と右へそれぞれ 1 inch (2.54cm) 移動した点を ページの基準点 とし《p.9を見よ》, そこより右方向に伸びる線を ページの上基準線 , 下方向に伸びる線を ページの左基準線 と言うことにします. ページのレイアウトはこの基準線をベースに設定されます《個々のプリンタの構造上この基準点は若干ずれます》.

■ ページのレイアウトパラメータには下の表に示すものがあります. これらのページのパラメータはすべてオプションです《これらを設定しなければ標準レイアウト, すなわち標準値が自動設定されます》.

\topmargin	ページの上基準線よりヘッダ領域の上端までの距離
\headheight	ヘッダ領域の高さ
\headsep	ヘッダ領域の下端より本文領域の上端までの距離
\topskip	本文領域の上端から本文の第1行目までの距離
\textheight	本文領域の高さ
\textwidth	本文領域の幅
\evensidemargin	偶数(左)ページにおける左基準線より本文領域までの距離[1]
\oddsidemargin	奇数(右)ページにおける左基準線より本文領域までの距離[1]
\footskip	本文領域の下端とフッタ領域の下端までの距離
\marginparwidth	欄外脚注の幅
\marginparpush	欄外脚注間の距離
\marginparsep	欄外脚注と本文の距離
\columnsep	2段組における左右の段間の距離
\columnseprule	2段組における左右の段間に引く罫線の幅

5.2 ページのレイアウトの例

■ ページのレイアウトパラメータを指定しなければ出力結果は標準レイアウトとなります.

□【演習 5.1】 「あ」という文字を1ページ分以上入力した次のような文書ファイルを作り, その出力結果を確かめて下さい. この出力結果がページの標準レイアウトです. 【レポート ×】

```
\documentclass[10pt]{jarticle}
\begin{document}
あああああああああああああああああああああああ....
\end{document}
```

---

[1] article (論文) の場合, すべてのページが奇数 (右) ページと解釈され処理されます〈→p.11(6.2)〉(実際のページ番号が偶数であっても).

☐ 【演習 5.2 】　演習 5.1 の文書ファイルのプリアンブルに下のように 2 つのページのレイアウトパラメータを入力し，その出力結果を確かめて下さい． 【レポート ×】

```
\documentclass[10pt]{jarticle}
\textwidth =140mm   \textheight=250mm
\begin{document}
あああああああああああああああああああああ....
\end{document}
```

☐ 【演習 5.3 】★　演習 5.2 の文書ファイルに，下のように他のページのレイアウトパラメータも入力し，その出力結果を確かめて下さい． 【レポート ×】

```
\documentclass[10pt]{jarticle}
\topmargin      =  10mm  \headheight    =  5mm  \headsep   =  7mm
\textheight     = 141mm  \textwidth     = 90mm  \topskip   =  7mm
\evensidemargin =  25mm  \oddsidemargin = 25mm  \footskip  = 12mm
\begin{document}
あああああああああああああああああああああ....
\end{document}
```

☐ 【演習 5.4 】★　演習 5.3 の文書ファイルにおけるページのレイアウトパラメータの値をいろいろと変えてみてその出力結果を確かめて下さい． 【レポート ×】

☐ 【演習 5.5 】★　演習 5.1 の文書ファイルにおけるページのレイアウトパラメータと文書クラスオプションを下のように変更してその出力結果を確かめて下さい． 【レポート ×】

```
\documentclass[twocolumn,10pt]{jarticle}
\columnsep = 5mm   \columnseprule = 1mm
\begin{document}
あああああああああああああああああああああ....
\end{document}
```

☐ 【演習 5.6 】★　演習 5.5 における \columnseprule =1mm を \columnseprule=0mm に変えその出力結果を確かめて下さい《罫線が消えます》． 【レポート ×】

5.3　★★★　更なる上級への指針

- 欄外脚注について ………………………………………………………【→ 文典 p.8, 301　】
- 段組の変更について ……………………………………………………【→ 文典 p.10　】
- 2 段組について …………………………………………………………【→ 文典 p.7, 9　】
- ある特定のページのみの高さを変更する命令 \enlargethispage について ………【→ 文典 p.184　】

1段組ページレイアウトの出力例

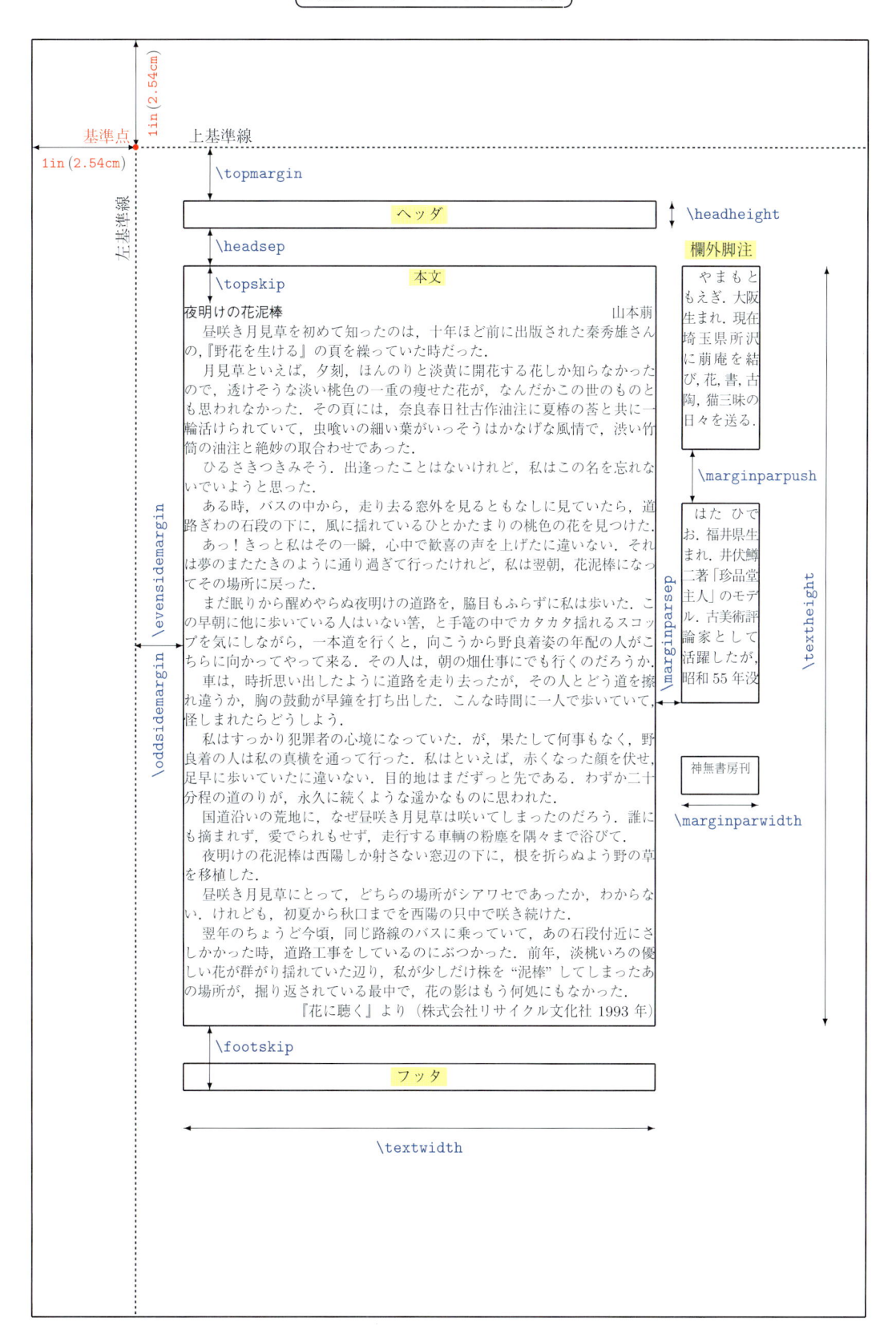

本文

夜明けの花泥棒 　　　　　　　　　　　　　　　　　　　　　　　　　　　　　山本萌

　昼咲き月見草を初めて知ったのは，十年ほど前に出版された秦秀雄さんの，『野花を生ける』の頁を繰っていた時だった．

　月見草といえば，夕刻，ほんのりと淡黄に開花する花しか知らなかったので，透きそうな淡い桃色の一重の痩せた花が，なんだかこの世のものとも思われなかった．その頁には，奈良春日社古作油注に夏椿の萼と共に一輪活けられていて，虫喰いの細い葉がいっそうはかなげな風情で，渋い竹筒の油注と絶妙の取合わせであった．

　ひるさきつきみそう．出逢ったことはないけれど，私はこの名を忘れないでいようと思った．

　ある時，バスの中から，走り去る窓外を見るともなしに見ていたら，道路ぎわの石段の下に，風に揺れているひとかたまりの桃色の花を見つけた．

　あっ！きっと私はその一瞬，心中で歓喜の声を上げたに違いない．それは夢のまたたきのように通り過ぎて行ったけれど，私は翌朝，花泥棒になってその場所に戻った．

　まだ眠りから醒めやらぬ夜明けの道路を，脇目もふらずに私は歩いた．この早朝に他に歩いている人はいない筈，と手篭の中でカタカタ揺れるスコップを気にしながら，一本道を行くと，向こうから野良着姿の年配の人がこちらに向かってやって来る．その人は，朝の畑仕事にでも行くのだろうか．

　車は，時折思い出したように道路を走り去ったが，その人とどう道を擦れ違うか，胸の鼓動が早鐘を打ち出した．こんな時間に一人で歩いていて，怪しまれたらどうしよう．

　私はすっかり犯罪者の心境になっていた．が，果たして何事もなく，野良着の人は私の真横を通って行った．私はといえば，赤くなった顔を伏せ，足早に歩いていたに違いない．目的地はまだずっと先である．わずか二十分程の道のりが，永久に続くような遥かなものに思われた．

　国道沿いの荒地に，なぜ昼咲き月見草は咲いてしまったのだろう．誰にも摘まれず，愛でられもせず，走行する車輌の粉塵を隅々まで浴びて．

　夜明けの花泥棒は西陽しか射さない窓辺の下に，根を折らぬよう野の草を移植した．

　昼咲き月見草にとって，どちらの場所がシアワセであったか，わからない．けれども，初夏から秋口までを西陽の只中で咲き続けた．

　翌年のちょうど今頃，同じ路線のバスに乗っていて，あの石段付近にさしかかった時，道路工事をしているのにぶつかった．前年，淡桃いろの優しい花が群がり揺れていた辺り，私が少しだけ株を"泥棒"してしまったあの場所が，掘り返されている最中で，花の影はもう何処にもなかった．

　　　　　　　　　　　　　　『花に聴く』より（株式会社リサイクル文化社 1993 年）

欄外脚注

やまもと　もえぎ．大阪生まれ．現在埼玉県所沢に崩庵を結び，花，書，古陶，猫三昧の日々を送る．

はた　ひでお．福井県生まれ．井伏鱒二著「珍品堂主人」のモデル．古美術評論家として活躍したが，昭和 55 年没

神無書房刊

2段組ページレイアウトの出力例

ヘッダ

\columnsep

本文

夜明けの花泥棒　　　　山本萌

昼咲き月見草を初めて知ったのは，十年ほど前に出版された秦秀雄さんの，『野花を生ける』の頁を繰っていた時だった．

月見草といえば，夕刻，ほんのりと淡黄に開花する花しか知らなかったので，透けそうな淡い桃色の一重の痩せた花が，なんだかこの世のものとも思われなかった．その頁には，奈良春日社古作油注に夏椿の蕾と共に一輪活けられていて，虫喰いの細い葉がいっそうはかなげな風情で，渋い竹筒の油注と絶妙の取合わせであった．

ひるさきつきみそう．出逢ったことはないけれど，私はこの名を忘れないでいようと思った．

ある時，バスの中から，走り去る窓外を見るともなしに見ていたら，道路ぎわの石段の下に，風に揺れているひとかたまりの桃色の花を見つけた．

あっ！きっと私はその一瞬，心中で歓喜の声を上げたに違いない．それは夢のまたたきのように通り過ぎて行ったけれど，私は翌朝，花泥棒になってその場所に戻った．

まだ眠りから醒めやらぬ夜明けの道路を，脇目もふらずに私は歩いた．この早朝に他に歩いている人はいない筈，と手篭の中でカタカタ揺れるスコップを気にしながら，一本道を行くと，向こうから野良着姿の年配の人がこちらに向かってやって来る．その人は，朝の畑仕事にでも行くのだろうか．

車は，時折思い出したように道路を走り去ったが，その人とどう道を擦れ違うか，胸の鼓動が早鐘を打ち出した．こんな時間に一人で歩いていて，怪しまれたらどうしよう．

私はすっかり犯罪者の心境になっていた．が，果たして何事もなく，野良着の人は私の真横を通って行った．私はといえば，赤くなった顔を伏せ，足早に歩いていたに違いない．目的地はまだずっと先である．わずか二十分程の道のりが，永久に続くような遥かなものに思われた．

国道沿いの荒地に，なぜ昼咲き月見草は咲いてしまったのだろう．誰にも摘まれず，愛でられもせず，走行する車輌の粉塵を隅々まで浴びて．

夜明けの花泥棒は西陽しか射さない窓辺の下に，根を折らぬよう野の草を移植した．

昼咲き月見草にとって，どちらの場所がシアワセであったか，わからない．けれども，初夏から秋口までを西陽の只中で咲き続けた．

翌年のちょうど今頃，同じ路線のバスに乗っていて，あの石段付近にさしかかった時，道路工事をしているのにぶつかった．前年，淡桃いろの優しい花が群がり揺れていた辺り，私が少しだけ株を"泥棒"してしまったあの場所が，掘り返されている最中で，花の影はもう何処にもなかった．

『花に聴く』より（株式会社リサイクル文化社 1993 年）

\columnseprule

フッタ

やまもともえぎ．大阪生まれ．現在埼玉県所沢に崩庵を結び，花，書，古陶，猫三昧の日々を送る．

はた　ひでお．福井県生まれ．井伏鱒二著「珍品堂主人」のモデル．古美術評論家として活躍したが，昭和 55 年没

神無書房刊

6 ページ形式とヘッダ・フッタ

6.1 ページ形式

■ ヘッダとフッタ(→p.9) には「ページ番号」「章や節の番号とその標題」「あれば便利と思われる情報」を出力させることができます．

■ ヘッダとフッタへの情報の出力形式を ページ形式 と言い，次の4通りがあります．

empty	ヘッダ，フッタ共に何も出力されず，ページ番号のないページとなります．
plain	ヘッダには何も出力されず，フッタの中央にページ番号が出力．
headings	フッタには何も出力されず，ヘッダにページ番号と章や節の番号およびその標題が出力．
myheadings	好みの情報が出力できます．

■ たとえば「empty形式」を指定するには次のように宣言します．

《命令》 `\pagestyle{empty}`

■ これはプリアンブルでも document 環境のいずれでも宣言できます《これを文章の途中で宣言すると，それが宣言されているページから設定がそれに変わります》．

■ ページ形式を宣言しなければ，次のように標準設定されます．

論文(article)・報告書(report)	plain 形式
本(book)	headings 形式

□【演習 6.1】 演習 5.1(p.7) における文書ファイルのプリアンブル(→p.5(3.2))でページ形式「empty」を宣言しその出力結果を比較して下さい《どこにもページ番号は現れません》． 【レポート ×】

6.2 ★ ページ番号の付き方の規則

■ ★ 片面印刷の場合

　□ 論文(article)・報告書(report)は片面印刷が標準設定です（本には片面印刷は定義されていない）．
　□ 「すべてのページは右ページ（奇数ページ）」と解釈されます《実際のページ番号が「偶数」であっても》．

□【演習 6.2】★ 演習 6.1 においてページレイアウトのパラメータ `\evensidemargin`(→p.7(5.1)) をいろいろと変えてもその出力結果は影響されないことを確かめて下さい《jarticle ではすべてのページは奇数ページとして処理されます》． 【レポート ×】

■ ★ 両面印刷の場合

　□ 本(book)は両面印刷が標準設定です．
　□ 「右ページは奇数ページ」，「左ページは偶数ページ」となります．したがって「第1ページは常に右ページ」となります．

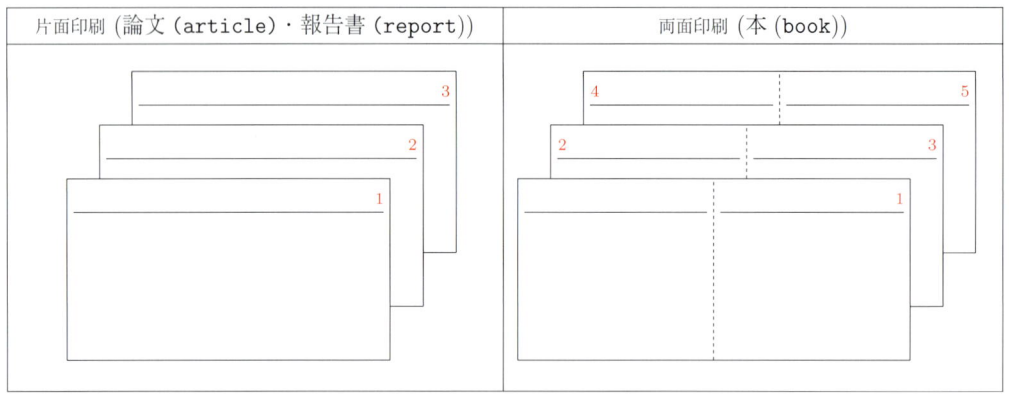

□【演習 6.3 】★　演習 6.1 においてページ形式を「宣言しない」場合，および「empty」「plain」「headings」と宣言した場合，それぞれの出力結果を比較して下さい．

【レポート ×】

□【演習 6.4 】★　演習 6.3 において，文書クラスを jbook（両面印刷）に変更し，ページ形式を「宣言しない」場合，および「empty」「plain」「headings」と宣言した場合，それぞれの出力結果を比較して下さい．さらに，これらの出力結果を 演習 6.3 の場合の出力結果と比較して下さい．【レポート ×】

6.3　★★　ページ番号の種類の変更

■ ★★　ページ番号は，標準設定として \arabic 体の「1, 2, 3, ⋯」となります．

■ ★★　これを，あるページからたとえば \roman 体の「i, ii, iii, ⋯」に変更したければ，変更したいページのどこかで（頭がよいでしょう）次のように宣言します．そうすると，そのページからページ番号は順次「i, ii, iii, ⋯」と付けられていきます．

$$\verb|\renewcommand{\thepage}{\roman{page}}|$$

■ ★★　あるページのページ番号を 1 に設定したければ，そのページのどこかで（頭がよいでしょう）次のように宣言します．

$$\verb|\setcounter{page}{1}|$$

■ ★★　ページ番号には次の 5 種類があります．必要に応じて使い分けて下さい．

\arabic	アラビア数字	1, 2, 3, ⋯
\roman	ローマ数字（小文字）	i, ii, iii, ⋯
\Roman	ローマ数字（大文字）	I, II, III, ⋯
\alph	アルファベット（小文字）	a, b, c, ⋯
\Alph	アルファベット（大文字）	A, B, C, ⋯

□【演習 6.5 】★★　演習 6.3 においてページ形式「plain」を宣言し，文書ファイルのプリアンブル（→p.5 (3.2)）でページ番号の種類を上の 5 通りに変える宣言を行い，それぞれの出力結果を比較して下さい．

【レポート ×】

6.4 ★★★ 更なる上級への指針

- ページを変えるもう 1 つの命令 \pagenumbering について ……………………【→ 文典 p.18 　　　】
- 章を左ページに出力する方法 ……………………………………………………【→ 文典 p.15 　　　】
- headings について ………………………………………………………………【→ 文典 p.13–14 】
- myheadings について（私見だが，使い勝手はあまりよくない）……………【→ 文典 p.15 　　　】
- fancyheadings パッケージによるヘッダとフッタの設計（これは非常に便利！）………【→ 文典 p.16–17 】
- そのページのみのページ形式を変更する命令 \thispagestyle について ………………【→ 文典 p.13 　　　】

本書における色選定の基本的な考え方

【警告：以下の一文を読み終えると眼科医か精神科医の診察が必要になるかもしれません !!!】

通常，印刷コストの関係で出版社は避けたがりますが，もし色は自由に使ってもよろしいとなれば，マニュアル執筆にあたる者は狂喜することでしょう．なぜなら強調すべきところを色付けできるだけではなく，見栄えがよくなり読者受けし売上げが伸びるからです．ただし，色付けには哲学が必要です．それは次の 3 つの公理より成ると筆者は考えていますが如何なものでしょうか？

　　　第一の公理： 色付けによって強調すべきところのみに色付けすること．

　　　第二の公理： 使用する色の種類は最小限にすること．

　　　第三の公理： 色付けする項目とそれに使う色との間に一定のルールを置くこと．

この 3 つの公理を逸脱し，無節操に様々な色付けをすると，かえって強調点が見えなくなるばかりか，このコラムのようにサイケデリックになり，品格はなくなり，読み手を疲れさせることにもなります．要するに，使用する色数はほどほどにということです．

　市販されている各種ソフトのマニュアル類を見ていますと，なにやら上のような感じになるものが多いようです．基本は可能な限りブラックにしておき，強調すべきところのみを鮮明に色付けするほうが読者には分かりやすいはずですし，高価なカラーのインク代も節約できるはずです．余計なお世話でしょうか．

　本書の色選定は，編集部と著者との数度にわたる攻防の結果，青 と 赤 を基調とし，必要に応じて マゼンタ と 緑 を，そして網掛けは 黄 をということになりました．

7　文書ファイルの分割と結合

7.1　★　文書ファイルの分割と結合

■ ★　文書ファイルを章や節〈→p.21 (11)〉など適当な所でいくつかに分割し，それらを個々に処理した後で最終的に結合し1つの全体文書ファイルとして完結させることができます．

■ ★　これを行うには，あるファイルをそっくりそこにコピーする働きをもつ次の命令を使います．

《命令》　\input

□【演習 7.1】★　まず，左下にある文書ファイル XYZ.TEX を作りその出力を確かめて下さい．

XYZ.TEX
```
\documentclass[11pt]{jarticle}
\textwidth=16cm
\textheight=23cm
\begin{document}
\noindent
数学の法則が現実に\\
あてはまるとしたら，\\
その法則は確かではない．\\
数学の法則が確かである限り，\\
現実にはあてはまらない．\\
アインシュタイン
\end{document}
```

⇒　数学の法則が現実に
あてはまるとしたら，
その法則は確かではない．
数学の法則が確かである限り，
現実にはあてはまらない．
アインシュタイン

次に，文書ファイル XYZ1.TEX を作り，プリアンブル〈→p.5 (3.2)〉にある2つの命令をその中に入力し，さらに文書ファイル XYZ2.TEX と XYZ3.TEX を作り，それぞれの中に，document 環境〈→p.5 (3.2)〉内の文章の最初の3行と残りの3行を入力して下さい．

XYZ1.TEX
```
\textwidth=16cm
\textheight=23cm
```

XYZ2.TEX
```
数学の法則が現実に\\
あてはまるとしたら，\\
その法則は確かではない．\\
```

XYZ3.TEX
```
数学の法則が確かである限り，\\
現実にはあてはまらない．\\
アインシュタイン
```

□【演習 7.2】★　次に，左下のような文書ファイル XYZ4.TEX を作りコンパイルしてみて下さい．右下のように元の出力と同じものが得られます．　　　　　　　　　　　　　　　　　　　　【レポート ×】

XYZ4.TEX
```
\documentclass[11pt]{jarticle}
  \input{XYZ1}
\begin{document}
  \noindent
  \input{XYZ2}
  \input{XYZ3}
\end{document}
```

⇒　
数学の法則が現実に　　　　　XYZ2.TEX
あてはまるとしたら，
その法則は確かではない．

数学の法則が確かである限り，　XYZ3.TEX
現実にはあてはまらない．
アインシュタイン

7.2　★★★　更なる上級への指針

- 分割ファイルの入れ子について ……………………………………………………【→ 文典 p.20　　　】
- \include 命令による文書ファイルの分割と結合について ……………………【→ 文典 p.20–22　】

8 命令と引数

8.1 3種類の命令

■ 命令（コマンド）には以下に示す3通りがあります．

□ <mark>単独命令</mark>　それ自体で1つの命令となるもの．次の7種類があります．

(1) 1つの記号から成る命令	# $ & ~ _ ^ など
(2) \ と1つの記号から成る命令	\, \{ \! など
(3) \ と1以上の英文字から成る命令（日本語も許される）	\alpha \sum \年賀 など
(4) \ なしの文字綴りのもの	pt, book, page など
(5) @表現と呼ばれるもの	@{ }
(6) p表現と呼ばれるもの	p{ }
(7) *形式と呼ばれるもの	\section* \circle* など

□ <mark>環境命令</mark>　\begin{~} で始まり \end{~} で終わる命令．この対になった命令の間を <mark>~環境</mark> と言います．その代表例は document 環境（文書環境）です⟨→p.5(3.2)⟩《環境の前で宣言されたことは環境の中でも有効ですが，環境の中で宣言されたことはその環境の外では無効となります（その環境を抜け出るとその効果は消失します）》．
□ <mark>マクロ命令</mark>　単独命令，環境命令，および文章の組合せとして作られている命令⟨→p.17(9)⟩．

8.2 命令の引数

■ \documentclass[11pt]{jbook}⟨→p.5(3.1)⟩ のように，命令の一部として { } や [ ] を持つ命令が多くあります．この { } や [ ] の中で宣言されるものをその命令の <mark>引数</mark> と言い，引数として宣言する事柄を <mark>引数項目</mark> と言います．
■ 引数 { } は <mark>必須引数</mark> と言い，省略できません．
■ 引数 [ ] は <mark>オプション引数</mark> と言い，省略できます《省略すると標準設定されているものが有効となります》．

8.3 ★ 宣言型の命令とグルーピング

■ ★　宣言するとその効力がそれ以降の出力形式にどこまでも影響を及ぼすような命令を <mark>宣言型の命令</mark> と言い，それ以外のものを <mark>命令型の命令</mark> と言います．
■ ★　宣言型の命令は，一度宣言されるとその効果がどこまでも及びます．その及ぶ範囲を { } で囲むと，その効果をその範囲に限定することができます．これを <mark>グルーピング</mark> と言います．

□【演習 8.1】★　たとえば書体をイタリック体にする宣言型の命令に \itshape，サンセリフ体にする命令に \sffamily があり⟨→p.41(22)⟩，文字サイズを大きくする宣言型の命令に \Large があります⟨→p.43(23)⟩．これを使ったグルーピングの例を下に示します．確かめて下さい．

```
aaaa{\itshape bbbb{\Large\sffamily ijkl}bbbb}aaaa
```
⟹　aaaa*bbbb**ijkl**bbbb*aaaa

□ ここで \itshape の影響を受けて ijkl が斜体の *ijkl* として出力されていることに注意して下さい．これを直立体の ijkl として出力するには次のように \normalfont を宣言します．

```
aaaa{\itshape bbbb{\normalfont\Large\sffamily ijkl}bbbb}aaaa
```

⇓

aaaa*bbbb*ijkl*bbbb*aaaa

8.4 ★ 文字で終わる命令の後ろの 2 つ以上の空白は無視される

■ ★ 文字で終わる命令の後ろに続く 2 つ以上の空白はどんなに長くても無視されます．

□【演習 8.2】★ 下の例を確かめて下さい．

\LaTeXe▮▮▮はラテフツーイーとも呼ばれる ⟹ LaTeX 2ε はラテフツーイーとも呼ばれる

□【演習 8.3】★ 上の例において「LaTeX 2ε」と「はラテフツーイーと呼ばれる」がくっつき過ぎていることに注意して下さい．その間に空白を入れるには単語間スペース \␣ ⟨→p.32 (17.2)⟩ か水平方向のスペース \hspace ⟨→p.28 (15)⟩ を入れます《␣は半角一文字分の空白を意味します》．このことを下の例で確かめて下さい．

\LaTeXe\␣はラテフツーイーとも呼ばれる ⟹ LaTeX 2ε はラテフツーイーとも呼ばれる

8.5 ★★★ 更なる上級への指針

- 「動く引数」と「\protect 命令」について ……………………………………【→ 文典 p.24　】
- 最後にオプション引数 [ ] を持つ命令についての注意 ……………………【→ 文典 p.25　】
- 最後に * を持つ命令についての注意 ……………………………………………【→ 文典 p.25　】

9 マクロ命令

9.1 ★ マクロ命令とは

■ ★ 既存のいくつかの命令を使って新しい命令を定義することができます．そのようにして定義される命令を マクロ命令 と言います．

■ ★ いくつか定義されるマクロ命令の順序は相前後してもかまいません《したがって，後で定義されるマクロ命令を使って別のマクロ命令を定義することもできます》．

■ ★ ただし，どのマクロ命令もそれが使われる前に宣言しておかなければなりません．

■ ★ マクロ命令は，それを使用する前であればどこで宣言してもかまいません《一般には，プリアンブル〈→p.5 (3.2)〉で一括して登録しておくとよいでしょう》．

9.2 ★ 新命令の定義

■ ★ 繰り返して使う「単語」「文章」「記号」「数式」「ひとまとまりの長い命令」などを簡単な名前の1つの命令にしてしまいたいことがあります．そのようなときには次の命令を使います．

《命令》　\newcommand{*cmd*}[*arg*]{*def*}

cmd　新たに定義する命令の名前《既に定義されている命令の名前を使うことはできません．日本語も使えます．英語の場合，大文字と小文字は区別されます．したがって \abc と \Abc はそれぞれ別のマクロ命令の名前として使用できます》．

arg　新たに作られる命令で使用する引数の数《最大は9です．引数は記号 #1, #2, ⋯, #9 で表します》．

def　新たに定義する命令の内容．

【演習 9.1 】★　下の入・出力例を確かめて下さい．

```
\documentclass{jarticle}
\begin{document}
\newcommand{\年賀}{明けましておめでとうございます}
\newcommand{\Qequ}[4]{$#1#4^2+#2#4+#3=0$}
\年賀\\
\Qequ{2}{3}{4}{x}\\
\Qequ{a}{b}{c}{y}
\end{document}
```

⟹　明けましておめでとうございます
$2x^2+3x+4=0$
$ay^2+by+c=0$

□ この例におけるように，引数が複数個 { }{ }⋯{ } あるとき，n 番目の引数 { } が #n に対応します．

□ たとえば，\Qequ{a}{b}{c}{x} では a, b, c, x がそれぞれ #1, #2, #3, #4 に対応しています．

■ 下に，正規分布のマクロ命令 \NOdf を示しておきます．

```
\newcommand{\NOdf}{-\frac{1}{\sqrt{2\pi}\sigma}e^{-\frac{(x-\mu)^2}{\sigma^2}}}
```

こうしておくと，\NOdf と入力するだけで正規分布の関数が出力されます．

☐【演習 9.2】★ 下の入・出力例を確かめて下さい．

$\NOdf$ $\Longrightarrow$ $-\frac{1}{\sqrt{2\pi}\sigma}e^{-\frac{(x-\mu)^2}{\sigma^2}}$

9.3 ★ 既存命令の再定義

■ ★ \newcommand では新命令を既存の命令の名前で定義することができませんでしたが，次の命令を使うと，新命令を既存の命令の名前で再定義することができます．

■ ★ この命令は既存命令の内容を変更するときに使います《6.3 節 (p.12) にある「ページ番号の種類の変更」の用例を見よ》．

《命令》 \renewcommand{*cmd*}[*arg*]{*def*}

■ ★ この場合，再定義される命令 *cmd* があらかじめ定義されていなければコンパイルエラーとなります．

☐【演習 9.3】★ 演習 9.1 において \年賀 を次のように変更してその出力を確かめて下さい．

```
\renewcommand{\年賀}{A Happy New Year !}
```

9.4 ★★ 新環境命令の定義変更

■ ★★ 既存の環境命令を新しい名前の環境命令に変更することができます《それにともない，その既存環境命令の内容を部分的に変更することができます》．それには次の命令を使います．

《命令》 \newenvironment{*newname*}[*arg*]{\begin{*oldname*}}{\end{*oldname*}}

☐ *newname* は新たに定義する環境名です《すでに定義されている環境名を使うことはできません》．
☐ *oldname* は既存の環境名です．

☐【演習 9.4】★★ まず下の例を確かめてください《これは「幅30mmのミニページ」を作る \minipage 環境です〈→p.93 (47)〉．》．

```
\begin{minipage}{30mm}
ああああああああああ
ああああああああああ
\end{minipage}
```
$\Longrightarrow$
ああああああああ
ああああああああ
ああああああああ
ああああああ

■ ★★　この「幅 30mm のミニページ」内の文字の出力をボールド体 \bfseries ⟨→p.41 (22)⟩にして頻繁に使用するのであればプリアンブルで次のように宣言しておきます．

```
\newenvironment{Mip}{\begin{minipage}{30mm}\bfseries}{\end{minipage}}
```

□【演習 9.5 】★★　左下の文を入力しその出力を確かめて下さい．

```
\begin{Mip}
ああああああああああああ
ああああああああああああ
\end{Mip}
```

⟹　**ああああああああ**
　　ああああああああ
　　ああああああああ
　　ああああああ

9.5　★★★　更なる上級への指針

- 既存環境命令を再定義する命令 \renewenvironment について ················【→ 文典 p.30　】
- 新命令を定義する TeX 命令としての \def について ································【→ 文典 p.28　】
- マクロ命令内のグルーピングについて ··【→ 文典 p.30　】
- マクロ命令内のスペース確保命令 \xspace について ·································【→ 文典 p.30–31　】

10 パッケージの使用

10.1 ★ パッケージとは応用ソフト

- ★ LaTeX 2_ε の命令体系だけで我々の望むことがすべてできるわけではありません．幸いなことに，我々の望む多くのことを可能にするソフトを国内外の TeX ウィザード (魔術師) 達が開発し，無料で公開しています．そのソフトのことを パッケージ と言います．
- ★ 各種のパッケージは様々なサイトからダウンロードできます ⟨→p.118 (56)⟩．
- ★ 筆者が本書執筆に使用した [23, 乙部，江口] に添付の CD-ROM にある LaTeX 2_ε のシステムには，通常の文書作成にとって必要と思われるパッケージのほとんどすべてが収録されています．したがって，本書を使われる読者は是非とも同書を求めることをお勧めします ⟨→p.1 (1.1)⟩．
- ★ パッケージを使用するにはそのスタイルファイルである「~.sty」をルートディレクトリ（いま処理している文書ファイルが入っているディレクトリ）にコピーしておくこと．

10.2 ★ パッケージの登録について

- ★ LaTeX 2_ε をインストールするといくつかのパッケージが自動的に登録されますが，それがどのようなパッケージであるかは判然としません．そこで筆者は自動登録されているいないにかかわらず，必要と思われるパッケージのスタイルファイル「~.sty」をすべてルートディレクトリにコピーしておき，必要なものをその都度にプリアンブル ⟨→p.5 (3.2)⟩ に登録して使っています．これによって自分が使っているパッケージが何であるかがはっきりします．
- ★ ルートディレクトリにコピーされ，プリアンブルで登録されたパッケージは自動登録されているパッケージに優先して実行されます．

10.3 ★ パッケージを使うには

- ★ パッケージを使うには，プリアンブルでそれを登録しなければなりません．パッケージの登録には次の命令を使います．

《命令》　\usepackage

□【演習 10.1】★　たとえばパッケージ amsmath を下の例のようにプリアンブルで宣言すると，二重アクセント $\bar{\bar{X}}$ を出力する命令 \Bar が使用できます．下の入・出力例を確かめて下さい．

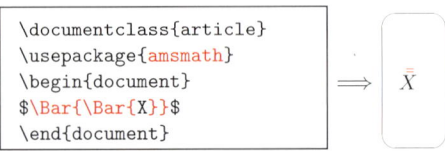

11 部・章・節・段落

11.1 部・章・節・段落

■ LaTeX 2ε には，部・章・節・段落を設定する次の 7 つの命令が用意されています．それぞれにレベルというものが定義されています．

```
      部： \part          レベル −1（本・報告書） レベル 0（論文）
      章： \chapter       レベル 0
      節： \section       レベル 1
    小節： \subsection    レベル 2
  小小節： \subsubsection  レベル 3
    段落： \paragraph     レベル 4
  小段落： \subparagraph  レベル 5
```

11.2 論文（jarticle）における部・章・節・段落

■ 論文（jarticle）における部・章・節・段落の入・出力例を下に示します．

```
\documentclass[11pt]{jarticle}
\setcounter{secnumdepth}{5}
\begin{document}
\section{基本モデル}
ここでは基本モデルを定義する．
\subsection{モデルの定義}
モデルの厳密な定義は …
\subsection{基本方程式}
この基本モデルの最適解は …
\subsubsection{解法 I}
この方程式を理論的に解くと …
\subsubsection{解法 II}
この方程式を数値的に解くと …
\paragraph{解の性質}
$N=1$ のとき …
\subparagraph{問題点}
$N$ が大きくなると …
\section{応用}
\subsection{投資決定問題}
基本モデルの最初の応用は …
\end{document}
```

⇒

1 基本モデル
　　ここでは基本モデルを定義する．
1.1 モデルの定義
　　モデルの厳密な定義は …
1.2 基本方程式
　　この基本モデルの最適解は …
1.2.1 解法 I
　　この方程式を理論的に解くと …
1.2.2 解法 II
　　この方程式を数値的に解くと …
1.2.2.1 解の性質 $N=1$ のとき …
1.2.2.1.1 問題点 N が大きくなると …
2 応用
2.1 投資決定問題
　　基本モデルの最初の応用は …

□ \setcounter{secnumdepth}{5} は「章・節の番号付けの深さ」をレベル「5」の \subparagraph に設定する命令です《これについての詳細は【文典 (p.54)】を見よ》．

□ \paragraph と \subparagraph では標題のあとは改行されません．

□【演習 11.1】　上の入・出力例を確かめて下さい．　　　　　　　　　　　【レポート ×】

11.3 ★ 本（jbook）・報告書（jreport）における部・章・節・段落の出力

■ ★ 本（jbook）における部・章・節・段落の入・出力例を下に示します．

```
\documentclass[11pt]{jbook}
\setcounter{secnumdepth}{5}
\begin{document}
\part{基礎理論}
\chapter{モデル}
\section{基本モデル}
ここでは基本モデルを定義する．
\subsection{モデルの定義}
モデルの厳密な定義は ...
\subsection{基本方程式}
この基本モデルの最適解は ...
\subsubsection{解法}
この方程式を理論的に解くと ...
\paragraph{解の性質}
$N=1$ のとき ...
\subparagraph{問題点}

$N$ が大きくなると ...
\end{document}
```

$\Longrightarrow$

第 I 部
基礎理論

【空のページ】

第 1 章 モデル

1.1 基本モデル
　ここでは基本モデルを定義する．

1.1.1 モデルの定義
　モデルの厳密な定義は …

1.1.2 基本方程式
　この基本モデルの最適解は …

1.1.2.1　解法
　この方程式を理論的に解くと …

1.1.2.1.1　解の性質　$N=1$ のとき …

1.1.2.1.1.1 問題点　N が大きくなると …

□【演習 11.2】★　上の入・出力例を確かめて下さい．　　　　　　　　　　　　　　　　【レポート ×】

11.4 ★★★ 更なる上級への指針

- 部・章・節のレベルとその番号付けの深さについての更なる補説 …………………【→ 文典 p.53–54　　】
- 部・章・節の見出しと標題形式の変更について ………………………………【→ 文典 p.57–60, 88】
- 擬似の部・章・節について ………………………………………………………【→ 文典 p.54　　　】

12 付録

12.1 付録の作成命令

■ 付録を出力するには次の命令を宣言します．

《命令》 `\appendix`

■ この命令を宣言した後では，章・節の命令〈→p.21(11.1)〉はすべて付録における章・節の命令に自動的に変わります．

12.2 論文（article）における付録の出力

■ 付録番号は節番号 **A**，**B**，… から始まって，順次，小節番号 **A.1**，**A.2**，…，小小節番号 **A.1.1**，**A.1.2**，… となります．下に入・出力例を示します．

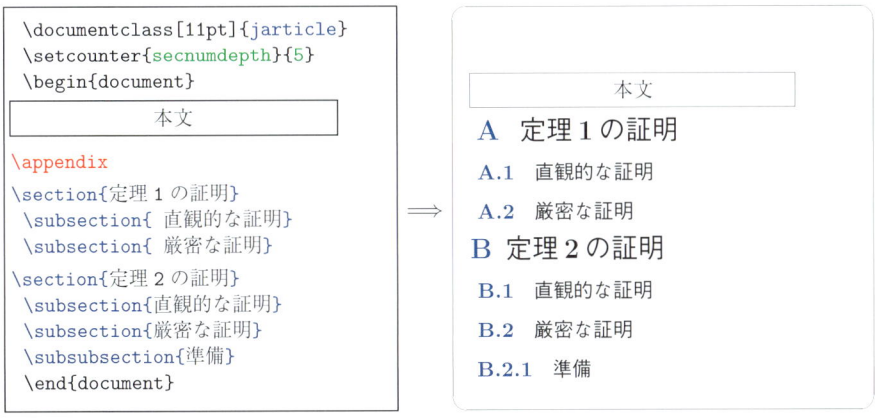

□【演習 12.1】 上の入・出力例を確かめて下さい． 【レポート ×】

■ ★ 付録の見出し「付録」は自動的には出力されません．付録の見出しを付けるには下の例にあるように {\Large\bfseries 付録} を宣言します〈→p.43(23.1)/p.41(22.2)〉．

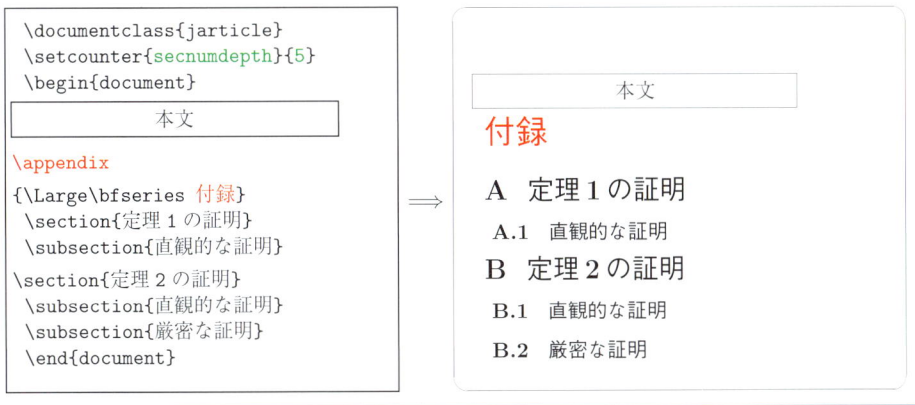

□【演習 12.2】★ 上の入・出力例を確かめて下さい． 【レポート ×】

12.3 ★ 本 (book)・報告書 (report) における付録の出力

■ ★ 付録番号は章番号 **A**, **B**, ⋯ から始まり，順次，節番号 **A.1**, **A.2**, ⋯，小節番号 **A.1.1**, **A.1.2**, ⋯ となります．下に入・出力例を示します．

 ⇒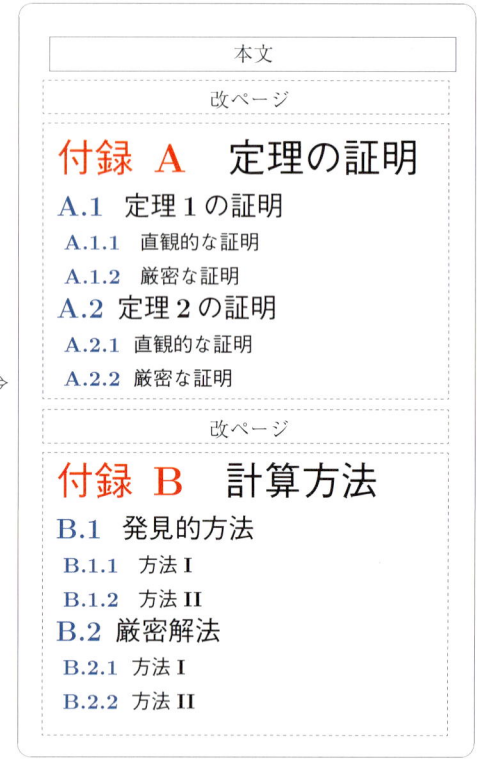

■ ★ 付録の見出し「付録」は自動的に出力されます．

■ \appendix の下に少なくとも１つの \chapter 命令を入れなければ付録の見出しは出力されません．

□【演習 12.3】★ 上の入・出力例を確かめて下さい． 【レポート ×】

12.4 ★★★ 更なる上級への指針

- 付録番号の変更について ……………………………………………………【→ 文典 p.57 】
- 付録見出しの変更について ……………………………………………………【→ 文典 p.88 】

13 目次

13.1 目次の出力

■ 章・節・付録などの目次を出力させるためには，document 環境内〈→p.5 (3.2)〉の最初の行で次の命令を宣言します．

《命令》　\tableofcontents

■ 「論文（article）」と「本（book）・報告書（report）」では目次の出力は若干異なります．

13.2 論文（article）における目次の出力

■ 論文（article）における目次の入・出力例を下に示します．

```
\documentclass{jarticle}
\setcounter{secnumdepth}{5}
\setcounter{tocdepth}{5}
\begin{document}
\tableofcontents \clearpage
\section{基本モデル}
\subsection{モデルの定義}
\subsection{解析}
\appendix
\section{関連モデル}
\subsection{記述モデル}
\subsubsection{確定的}
\subsection{数理モデル}
\section{証明}
\subsection{解法 I の証明}
\end{document}
```

⇒

```
目次

1 基本モデル                4
  1.1 モデルの定義 ............ 6
  1.2 解析 .................. 6
A 関連モデル               26
  A.1 記述モデル ............ 27
    A.1.1 確定的 ............ 30
  A.2 数理モデル ............ 32
B 証明                    33
  B.1 解法 I の証明 ......... 33
```

■ \tableofcontents の次に \clearpage〈→p.31 (16.3)〉があるのは，目次の後は改ページし，次のページから本文が始まるようにするためです．

■ 目次には「付録」という見出しは出力されません．

■ tocdepth については [9, p.47] を参照．

□【演習 13.1】　上の入・出力例を確かめて下さい．　　　　　　　　　　　　　　　　【レポート ×】

□【演習 13.2】　演習 13.1 において \clearpage を削除し，その出力結果を確かめて下さい．
【レポート ×】

13.3　本（book）・報告書（report）における目次の出力

■　下に入・出力例を示します．

```
\documentclass{jbook}
\setcounter{secnumdepth}{5}
\setcounter{tocdepth}{5}
\begin{document}
\tableofcontents \clearpage
\chapter{理論}
\section{基本モデル}
\subsection{モデルの定義}
\appendix
\chapter{モデル}
\section{関連モデル}
\subsection{記述モデル}
\subsubsection{確定的}
\subsection{数理モデル}
\section{証明}
\subsection{解法Iの証明}
\end{document}
```

⇒

目次

第1章 理論　　　　　　　　　　4
1.1 基本モデル　　　　　　　　4
　　1.1.1 モデルの定義 ………… 6

付録A　モデル

A.1 関連モデル　　　　　　　 26
　　A.1.1 記述モデル ………… 27
　　　　A.1.1.2 確定的 ………… 30
　　A.1.2 数理モデル ………… 32
A.2 証明　　　　　　　　　　 33
　　A.2.1 解法Iの証明 ………… 33

■　目次には「付録」という見出しが自動的に出力されます．

□【演習 13.3】　上の入・出力例を確かめて下さい．　　　　　　　　　【レポート×】

13.4　★★★　更なる上級への指針

- 目次の深さ tocdepth について……………………………………【→ 文典 p.47　】
- 目次の … （リーダ） を消すには ………………………………【→ 文典 p.46　】
- 目次を2段組にするには ……………………………………………【→ 文典 p.47　】
- 目次の標題を変更するには …………………………………………【→ 文典 p.48　】
- 目次の見出しを変更するには ………………………………………【→ 文典 p.51　】
- 目次の内容を変更するには …………………………………………【→ 文典 p.49　】
- 目次の項目間の改行幅と文字サイズを変更するには ……………【→ 文典 p.47　】
- 目次に任意のテキストを挿入するには ……………………………【→ 文典 p.48–49】
- 図目次と表目次について ……………………………………………【→ 文典 p.51　】

14 字下げ

14.1 行頭の字下げ

■ ある段落以降のすべての段落の最初の行頭をある幅だけ字下げするには，その段落の行頭で次の命令を宣言します《これを宣言しなければ標準設定されている幅だけ自動的に「字下げ」されます》．

《命令》 \parindent

□【演習 14.1】 下の入・出力例を確かめて下さい《\par については 16.2 節 (p.30) を参照》．

```
+ + + + + + + + + +
+ + + + + + + +\par
\parindent = 15mm
- - - - - - - - - -
- - - - - - - - - -
- - - - - - - \par
+ + + + + + + + + +
+ + + + + + + + + +
```

⇒

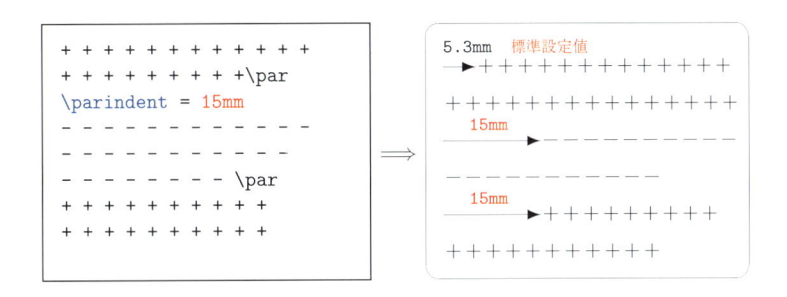

```
5.3mm  標準設定値
▶+ + + + + + + + + +
+ + + + + + + + + + +
     15mm
     ▶ 
- - - - - - - - - -
     15mm
     ▶+ + + + + + + +
+ + + + + + + + + +
```

14.2 字下げの一時的解除

■ 新しい段落の最初の行頭で次の命令を宣言すると，その行頭の「字下げ」は解除されます．

《命令》 \noindent

□【演習 14.2】 下の入・出力例を確かめて下さい．

```
\parindent = 15mm
+ + + + + + + + + +
+ + + + + + + +\par
\noindent
- - - - - - - - - -
- - - - - - - - - -
- - - - - - - \par
+ + + + + + + + + +
+ + + + + + + + + +
```

⇒

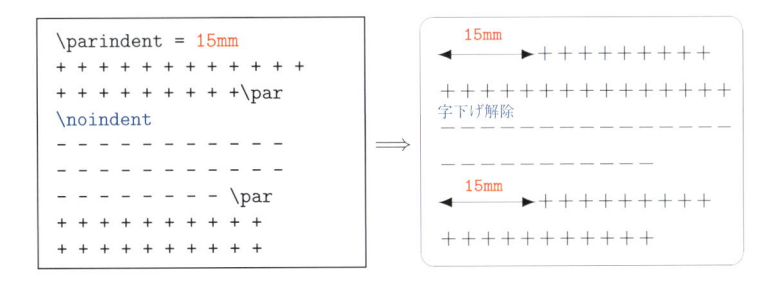

```
  15mm
◀──▶+ + + + + + + + +
+ + + + + + + + + + +
字下げ解除
- - - - - - - - - -
- - - - - - - - - -
     15mm
◀───▶+ + + + + + + +
+ + + + + + + + + +
```

14.3 ★★★ 更なる上級への指針

- 複数行の行頭の字下げを同時に行うハンギングインデントについて ……………【→ 文典 p.208　】
- 文章全体の左右の字下げを行うには ………………………………………………【→ 文典 p.208–209】
- 字下げした所に図表を挿入する方法について ……………………………………【→ 文典 p.210　】

15　水平・垂直方向のスペース

15.1　水平方向にスペースを空ける

■　水平方向に指定した幅のスペースを空けるには次の命令を使います．

《命令》　\hspace

■　これは文書モード・数式モード⟨→p.35(19)⟩のいずれでも使うことができます．

□【演習 15.1】　下の入・出力例を確かめて下さい．

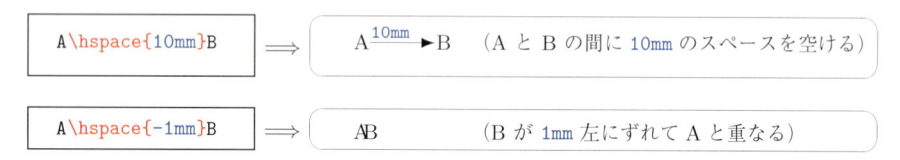

| `A\hspace{10mm}B` | ⟹ | A⎯10mm⎯▶B　（A と B の間に 10mm のスペースを空ける） |
| `A\hspace{-1mm}B` | ⟹ | AB　（B が 1mm 左にずれて A と重なる） |

■　\hspace は行頭にくるとその効果を消失します．そのようなときには次の命令を使います．

《命令》　\hspace*

■　★　組版工たちが伝統的に「ほどよい」としてきたスペースを空ける命令として次のものがあります《これらは数式・文書の両モード⟨→p.35(19)⟩で使えます》．

《命令》　\quad　\qquad

□【演習 15.2】★　下の入・出力例を確かめて下さい．

| `$ax^2+bx+c=0$\quad 二次方程式`
`$ax^2+bx+c=0$\qquad 二次方程式` | ⟹ | $ax^2 + bx + c = 0$　　二次方程式
$ax^2 + bx + c = 0$　　　二次方程式 |

■　★　行末までスペースを空ける命令に次のものがあります．

《命令》　\hfill

□【演習 15.3】★　下の入・出力例を確かめて下さい．

| `A\hfill B` | ⟹ | A⎯⎯⎯\fill⎯⎯⎯▶B |

15.2 垂直方向にスペースを空ける

■ 垂直方向に指定した幅のスペースを追加するには次の命令を使います．

《命令》 `\vspace`

■ これは段落と段落の間で，すなわち段落改行(→p.30 (16.2))（「空行」の後あるいは「\par」）の後で宣言します．

■ たとえば `\vspace{10mm}` が宣言されると，段落の改行幅は次のようになります．

$$\verb|\baselineskip| + \verb|\parskip| + 10\text{mm}$$

□【演習 15.4】 下の入・出力例を確かめて下さい．

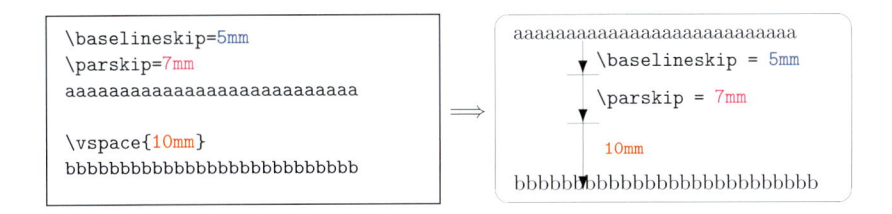

```
\baselineskip=5mm
\parskip=7mm
aaaaaaaaaaaaaaaaaaaaaaaaa

\vspace{10mm}
bbbbbbbbbbbbbbbbbbbbbbbb
```

⇒

```
aaaaaaaaaaaaaaaaaaaaaaaaa
   \baselineskip = 5mm
   \parskip = 7mm
   10mm
bbbbbbbbbbbbbbbbbbbbbbbb
```

■ `\vspace` はページの頭にくるとその効果は消失します．そのようなときには次の命令を使います．

《命令》 `\vspace*`

15.3 ★★★ 更なる上級への指針

- 水平方向の微小なスペース調整命令「\,」「\:」「\;」「\!」について ………………【→ 文典 p.175 】
- 垂直方向の標準的なスペース命令 \smallskip, \medskip, \bigskip について ………【→ 文典 p.176 】

16　改行・改行幅・改ページ

16.1　文中改行

■　段落内での強制的な改行を 文中改行 と言うことにします．

■　文中改行には次の命令を使います．

《命令》　\\

■　「文中改行」による 改行幅 は次の命令によって指定します《これは行末での自然な改行幅ともなります》．

《命令》　\baselineskip

■　これは document 環境の中で指定します《これを指定しなければ標準設定値となります》．

□【演習 16.1】　下の用例を確かめて下さい（文字「あ」は 1 行分以上入力すること）．

```
\baselineskip=10mm

　あああああああああああ
あああああああ\\
イイイイイイイイイイイ
```
⇒
```
ああああああああああ
           10mm
あああああああああ
           10mm
イイイイイイイイイイ
```

■　文中改行の改行幅をたとえば 8mm 追加したいときには \\[8mm] とします《このように改行幅を指定すると次の行の行頭にわずかな字下げが生じてしまいます．これは LaTeX 2_ε のバグでしょうか？》．

■　改行幅を狭くしたいときは \\[-8mm] とします．

□【演習 16.2】　下の用例を確かめて下さい．

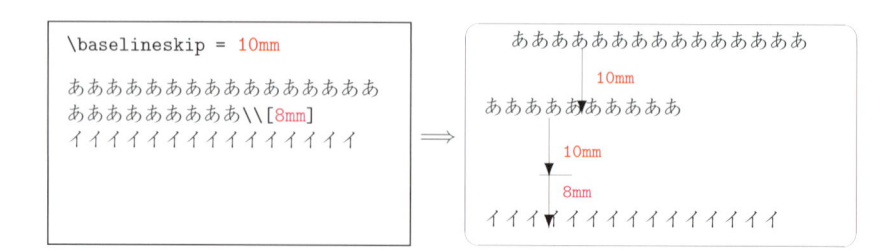

```
\baselineskip = 10mm
あああああああああああ
あああああああ\\[8mm]
イイイイイイイイイイイ
```
⇒
```
ああああああああああ
           10mm
あああああああああ
           10mm

           8mm
イイイイイイイイイイ
```

16.2　段落改行

■　新しい段落を開始するための改行を 段落改行 と言うことにします．

■　段落改行の命令には次の 2 通りがあります．

《命令》　1 つ以上の空行　　\par

■ 段落改行による改行幅は \baselineskip と次の命令によって指定される垂直方向のスペースの和となります．

《命令》　\parskip

□【演習 16.3】　下の用例を確かめて下さい．

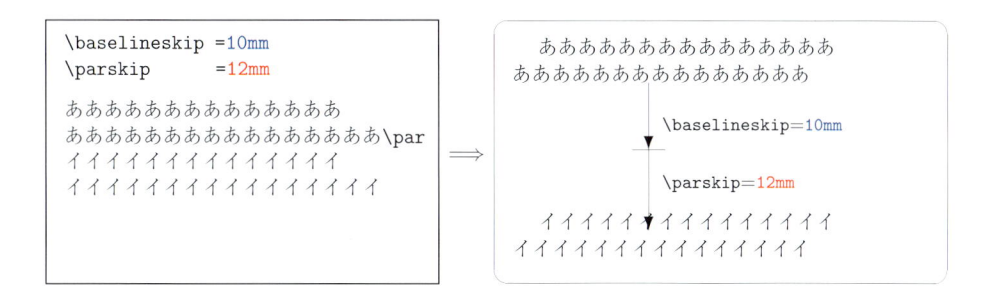

```
\baselineskip =10mm
\parskip      =12mm
あああああああああああああ
あああああああああああああ\par
イイイイイイイイイイイイイ
イイイイイイイイイイイイイ
```
⟹
あああああああああああああ
あああああああああああああ
　　　　　↕ \baselineskip=10mm
　　　　　↕ \parskip=12mm
イイイイイ▼イイイイイイイイ
イイイイイイイイイイイイイ

16.3　改ページ

■　文章の体裁上，ある所では強制的に改ページしたいことがあります．改ページをするには改ページしたいところで次の命令を宣言します．

《命令》　\clearpage

16.4　★★★　更なる上級への指針

- 改行幅を一律に n 倍にする命令 \baselinestretch について …………………………【→ 文典 p.180　】
- 強制度付き改行と抑制度付き非改行について ………………………………………【→ 文典 p.182　】
- 強制度付き改ページと抑制度付き非改ページについて ……………………………【→ 文典 p.183–184 】
- \newpage による改ページ ……………………………………………………………【→ 文典 p.183　】
- \cleardoublepage による改ページ …………………………………………………【→ 文典 p.183　】
- 同一ページ化 \samepage について …………………………………………………【→ 文典 p.184　】
- あるページのみの高さを増減する命令 \enlargethispage について ………………【→ 文典 p.184　】

17 文間・単語間・改行不可スペース

17.1 ★ 文間スペース

■★ 2つの文章の間には単語間スペースよりいくぶん幅の広い 文間スペース が空けられます．

■★ 大文字の後にピリオド「.」，疑問符「?」，感嘆符「!」がきて文が終わるとき，それを文の終わりとは解釈せず，次の文との間には 単語間スペース しか空かず，若干均整の損なわれた文続きとなります．このような場合，それが文の終わりと解釈されるようにするために，それらの前に次の命令を挿入します．

《命令》 \@

■★ 下に「\@」を付けた場合とそうでない場合の文間スペースの微妙な違いの例を示します．

```
...as well as I. Hence,...       → ...as well as I. Hence,...      （単語間スペース）
...as well as I\@. Hence,...     → ...as well as I. Hence,...      （文間スペース）
Is it vitamin A ? Yes it is.     → Is it vitamin A ? Yes it is.    （単語間スペース）
Is it vitamin A \@? Yes it is.   → Is it vitamin A ? Yes it is.    （文間スペース）
BEAUTIFULL ! THANK YOU.          → BEAUTIFULL ! THANK YOU.         （単語間スペース）
BEAUTIFULL \@! THANK YOU.        → BEAUTIFULL ! THANK YOU.         （文間スペース）
```

□【演習 17.1 】★ 上の例を確かめて下さい．

17.2 ★ 単語間スペース

■★ LaTeX 2ε では，文章全体の均整を考慮しながら単語間のスペースを調整するようになっているので，単語間は常に一定の幅を取るとはかぎりません．しかし，もしなんらかの理由で，単語間に一定のスペースを置きたいという場合には次の 単語間スペース の命令をそこに挿入します《ここで「␣」は半角１文字分の空白を意味します》．

《命令》 \␣

■★ 小文字に続くピリオド「.」，疑問符「?」，感嘆符「!」，コロン「:」を文の終わりと解釈し，次の文との間に文間スペースを取るようになっています．したがって，たとえば文中にたまたま省略記号としての「...」や「etc.」「et al.」のようにピリオドで終わる記号や文字があると，最後のピリオドを文の終わりと解釈してしまい，次の単語との間に文間スペースが取られ均整の損なわれた文続きになってしまいます．

■★ これを避けるには，単語間スペース「\␣」をそこに挿入します．

■★ 下にこのスペースを挿入した場合とそうでない場合の例を示します．両スペースの微妙な違いに注意して下さい．

```
Yamada et al. wrote the report.      → Yamada et al. wrote the report.   （文間スペース）
Yamada et al.\␣wrote the report.    → Yamada et al. wrote the report.   （単語間スペース）
```

□【演習 17.2 】★　上の入・出力例を確かめて下さい．

■ ★　文字から成る命令の後ろの空白は無視されます．したがって「\alpha␣\beta」としても「$\alpha\beta$」と出力され α と β の間には空白は空きません．空白を空けたければそこに単語間スペースの命令「\␣」を入れて「\alpha\␣\beta」としなければなりません．

□【演習 17.3 】★　下の入・出力例を確かめて下さい．

```
$\alpha \beta$     $\alpha\␣\beta$    ⟹    αβ    α β
```

17.3　★　改行不可スペース

■ ★　LaTeX 2ε が他のどの文書整形ソフトよりも優れているのは，文字間・単語間・文間を美しく調整しながら改行すべき行末の位置を自動的に決めていくところにあります．ところが，このこと故に行末改行が起きてほしくないところで改行が起きてしまうという弊害も生じてしまいます．このような改行を回避したい所には命令「~」を挿入します．これを「改行不可スペース」と言います．

■ ★　たとえば「定理 1」と入力したとき「定理」が行末にきて改行され「1」が次の行にくるというのは無様です．これを避けるためには次のようにします．

```
定理~1     図~2     Theorem~2     Mr.~Lamport     from 5 to~20
```

■ ★　人の名前なども名前の途中で行末改行されないようにすべきです．その恐れのあるときは次のようにします《\mbox については 46.4 節 (p.90) を参照》．

```
\mbox{Minoru Sakaguchi}     \mbox{坂口実}
```

17.4　★★★　更なる上級への指針

● 和文における句読点・括弧・疑問符・感嘆符の入力上の注意 ………………………【→ 文典 p.148　　】
● 和文における四分空きについて ………………………………………………………【→ 文典 p.179　　】

18 左・中・右寄せ

18.1 1行のテキストの左・中・右寄せ

■ 1行のテキストを 左寄せ ・ 中寄せ ・ 右寄せ するには次の命令を使います．

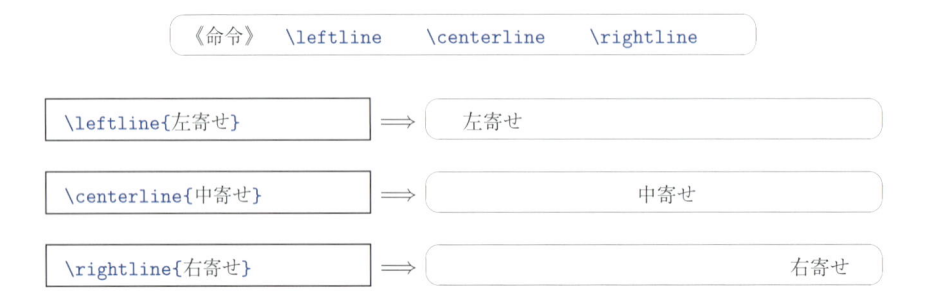

《命令》 \leftline   \centerline   \rightline

\leftline{左寄せ}	⟹	左寄せ
\centerline{中寄せ}	⟹	中寄せ
\rightline{右寄せ}	⟹	右寄せ

□【演習 18.1 】 上の入・出力例を確かめて下さい．

18.2 ★ 複数行のテキストの左・中・右寄せ

■ ★ 複数行にわたるテキスト全体を 左寄せ ・ 中寄せ ・ 右寄せ するには次の環境命令を使います．

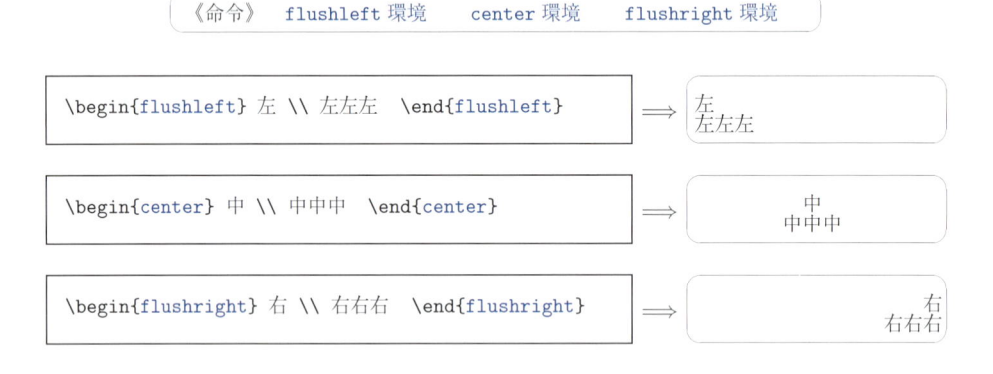

《命令》 flushleft 環境　center 環境　flushright 環境

\begin{flushleft} 左 \\ 左左左 \end{flushleft}	⟹	左 左左左
\begin{center} 中 \\ 中中中 \end{center}	⟹	中 中中中
\begin{flushright} 右 \\ 右右右 \end{flushright}	⟹	右 右右右

□【演習 18.2 】★ 上の入・出力例を確かめて下さい．

19 段落・左右・数式モード

19.1 3通りのモード

■ 文書ファイルに入力されるテキストはすべて 段落モード ・ 左右モード ・ 数式モード のいずれかのモードの中で処理されます．

■ 段落モードと左右モードを合わせて 文書モード と言うことにします．すなわち

$$\text{文書モード} = \text{段落モード} + \text{左右モード}$$

19.2 段落モード

■ これは，ベタ打ちされた文章が，指定されたテキスト幅に合うよう自動的に改行・行揃え・改ページがなされるモードです．通常の文章はこのモードの中で入力します．

■ このモードでは1文字分の空白は有効ですが，2文字以上の空白は1文字分の空白に縮められます．

■ 下にその内部が段落モードである幅 30mm の `minipage` 環境〈→p.93 (47)〉に適当に文字を入力した例を示します．

```
\begin{minipage}{30mm}
ああ ああああ    ああ  ああああ
あああ
\end{minipage}
```
⟹ ああ ああああ ああ
   あ ああああああああ

□【演習 19.1】 上の入・出力例を確かめて下さい．

19.3 ★ 左右モード

■ ★ これは，ベタ打ちされたテキストは改行されることなくどこまでもひたすら左から右へと出力されるモードです．

■ ★ 左右モードの中では改行命令の `\\`〈→p.30 (16.1)〉や `\par`〈→p.30 (16.2)〉は使用できません．

■ ★ 左右モードにおける空白処理は段落モードと同じです．

■ ★ 左右モードの代表的なものに `\fbox`〈→p.89 (46.1)〉という枠付きボックス命令があります．このボックスの内部は左右モードです．下に，長い文字列がこのボックスの右マージンを飛び出してしまう例を示します．

```
\fbox{あいうえおかきくけこさ
しすせそたちつてとなにぬねのはひ}
```
⟹ あいうえおかきくけこさしすせそたちつてとなにぬねのはひ

□【演習 19.2】★ 上の入・出力例を確かめて下さい．

19.4　数式モード

■　数式はこのモードの中で書きます．

■　数式モードの宣言にはいろいろなものがあります〈→p.65 (34)〉．たとえば「$」と「$」で囲まれた間は数式モードとなります．

■　数式モード内での空白は数式が美しく見えるよう自動的に調整されます．下に一例を示します．

$$\boxed{\texttt{\$a = b + c + d\$}} \implies \boxed{a = b+c+d}$$

□【演習 19.3】　上の入・出力例を確かめて下さい．

19.5　★★★　更なる上級への指針

- その内部が左右モードでしかも改行できるボックス命令 \shortstack について ……【→ 文典 p.72–73　】
- モードの入れ子について ……………………………………………………………【→ 文典 p.73　　】

20　文書 (段落・左右) モードの文字

20.1　数字

■　文書モード内〈→p.35 (19.1)〉での数字はローマン体です《これは数式モード内の数字の出力と同じです〈→p.39 (21.1)〉》．

□【演習 20.1】　下の入・出力例を確かめて下さい．

$$\boxed{\texttt{0123456789}} \Longrightarrow \boxed{0123456789}$$

20.2　英文字

■　文書モード内での英文字はローマン体です〈→p.41 (22.2)〉．

□【演習 20.2】　下の入・出力例を確かめて下さい．

$$\boxed{\texttt{abcdefgstuvwxyzABCDEFGSTUVWXYZ}} \Longrightarrow \boxed{\text{abcdefgstuvwxyzABCDEFGSTUVWXYZ}}$$

20.3　★　文字間の幅の調整

■★　LaTeX 2_ε による文書モード内での英文字の出力は次の 3 点が特徴的です．

　　(1) プロポーショナルスペーシング　　(2) カーニング（字詰め）　　(3) リガチャ（合字）

■★　プロポーショナルスペーシング：文書モード内での英文字は，隣り合うアルファベットの文字間隔が見栄えのするよう自動的に微妙に狭められます．

□【演習 20.3】　このことを下の入・出力例で確かめて下さい《`\textit` は文字をイタリック体にする命令です〈→p.41 (22.3)〉．演習 **21.3** (p.39) の出力結果との違いに注意して下さい》．

$$\boxed{\texttt{\textbackslash textit\{abcdefgstuvwxyzABCDEFGSTUVWXY\}}} \Longrightarrow \boxed{\textit{abcdefgstuvwxyzABCDEFGSTUVWXYZ}}$$

■★　カーニング (字詰め)：たとえば「To」のように「o」を「T」の下に潜り込ませるという調整も行います《数学イタリック体ではこれは行われません〈→p.39 (21.1)〉》．

□【演習 20.4】　このことを下の入・出力例で確かめて下さい．

$$\boxed{\texttt{To\ Ye\ AV}} \Longrightarrow \boxed{\text{To Ye AV}}$$

■ ★　リガチャ (合字)：文書モード内では，英文字の「f と f」「f と i」「f と l」の間が下の例のように狭められ，あたかも 1 つの文字のように合わされます．

□【演習 20.5 】　このことを下の入・出力例で確かめて下さい．

$$\boxed{\texttt{ff\quad fi\quad fl\quad ffl\quad ffi}} \Longrightarrow \left(\text{ff\quad fi\quad fl\quad ffl\quad ffi}\right)$$

■ ★　このようなリガチャをしたくない場合には，下の演習にあるように「空の文字 {}」をその間に挿入します．

□【演習 20.6 】　下の入・出力例で確かめて下さい．

$$\boxed{\texttt{f\{\}f\quad f\{\}i\quad f\{\}l\quad f\{\}f\{\}l\quad f\{\}f\{\}i}} \Longrightarrow \left(\text{ff\quad fi\quad fl\quad ffl\quad ffi}\right)$$

21 数式モードの文字

21.1 数字

■ 数式モード内〈→p.36 (19.4)〉での数字はローマン体です.

□【演習 21.1】 このことを下の入・出力例で確かめて下さい《これは文書モード内における数字の出力と同じです〈→p.37 (20.1)〉》.

0123456789 ⟹ 0123456789

■ 数式モード内でコンマ「,」付きの数字を書くときは下の例のようにコンマを {,} と入力すべきです.

□【演習 21.2】 下の入・出力例で左右の出力の違いを確かめて下さい.

$12,345,678$ $12{,}345{,}678$ ⟹ 12,345,678   12,345,678

21.2 英文字

■ 数式モード内での英文字の出力は数学イタリック体と呼ばれるものです.

□【演習 21.3】 下の入・出力例を確かめて下さい《演習 20.3 (p.37) にある文書モードにおけるイタリック体との違いに注意して下さい》.

$abcdefgstuvwxyzABCDEFGHRSTUVWXYZ$ ⟹ $abcdefgstuvwxyzABCDEFGHRSTUVWXYZ$

21.3 ギリシャ文字

■ 数式モード内では下の表に示すギリシャ文字が出力できます《ギリシャ小文字 I の o(オミクロン)は数学イタリック体の o と同じものです》.

ギリシャ小文字 I		ギリシャ小文字 II		ギリシャ大文字	
\alpha → α	\nu → ν	\varepsilon → ε	\Gamma → Γ		
\beta → β	\xi → ξ	\vartheta → ϑ	\Delta → Δ		
\gamma → γ	o → o	\varsigma → ς	\Theta → Θ		
\delta → δ	\pi → π	\varrho → ϱ	\Lambda → Λ		
\epsilon → ϵ	\rho → ρ	\varphi → φ	\Xi → Ξ		
\zeta → ζ	\sigma → σ		\Pi → Π		
\eta → η	\tau → τ		\Sigma → Σ		
\theta → θ	\upsilon → υ		\Upsilon → Υ		
\iota → ι	\phi → ϕ		\Phi → Φ		
\kappa → κ	\chi → χ		\Psi → Ψ		
\lambda → λ	\psi → ψ		\Omega → Ω		
\mu → μ	\omega → ω				

□【演習 21.4】 下の入・出力例を確かめて下さい.

$\alpha \beta o \varepsilon \vartheta \Gamma \Delta$ ⟹ $\alpha\,\beta\,o\,\varepsilon\,\vartheta\,\Gamma\,\Delta$

21.4　数式モード内で文書モードのテキストを書く

■　数式モード内で文書モードのテキストを交えて書くときは，そのテキストを `\mbox{ }`〈→p.90（46.4）〉の引数 `{ }` の中に書くこと．

□【演習 21.5】　このことを下の入・出力例で確かめて下さい《ここで `\␣` が入っていることに注意》．

`$x-2=0\␣\mbox{hence}\␣x=2$.` ⟹ $x - 2 = 0$ hence $x = 2.$

□【演習 21.6】　演習 21.5 において `\␣` を除くとどうなるかを確かめて下さい．

21.5　★★★　更なる上級への指針

- オイラーフラクトール体の数式文字 $\mathfrak{0123abcdABCD}\cdots$ の出力について ……………【→ 文典 p.76】
- オイラースクリプト体の数式文字 $\mathscr{ABC}\cdots$ の出力について ……………………………【→ 文典 p.76】
- ブラックボード体の数式文字 $\mathbb{ABCD}\cdots$ の出力について ………………………………【→ 文典 p.76】
- ヘブライ文字の数式文字 $\beth, \varkappa, \beth, \cdots$ の出力について ………………………………【→ 文典 p.76】
- ボールド体の数式文字 $\boldsymbol{012abcABC\alpha\beta\gamma ABC}\cdots$ の出力について …………………【→ 文典 p.77】
- 斜体ギリシャ大文字 $\varGamma\varDelta\varTheta\cdots$ の出力について …………………………………………【→ 文典 p.78】

22 書体選定 (文書モード)

22.1 書体選定の2つの方法

■ 文書モード〈→p.35(19)〉での書体選定の命令には 宣言型 と 命令型 の2通りがあります〈→p.15(8.3)〉.

22.2 宣言型の書体命令

■ 「宣言型」の用法は下表の通りです.

書体名	入力	→	出力	分類
ローマン体	{\rmfamily 012789abcxyzABCXYZ}	→	012789abcxyzABCXYZ	family
サンセリフ体	{\sffamily 012789abcxyzABCXYZ}	→	012789abcxyzABCXYZ	family
タイプライタ体	{\ttfamily 012789abcxyzABCXYZ}	→	012789abcxyzABCXYZ	family
明朝体	{\mcfamily 桜さくらサクラ }	→	桜さくらサクラ	family
ゴシック体	{\gtfamily 桜さくらサクラ }	→	桜さくらサクラ	family
ボールド体	{\bfseries 桜さくらサクラ }	→	桜さくらサクラ	series
ミディアム体	{\mdseries 012789abcxyzABCXYZ}	→	012789abcxyzABCXYZ	series
直立体	{\upshape 012789abcxyzABCXYZ}	→	012789abcxyzABCXYZ	shape
イタリック体	{\itshape 012789abcxyzABCXYZ}	→	012789abcxyzABCXYZ	shape
スラント体	{\slshape 012789abcxyzABCXYZ}	→	012789abcxyzABCXYZ	shape
スモールキャップ体	{\scshape Proof Theorem }	→	Proof Theorem	shape
ノーマルフォント体	{\normalfont 012789abcxyzABCXYZ}	→	012789abcxyzABCXYZ	font

□ 【演習 22.1 】 上の表にある入・出力例を確かめて下さい.

22.3 命令型の書体命令

■ 「命令型」の用法は下表の通りです.

書体名	命令	→	出力
ローマン体	\textrm{012789abcxyzABCXYZ}	→	012789abcxyzABCXYZ
サンセリフ体	\textsf{012789abcxyzABCXYZ}	→	012789abcxyzABCXYZ
タイプライタ体	\texttt{012789abcxyzABCXYZ}	→	012789abcxyzABCXYZ
明朝体	\textmc{桜さくらサクラ}	→	桜さくらサクラ
ゴシック体	\textgt{桜さくらサクラ}	→	桜さくらサクラ
ボールド体	\textbf{桜さくらサクラ}	→	桜さくらサクラ
ミディアム体	\textmd{012789abcxyzABCXYZ}	→	012789abcxyzABCXYZ
直立体	\textup{012789abcxyzABCXYZ}	→	012789abcxyzABCXYZ
イタリック体	\textit{012789abcxyzABCXYZ}	→	012789abcxyzABCXYZ
スラント体	\textsl{012789abcxyzABCXYZ}	→	012789abcxyzABCXYZ
スモールキャップ体	\textsc{Proof Theorem}	→	Proof Theorem
ノーマルフォント体	\textnormal{012789abcxyzABCXYZ}	→	012789abcxyzABCXYZ

□ 【演習 22.2 】 上の表にある入・出力例を確かめて下さい.

22.4 ★ 書体の組み合わせ選定

■ ★ これらの書体選定の命令は下の例のように色々と組み合わせて使用できます．

```
{\sffamily 02abAB}
{\sffamily \itshape   02abAB}
{\sffamily \slshape   02abAB}
{\sffamily \bfseries 02abAB}
```
⟹
02abAB	（サンセリフ体）
02abAB	（サンセリフ体のイタリック体）×
02abAB	（サンセリフ体のスラント体）
02abAB	（サンセリフ体のボールド体）

```
\textsf{02abAB}
\textsf{\textit{02abAB}}
\textsf{\textsl{02abAB}}
\textsf{\textbf{02abAB}}
```
⟹
02abAB	（サンセリフ体）
02abAB	（サンセリフ体のイタリック体）×
02abAB	（サンセリフ体のスラント体）
02abAB	（サンセリフ体のボールド体）

☐ 【演習 22.3 】★　上の入・出力例を確かめて下さい．

■ ★ 原理的にはどんな組み合わせでも出力可能のはずですが，それはシステムにそのフォントが揃っていればのことです．

■ ★ 上の例で，×印の付いた組み合わせでは所期の字体が出力されていません．それはそのフォントがないからです．

22.5　★★★　更なる上級への指針

- 更に高度な書体の組み合わせ選定について ……………………………………………【→ 文典 p.81–82　　】
- イタリック補正について ……………………………………………………………………【→ 文典 p.82　　　】

23　文字・数字・数式のサイズ

23.1　文書モードにおける文字・数式のサイズ

■　文書モード内〈→p.35(19)〉で文字・数式・記号などのサイズを指定する命令として，下の表に示す 10 通りがあります《`\normalsize` とは文書クラスオプション〈→p.6(4.1)〉で指定された文字サイズのことです》．

入力		出力
`{\tiny`	`012abcABC あ阿\%\&}` →	012abcABC あ阿%&
`{\scriptsize`	`012abcABC あ阿\%\&}` →	012abcABC あ阿%&
`{\footnotesize`	`012abcABC あ阿\%\&}` →	012abcABC あ阿%&
`{\small`	`012abcABC あ阿\%\&}` →	012abcABC あ阿%&
`{\normalsize`	`012abcABC あ阿\%\&}` →	012abcABC あ阿%&
`{\large`	`012abcABC あ阿\%\&}` →	012abcABC あ阿%&
`{\Large`	`012abcABC あ阿\%\&}` →	012abcABC あ阿%&
`{\LARGE`	`012abcABC あ阿\%\&}` →	012abcABC あ阿%&
`{\huge`	`012abcABC あ阿\%\&}` →	012abcABC あ阿%&
`{\Huge`	`012abcABC あ阿\%\&}` →	012abcABC あ阿%&

□【演習 23.1】　上の表の入・出力例を確かめて下さい．

■　下表に，すべての書体〈→p.41(22)〉に対してこれらのサイズを宣言した例を示します．

サイズ	ローマン	イタリック	スラント	サンセリフ	ボールド	タイプライタ	スモールキャップ	明朝	ゴシック
					書体				
`\tiny`	Rm	*It*	*Sl*	sf	**Bf**	Tt	Sc	中	中
`\scriptsize`	Rm	*It*	*Sl*	sf	**Bf**	Tt	Sc	中	中
`\footnotesize`	Rm	*It*	*Sl*	sf	**Bf**	Tt	Sc	中	中
`\small`	Rm	*It*	*Sl*	sf	**Bf**	Tt	Sc	中	中
`\normalsize`	Rm	*It*	*Sl*	sf	**Bf**	Tt	Sc	中	中
`\large`	Rm	*It*	*Sl*	sf	**Bf**	Tt	Sc	中	中
`\Large`	Rm	*It*	*Sl*	sf	**Bf**	Tt	Sc	中	中
`\LARGE`	Rm	*It*	*Sl*	sf	**Bf**	Tt	Sc	中	中
`\huge`	Rm	*It*	*Sl*	sf	**Bf**	Tt	Sc	中	中
`\Huge`	Rm	*It*	*Sl*	sf	**Bf**	Tt	Sc	中	中

□【演習 23.2】　上の表の入・出力例のいくつかを確かめて下さい．

23.2 数式モードにおける文字・数式のサイズ

■ 前ページの文字サイズ指定の命令は，下の表に示すように，数式モード ⟨→p.36 (19.4)/p.39 (21)⟩ の文字・数式・記号にも使えます．

{\tiny	$a=b+c<\sqrt{2}$\$	→	$a=b+c<\sqrt{2}$
{\scriptsize	$a=b+c<\sqrt{2}$\$	→	$a=b+c<\sqrt{2}$
{\footnotesize	$a=b+c<\sqrt{2}$\$	→	$a=b+c<\sqrt{2}$
{\small	$a=b+c<\sqrt{2}$\$	→	$a=b+c<\sqrt{2}$
{\normalsize	$a=b+c<\sqrt{2}$\$	→	$a=b+c<\sqrt{2}$
{\large	$a=b+c<\sqrt{2}$\$	→	$a=b+c<\sqrt{2}$
{\Large	$a=b+c<\sqrt{2}$\$	→	$a=b+c<\sqrt{2}$
{\LARGE	$a=b+c<\sqrt{2}$\$	→	$a=b+c<\sqrt{2}$
{\huge	$a=b+c<\sqrt{2}$\$	→	$a=b+c<\sqrt{2}$

☐ 【演習 23.3】 上の入・出力例を確かめて下さい．

23.3 ★★★ 更なる上級への指針

- 数式モード内でのサイズ指定命令 \scriptstyle と \scriptscriptstyle について ･････【→ 文典 p.85 　　　】

24　キーボード上の記号

24.1　文書モードにおけるキーボード上の記号

■　下の表は，キーボード上の 21 通りの記号を文書モード〈→p.35(19)〉で出力したものです《「`」と「'」はそれぞれ ⑦ キーと ! キーで入力します》．

入力	=	+	-	(	)	[	]	/	*	`	'	,	.	:	;	?	@	!	>	<	|
	↓	↓	↓	↓	↓	↓	↓	↓	↓	↓	↓	↓	↓	↓	↓	↓	↓	↓	↓	↓	↓
出力	=	+	-	(	)	[	]	/	*	'	'	,	.	:	;	?	@	!	¿	¡	—

（区切り記号）

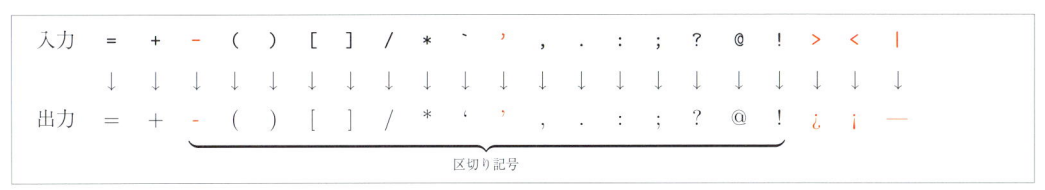

■　「-」「'」「>」「<」「|」の出力は 24.2 節に示す数式モードの場合と違っていることに注意．

■　⌣ で囲まれた記号は 区切り記号 と呼ばれます〈→p.53(28)〉．

□【演習 24.1】　下の入・出力例を確かめて下さい．

$$\texttt{- ' > < |} \implies \texttt{- ' ¿ ¡ —}$$

24.2　数式モードにおけるキーボード上の記号

■　下の表は，キーボード上の 21 通りの記号を数式モードで出力したものです．

入力	=	+	-	(	)	[	]	/	*	`	'	,	.	:	;	?	@	!	>	<	|
	↓	↓	↓	↓	↓	↓	↓	↓	↓	↓	↓	↓	↓	↓	↓	↓	↓	↓	↓	↓	↓
出力	=	+	−	(	)	[	]	/	*	`	'	,	.	:	;	?	@	!	>	<	|

（区切り記号）

■　「-」「'」「>」「<」「|」の出力は 24.1 節に示す文書モードの場合と違っていることに注意．

□【演習 24.2】　下の入・出力例を確かめて下さい．

$$\texttt{\$- ' > < |\$} \implies -\ '\ >\ <\ |$$

24.3　★　命令の一部として使用する記号

■　★　次の 10 個の記号は命令の一部として使用するものです《単独で使用するとエラーとなります》．

$$\texttt{\# \$ \% \& \_ \{ \} \textasciitilde \textasciicircum \textbackslash}$$

■　★　最初の 7 個の記号を「記号として出力」させるためには，その頭にバックスラッシュ「\」を付けます．

□【演習 24.3】★　下の入・出力例を確かめて下さい．

$$\texttt{\# \\$ \\% \\& \\_ \\{ \\}} \implies \texttt{\# \$ \% \& \_ \{ \}}$$

24.4 ★ %記号の用法

■ ★ %記号の後ろに続くエディタ上におけるリターンキーによる改行までの入力文はすべて無視され出力されません．

■ ★ したがって%記号は文書ファイルに 出力されない注釈 を付すときなどに使えます．

□【演習 24.4】★ 下の入・出力例を確かめて下さい．

$$\boxed{\texttt{\$ax+b=0\$ \% 一次方程式}} \implies \boxed{ax+b=0}$$

24.5 ★★★ 更なる上級への指針

● %記号の更なる意味について ……………………………………………【→ 文典 p.95 】

25 特殊記号

25.1 登録パッケージ

■ 本節で述べる特殊記号を使うためには少なくとも3つのパッケージ [latexsym]・[amsfonts]・[amssymb] を登録すること ⟨→p.20 (10)⟩.

25.2 特殊記号（文書モード）

■ 下表の記号は「文書モード ⟨→p.35 (19.1)⟩」で使用する特殊記号です.

\oe	→	œ	\OE	→	Œ	\ae	→	æ
\aa	→	å	\AA	→	Å	\o	→	ø
\l	→	ł	\L	→	Ł	\ss	→	ß
\TeX	→	TeX	\LaTeX	→	LaTeX	\LaTeXe	→	LaTeX 2ε

\AE	→	Æ
\O	→	Ø
?`	→	¿
!`	→	¡

\textbullet	→	•	\textperiodcentered	→	·	\textregistered	→	®
\texttrademark	→	™	\textless	→	<	\textgreater	→	>
\textbackslash	→	\	\textbar	→	|	\textasciicircum	→	^
\textasciitilde	→	~	\textvisiblespace	→	␣	\i	→	ı
						\j	→	ȷ

□【演習 25.1】 上のいくつかの記号の入・出力例を作って下さい.

25.3 特殊記号（数式モード）

■ 下表の記号は「数式モード ⟨→p.36 (19.4)⟩」で使用する特殊記号です.

\clubsuit	→	♣	\triangledown	→	▽	\dagger	→	†
\diamondsuit	→	♢	\lozenge	→	◇	\ddagger	→	‡
\heartsuit	→	♡	\aleph	→	ℵ	\top	→	⊤
\spadesuit	→	♠	\ell	→	ℓ	\bot	→	⊥
\Diamond	→	◇	\wp	→	℘	\sphericalangle	→	∢
\blacktriangle	→	▲	\Re	→	ℜ	\measuredangle	→	∡
\blacktriangledown	→	▼	\Im	→	ℑ	\angle	→	∠
\blacksquare	→	■	\emptyset	→	∅	\sqsubset	→	⊏
\blacklozenge	→	♦	\partial	→	∂	\sqsupset	→	⊐
\bigstar	→	★	\mho	→	℧	\exists	→	∃
\hbar	→	ℏ	\Bbbk	→	𝕜	\nexists	→	∄
\hslash	→	ℏ	\varnothing	→	∅	\forall	→	∀
\Box	→	□	\complement	→	∁	\Join	→	⋈
\square	→	□	\eth	→	ð	|	→	∥
\rhd	→	▷	\circledS	→	Ⓢ	\surd	→	√
\unrhd	→	⊵	\Finv	→	Ⅎ	\neg	→	¬
\unlhd	→	⊴	\Game	→	⅁	\backslash	→	\
\nabla	→	∇	\infty	→	∞	\diagup	→	╱
\triangle	→	△	\flat	→	♭	\diagdown	→	╲
\lhd	→	◁	\natural	→	♮	\backprime	→	‵
\vartriangle	→	△	\sharp	→	♯			

□【演習 25.2】 上のいくつかの記号の入・出力例を作って下さい.

25.4 特殊記号（数式・文書モード）

■ 下表の記号は「数式モード」と「文書モード」の両モードで使用できる特殊記号です．

\copyright	→ ⓒ	\dag	→ †	\ddag	→ ‡
\S	→ §	\P	→ ¶	\pounds	→ £

□【演習 25.3】 上のすべての記号の入・出力例を作って下さい．

25.5 ★★★ 更なる上級への指針

● 記号を重ね合わせる命令 \llap について ……………………………………【→ 文典 p.97–98 】

26 演算子記号

26.1 登録パッケージ

■ 本節で述べる特殊記号を使うためには少なくとも3つのパッケージ latexsym ・ amsfonts ・ amssymb を登録して下さい〈→p.20 (10)〉．

■ 本節で述べる記号はすべて「数式モード〈→p.36 (19.4)〉」で使用するものです．

26.2 二項演算子記号

■ 下の表は 二項演算子記号 のリストです．

\pm	→	$\pm$	\mp	→	$\mp$	\times	→	$\times$
\div	→	$\div$	\ast	→	$\ast$	\star	→	$\star$
\circ	→	$\circ$	\bullet	→	$\bullet$	\cdot	→	$\cdot$
\cap	→	$\cap$	\cup	→	$\cup$	\uplus	→	$\uplus$
\dotplus	→	$\dotplus$	\smallsetminus	→	$\smallsetminus$	\Cap	→	$\Cap$
\Cup	→	$\Cup$	\barwedge	→	$\barwedge$	\veebar	→	$\veebar$
\doublebarwedge	→	$\doublebarwedge$	\divideontimes	→	$\divideontimes$	\triangleright	→	$\triangleright$
\sqcap	→	$\sqcap$	\sqcup	→	$\sqcup$	\vee	→	$\vee$
\wedge	→	$\wedge$	\setminus	→	$\setminus$	\wr	→	$\wr$
\diamond	→	$\diamond$	\bigtriangleup	→	$\bigtriangleup$	\bigtriangledown	→	$\bigtriangledown$
\triangleleft	→	$\triangleleft$	\amalg	→	$\amalg$	\boxminus	→	$\boxminus$
\boxtimes	→	$\boxtimes$	\boxdot	→	$\boxdot$	\boxplus	→	$\boxplus$
\ltimes	→	$\ltimes$	\rtimes	→	$\rtimes$	\leftthreetimes	→	$\leftthreetimes$
\rightthreetimes	→	$\rightthreetimes$	\oplus	→	$\oplus$	\ominus	→	$\ominus$
\otimes	→	$\otimes$	\oslash	→	$\oslash$	\odot	→	$\odot$
\bigcirc	→	$\bigcirc$	\dagger	→	$\dagger$	\ddagger	→	$\ddagger$
\lhd	→	$\lhd$	\rhd	→	$\rhd$	\unlhd	→	$\unlhd$
\unrhd	→	$\unrhd$	\curlywedge	→	$\curlywedge$	\curlyvee	→	$\curlyvee$
\circleddash	→	$\circleddash$	\circledast	→	$\circledast$	\circledcirc	→	$\circledcirc$
\centerdot	→	$\cdot$	\intercal	→	$\intercal$			

□【演習 26.1】 下の入・出力例を確かめて下さい．

$A \cap B \cup C$ $a \times b \div c \pm d$ $\Longrightarrow$ $A \cap B \cup C \quad a \times b \div c \pm d$

26.3 関係演算子記号

■ 下の表は 関係演算子記号 のリストです．

\leq	→	≤	\gg	→	≫	\doteq	→	≐
\prec	→	≺	\supset	→	⊃	\propto	→	∝
\preceq	→	⪯	\supseteq	→	⊇	\models	→	⊨
\ll	→	≪	\sqsupset	→	⊐	\perp	→	⊥
\subset	→	⊂	\sqsupseteq	→	⊒	\mid	→	∣
\subseteq	→	⊆	\ni	→	∋	\parallel	→	∥
\sqsubset	→	⊏	\dashv	→	⊣	\bowtie	→	⋈
\sqsubseteq	→	⊑	\equiv	→	≡	\Join	→	⋈
\in	→	∈	\sim	→	∼	\smile	→	⌣
\vdash	→	⊢	\simeq	→	≃	\frown	→	⌢
\geq	→	≥	\asymp	→	≍	=	→	=
\succ	→	≻	\approx	→	≈	>	→	>
\succeq	→	⪰	\cong	→	≅	<	→	<

□ 【演習 26.2】 下の入・出力例を確かめて下さい．

$a\geq b\ll c\sim d$ $X\subset Y\supseteq Z$ ⟹ $a \geq b \ll c \sim d \quad X \subset Y \supseteq Z$

■ 次のような 関係演算子記号 もあります．

\leqq	→	≦	\doteqdot	→	≑	\precapprox	→	⪷
\leqslant	→	⩽	\risingdotseq	→	≓	\vartriangleleft	→	⊲
\eqslantless	→	⪕	\fallingdotseq	→	≒	\trianglelefteq	→	⊴
\lesssim	→	≲	\backsim	→	∽	\vDash	→	⊨
\lessapprox	→	⪅	\backsimeq	→	⋍	\Vvdash	→	⊪
\approxeq	→	≊	\subseteqq	→	⫅	\smallsmile	→	⌣
\lessdot	→	⋖	\Subset	→	⋐	\smallfrown	→	⌢
\lll	→	⋘	\sqsubset	→	⊏	\bumpeq	→	≏
\lessgtr	→	≶	\preccurlyeq	→	≼	\Bumpeq	→	≎
\lesseqgtr	→	⋚	\curlyeqprec	→	⋞			
\lesseqqgtr	→	⪋	\precsim	→	≾			

\geqq	→	≧	\triangleq	→	≜	\shortmid	→	∣
\geqslant	→	⩾	\thicksim	→	∼	\shortparallel	→	∥
\eqslantgtr	→	⪖	\thickapprox	→	≈	\between	→	≬
\gtrsim	→	≳	\supseteqq	→	⫆	\pitchfork	→	⋔
\gtrapprox	→	⪆	\Supset	→	⋑	\varpropto	→	∝
\gtrdot	→	⋗	\succcurlyeq	→	≽	\blacktriangleleft	→	◀
\ggg	→	⋙	\curlyeqsucc	→	⋟	\blacktriangleright	→	▶
\gtrless	→	≷	\succsim	→	≿	\therefore	→	∴
\gtreqless	→	⋛	\succapprox	→	⪸	\because	→	∵
\gtreqqless	→	⪌	\vartriangleright	→	▷	\backepsilon	→	϶
\eqcirc	→	≖	\trianglerighteq	→	⊵			
\circeq	→	≗	\Vdash	→	⊩			

□【演習 26.3】 下の入・出力例を確かめて下さい．

$$\texttt{\$a\textbackslash leqq b\textbackslash lll c\textbackslash doteqdot d\$} \implies a \leqq b \lll c \doteqdot d$$

■ 下の表は **否定関係演算子記号** のリストです．

\nless	→	≮	\nprec	→	⊀	\ntriangleleft	→	⋪
\nleq	→	≰	\npreceq	→	⋠	\ntrianglelefteq	→	⋬
\nleqslant	→	≰	\precnsim	→	⋨	\nsubseteq	→	⊈
\nleqq	→	≰	\precnapprox	→	⋨	\subsetneq	→	⊊
\lneq	→	≨	\nsim	→	≁	\varsubsetneq	→	⊊
\lneqq	→	≨	\nshortmid	→	∤	\subsetneqq	→	⫋
\lvertneqq	→	≨	\nmid	→	∤	\varsubsetneqq	→	⫋
\lnsim	→	⋦	\nvdash	→	⊬			
\lnapprox	→	⋦	\nvDash	→	⊭			

\ngtr	→	≯	\nsucc	→	⊁	\ntrianglerighteq	→	⋭
\ngeq	→	≱	\nsucceq	→	⋡	\nsupseteq	→	⊉
\ngeqslant	→	≱	\succnsim	→	⋩	\nsupseteqq	→	⫌
\ngeqq	→	≱	\succnapprox	→	⋩	\supsetneq	→	⊋
\gneq	→	≩	\ncong	→	≇	\varsupsetneq	→	⊋
\gneqq	→	≩	\nshortparallel	→	∦	\supsetneqq	→	⫌
\gvertneqq	→	≩	\nparallel	→	∦	\varsupsetneqq	→	⫌
\gnsim	→	⋧	\nVDash	→	⊯			
\gnapprox	→	⋧	\ntriangleright	→	⋫			

□【演習 26.4】 下の入・出力例を確かめて下さい．

$$\texttt{\$a\textbackslash nleq b\textbackslash ngeq c\textbackslash nsim d \ X\textbackslash nsubseteq Y\textbackslash nsupseteq Z\$} \implies a \nleq b \ngeq c \nsim d \quad X \nsubseteq Y \nsupseteq Z$$

■ **否定関係演算子記号** は \not 命令を使って作ることもできます．

\not\leq	→	≰	\not\gg	→	≫̸	\not\doteq	→	≐̸
\not\prec	→	⊀	\not\supset	→	⊅	\not\propto	→	∝̸
\not\preceq	→	⋠	\not\sqsupset	→	⊐̸	\not\models	→	⊭
\not\ll	→	≪̸	\not\sqsupseteq	→	⋣	\not\perp	→	⊥̸
\not\subset	→	⊄	\not\ni	→	∌	\not\mid	→	∤
\not\subseteq	→	⊈	\not\dashv	→	⊣̸	\not\parallel	→	∦
\not\sqsubset	→	⊏̸	\not\equiv	→	≢	\not\bowtie	→	⋈̸
\not\sqsubseteq	→	⋢	\not\sim	→	≁	\not\Join	→	⋈̸
\not\in	→	∉	\not\simeq	→	≄	\not\smile	→	⌣̸
\not\vdash	→	⊬	\not\asymp	→	≭	\not\frown	→	⌢̸
\not\geq	→	≱	\not\approx	→	≉	\not=	→	≠
\not\succ	→	⊁	\not\cong	→	≇	\not>	→	≯
\not\succeq	→	⋡				\not<	→	≮

□【演習 26.5】 下の入・出力例を確かめて下さい．

$$\texttt{\$a\textbackslash not\textbackslash leq b\textbackslash not\textbackslash ll c\textbackslash not\textbackslash sim d\$} \implies a \not\leq b \not\ll c \not\sim d$$

27 矢印記号

27.1 登録パッケージ

■ 本節で述べる特殊記号を使うためには少なくとも 3 つのパッケージ latexsym ・ amsfonts ・ amssymb を登録して下さい 〈→p.20 (10) 〉.

27.2 矢印記号

■ 下の表は 矢印記号 のリストです《すべて「数式モード〈→p.36 (19.4) 〉」で使用するものです》.

\leftarrow	→	←	\Leftarrow	→	⇐
\rightarrow	→	→	\Rightarrow	→	⇒
\leftrightarrow	→	↔	\Leftrightarrow	→	⇔
\mapsto	→	↦	\hookleftarrow	→	↩
\leftharpoonup	→	↼	\leftharpoondown	→	↽
\rightleftharpoons	→	⇌	\longleftarrow	→	⟵
\Longleftarrow	→	⟸	\longrightarrow	→	⟶
\Longrightarrow	→	⟹	\longleftrightarrow	→	⟷
\Longleftrightarrow	→	⟺	\longmapsto	→	⟼
\hookrightarrow	→	↪	\rightharpoonup	→	⇀
\rightharpoondown	→	⇁	\leadsto	→	⇝
\nearrow	→	↗	\searrow	→	↘
\swarrow	→	↙	\nwarrow	→	↖
\dashrightarrow	→	⇢	\dashleftarrow	→	⇠
\leftleftarrows	→	⇇	\leftrightarrows	→	⇆
\Lleftarrow	→	⇚	\twoheadleftarrow	→	↞
\leftarrowtail	→	↢	\looparrowleft	→	↫
\leftrightharpoons	→	⇋	\curvearrowleft	→	↶
\circlearrowleft	→	↺	\Lsh	→	↰
\upharpoonleft	→	↿	\downharpoonleft	→	⇃
\multimap	→	⊸	\leftrightsquigarrow	→	↭
\rightrightarrows	→	⇉	\rightleftarrows	→	⇄
\twoheadrightarrow	→	↠	\rightarrowtail	→	↣
\looparrowright	→	↬	\curvearrowright	→	↷
\circlearrowright	→	↻	\Rsh	→	↱
\downdownarrows	→	⇊	\upharpoonright	→	↾
\downharpoonright	→	⇂	\rightsquigarrow	→	⇝

【以下は否定矢印】

\nleftarrow	→	↚	\nrightarrow	→	↛
\nLeftarrow	→	⇍	\nRightarrow	→	⇏
\nleftrightarrow	→	↮	\nLeftrightarrow	→	⇎

□【演習 27.1】 下の用例を確かめて下さい.

`$a\rightarrow 0$`   `$X\dashrightarrow Y$`   ⟹ $a \rightarrow 0 \quad X \dashrightarrow Y$

28 区切り記号

28.1 ★ 登録パッケージ

■ ★ 本節で述べる特殊記号を使うためには少なくとも3つのパッケージ latexsym ・ amsfonts ・ amssymb を登録して下さい〈→p.20(10)〉．

■ ★ 本節で述べる記号はすべて「数式モード〈→p.36(19.4)〉」で使用するものです．

28.2 ★ 区切り記号

■ ★ 下の表は 区切り記号 と呼ばれるもののリストです《すべて「数式モード」で使用します》．

(	→ (	)	→)	[	→ [	]	→]
\{	→ {	\}	→ }	\lfloor	→ ⌊	\rfloor	→ ⌋
\lceil	→ ⌈	\rceil	→ ⌉	\langle	→ ⟨	\rangle	→ ⟩
|	→ |	\\|	→ ‖	\backslash	→ \		

□【演習 28.1】★ 上の表の入・出力例を確かめて下さい．

28.3 ★ 単独の拡大命令 I

■ ★ 「単独」で使用する 区切り記号の拡大命令 に次のものがあります．

《命令》 \big \Big \bigg \Bigg

■ ★ これらを区切り記号の1つである「|」に適用した例を下に示します．

```
$\{x\big|f(x)>0\}$

$\{x\Big|\int_a^b f(x)dx>0\}$

$\{x\bigg|\int_a^b f(x)dx>0\}\$

$\{x\Bigg|\int_a^b f(x)dx>0\}\$
```

⟹

$\{x | f(x) > 0\}$

$\{x \Big| \int_a^b f(x)dx > 0\}$

$\{x \bigg| \int_a^b f(x)dx > 0\}$

$\{x \Bigg| \int_a^b f(x)dx > 0\}$

□【演習 28.2】★ 上の入・出力例を確かめて下さい．

28.4 ★ 単独の拡大命令 II

■ ★ 「単独」で使用する 区切り記号の拡大命令 に次のものもあります．

《命令》 \bigm \Bigm \biggm \Biggm

■ ★ これらを区切り記号の1つである「|」に適用した例を下に示します《区切り記号の両側に自動的にスペースが空きます》.

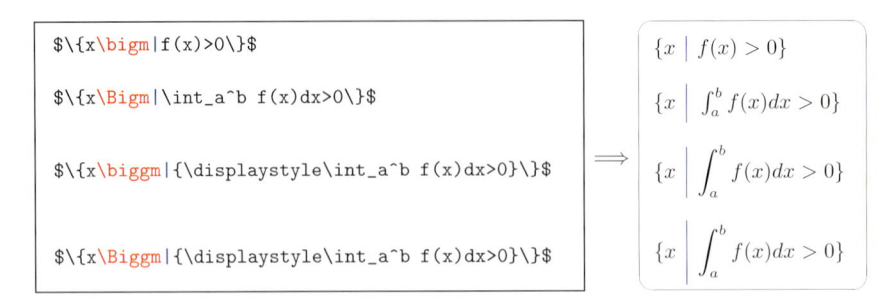

```
$\{x\bigm|f(x)>0\}$

$\{x\Bigm|\int_a^b f(x)dx>0\}$

$\{x\biggm|{\displaystyle\int_a^b f(x)dx>0}\}$

$\{x\Biggm|{\displaystyle\int_a^b f(x)dx>0}\}$
```

$\Longrightarrow$

$$\{x \mid f(x) > 0\}$$
$$\{x \mid \int_a^b f(x)dx > 0\}$$
$$\{x \mid \int_a^b f(x)dx > 0\}$$
$$\{x \mid \int_a^b f(x)dx > 0\}$$

□【演習 28.3】★ 上の入・出力例を確かめて下さい.

28.5 ★ 単独の拡大命令 III

■ ★ 「単独」で使用する 区切り記号の拡大命令 としてさらに次のものもあります.

《命令》　\bigl　\Bigl　\biggl　\Biggl
　　　　 \bigr　\Bigr　\biggr　\Biggr

■ ★ 下に,括弧「(」と「)」およびブラケット「[」と「]」を例にその使用例を示します《他の区切り記号についても同様です》.

```
$( \bigl( \Bigl( \biggl( \Biggl( $ → (((( ( ) )))) ← $ \Biggr) \biggr) \Bigr) \bigr) ) $

$[ \bigl[ \Bigl[ \biggl[ \Biggl[ $ → [[[[ [ ] ]]]] ← $ \Biggr] \biggr] \Bigr] \bigr] ] $
```

□【演習 28.4】★ 下の入・出力例を確かめて下さい.

```
$\bigl||x|+|y|+|z|\bigr|$

$\bigl(f(x)+x\bigr)$

$\Bigl(\int_a^b ydy+x\Bigr)$

$\displaystyle\Bigl(\int_a^b ydy+x\Bigr)$
```

$\Longrightarrow$

$$\big||x|+|y|+|z|\big|$$
$$\big(f(x)+x\big)$$
$$\Big(\int_a^b ydy+x\Big)$$
$$\Big(\int_a^b ydy+x\Big)$$

■ ★ この命令では左右の区切り記号は必ずしも対になっている必要はありません《単独でも使用できます》.

28.6 ★ 左右対の拡大命令

■ ★ それで囲む式などのサイズに見合った然るべき大きさの 左右対の区切り記号 を自動的に決める命令に次のものがあります.

《命令》　\left　\right

■ ★ この命令は「必ず左右対」でなければなりません《そうしないとコンパイルエラーが生じます》.

■ ★ この命令では左右の記号は必ずしも同種のものである必要はありません.

□【演習 28.5】★ 下の入・出力例を確かめて下さい.

$$\texttt{\$\textbackslash left(\textbackslash int\_a\^{}b\ xdx+y\textbackslash right)\$} \implies \left(\int_a^b xdx+y\right)$$

□【演習 28.6】★ 他の区切り記号 [, \{, \|, ... などについても確かめて下さい.

■ ★ 左右の区切り記号の一方を書かないようにするには次の命令を使います《これを 見えない記号 と言います》.

$$\text{《命令》}\quad \texttt{\textbackslash left.} \quad \texttt{\textbackslash right.}$$

□【演習 28.7】★ 下の入・出力例を確かめて下さい.

$$\texttt{\$\textbackslash left(\textbackslash int\_a\^{}b\ xdx+y\textbackslash right.\$} \implies \left(\int_a^b xdx+y\right.$$

29 ドットとダッシュ

29.1 ドット記号

■ ドット記号 を出力する命令には下の5通りがあります《\ldots は \cdots より幾分下に出力されます》．

数式モード				数式・文書モード
\cdot → ·	\cdots → ⋯	\vdots → ⋮	\ddots → ⋱	\ldots → …

□【演習 29.1】 下の入・出力例を確かめて下さい《array 環境については 33 節 (p.61) を参照》．

```
$\left(\begin{array}{rrrr}
a      & a      & \ldots & a      \\
\vdots & \vdots & \ddots & \vdots \\
a      & a      & \ldots & a
\end{array}\right)$
```

$\implies$ $\left(\begin{array}{rrrr} a & a & \ldots & a \\ \vdots & \vdots & \ddots & \vdots \\ a & a & \ldots & a \end{array}\right)$

29.2 ダッシュ記号

■ ダッシュ記号 には以下に示す3通りがあります《これらは文書モード内〈→p.35 (19.1)〉で使用するものです》．

■ 単語間の区切り (-)：複数の単語から成る合成語において単語間に置くダッシュ記号．

□【演習 29.2】 下の入・出力例を確かめて下さい．

```
well-known, 5- to 7-day trips
```

$\implies$ well-known, 5- to 7-day trips

■ 数字の範囲 (--)：数字の範囲を表すときなどに使用するダッシュ記号．

□【演習 29.3】 下の入・出力例を確かめて下さい．

```
1900--1920, paragraphs 5--9
```

$\implies$ 1900–1920, paragraphs 5–9

■ 文の区切り (---)：文の途中の突然の変化を示すときなどに使われるダッシュ記号．

□【演習 29.4】 下の入・出力例を確かめて下さい．

```
Spring has come---The cherry will
blossom soon.
```

$\implies$ Spring has come—The cherry will blossom soon.

29.3 ★★★ 更なる上級への指針

- amsmath パッケージ登録によるドットについて ･･････････････････【→ 文典 p.115 】
- 長く伸びるドットとバーについて ･････････････････････････････【→ 文典 p.116 】

30 アクセントとプライム

30.1 登録パッケージ

■ 本節で述べる特殊記号を使うためには少なくとも3つのパッケージ latexsym ・ amsfonts ・ amssymb を登録して下さい〈→p.20 (10)〉．

30.2 アクセント記号

■ 下の表は，文字の頭に付ける アクセント記号 のリストです．

文書モード			数式モード								
			`\vec{a}`	→	$\vec{a}$	`\vec{\imath}`	→	$\vec{\imath}$	`\vec{\jmath}`	→	$\vec{\jmath}$
`\'{a}`	→	á	`\acute{a}`	→	$\acute{a}$	`\acute{\imath}`	→	$\acute{\imath}$	`\acute{\jmath}`	→	$\acute{\jmath}$
`\`{a}`	→	à	`\grave{a}`	→	$\grave{a}$	`\grave{\imath}`	→	$\grave{\imath}$	`\grave{\jmath}`	→	$\grave{\jmath}$
`\^{a}`	→	â	`\hat{a}`	→	$\hat{a}$	`\hat{\imath}`	→	$\hat{\imath}$	`\hat{\jmath}`	→	$\hat{\jmath}$
`\={a}`	→	ā	`\bar{a}`	→	$\bar{a}$	`\bar{\imath}`	→	$\bar{\imath}$	`\bar{\jmath}`	→	$\bar{\jmath}$
`\u{a}`	→	ă	`\breve{a}`	→	$\breve{a}$	`\breve{\imath}`	→	$\breve{\imath}$	`\breve{\jmath}`	→	$\breve{\jmath}$
`\v{a}`	→	ǎ	`\check{a}`	→	$\check{a}$	`\check{\imath}`	→	$\check{\imath}$	`\check{\jmath}`	→	$\check{\jmath}$
`\~{a}`	→	ã	`\tilde{a}`	→	$\tilde{a}$	`\tilde{\imath}`	→	$\tilde{\imath}$	`\tilde{\jmath}`	→	$\tilde{\jmath}$
`\.{a}`	→	ȧ	`\dot{a}`	→	$\dot{a}$	`\dot{\imath}`	→	$\dot{\imath}$	`\dot{\jmath}`	→	$\dot{\jmath}$
`\"{a}`	→	ä	`\ddot{a}`	→	$\ddot{a}$	`\ddot{\imath}`	→	$\ddot{\imath}$	`\ddot{\jmath}`	→	$\ddot{\jmath}$
`\H{a}`	→	a̋	`\dddot{a}`	→	$\dddot{a}$	`\dddot{\imath}`	→	$\dddot{\imath}$	`\dddot{\jmath}`	→	$\dddot{\jmath}$
`\b{a}`	→	a̱	`\ddddot{a}`	→	$\ddddot{a}$	`\ddddot{\imath}`	→	$\ddddot{\imath}$	`\ddddot{\jmath}`	→	$\ddddot{\jmath}$
`\d{a}`	→	ạ									
`\c{a}`	→	ą									
`\t{az}`	→	a͡z									

■ 1列目（文書モード）と2列目（数式モード）では英文字の「a」にアクセント記号を付けたものを例として示してあります．

■ 3列目および4列目のアクセント記号は，数式モードの文字「i」と「j」において，頭の「・」を取り除き，そこにそれに替えて付けるアクセント記号です．

■ これらのアクセント記号は，英大文字・数字・記号・ひらがな・カタカナ・漢字などにも有効です．

□【演習 30.1】 下の入・出力例を確かめて下さい．

`\b{Z}  \d{=}  $\hat{D}$  $\breve{Z}$` ⟹ Ẕ =̣ $\hat{D}$ $\breve{Z}$

30.3 プライム記号

■ 数学ではしばしば プライム記号 「$'$」が使われます．その代表的なのが微分を表すプライム記号です．たとえば $f' = df(x)/dx$ です．

■ プライム記号を出力させる標準的な命令として次の2つのものがあります．

《命令》　\prime　'

□【演習 30.2】　下の入・出力例を確かめて下さい．

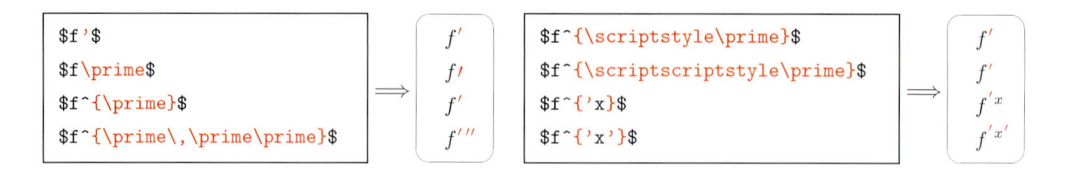

```
$f'$
$f\prime$
$f^{\prime}$
$f^{\prime\,\prime\prime}$
```
$\Longrightarrow$
f'
f'
f'
f'''

```
$f^{\scriptstyle\prime}$
$f^{\scriptscriptstyle\prime}$
$f^{'x}$
$f^{'x'}$
```
$\Longrightarrow$
f'
f'
f'^x
$f'^{x'}$

30.4　★★★　更なる上級への指針

- 多重アクセント $\vec{X}$, $\hat{X}$, $\check{\vec{X}}$, $\hat{\hat{X}}$, $\bar{\bar{X}}$, $\bar{\bar{\bar{X}}}$ の出力について ……………………………【→ 文典 p.118】
- アクセント記号の平準化 $\vec{a}+\vec{f}+\vec{c}$ について《平準化しないと $\vec{a}+\vec{f}+\vec{c}$》…………【→ 文典 p.118】
- 幅の広いハットとチルド $\hat{a}$, $\widehat{aa}$, $\widehat{aaa}$, $\tilde{a}$, $\widetilde{aa}$, $\widetilde{aaa}$ の出力について ………………【→ 文典 p.119】
- 脇付きのアクセント記号 $A\hat{}$, $AA\tilde{}$, $AAA\ddot{}$, $AAAA\check{}$ の出力について ………………【→ 文典 p.119】

31　アンダー・オーバーライン

◆

31.1　アンダーラインとオーバーライン

■ 文字列に アンダーライン と オーバーライン を引く命令に次のものがあります．

《命令》　\underline　　\overline

■ \underline は文書・数式の両モード（→p.35 (19)）の文字列に使うことができます．

■ \overline は数式モードの文字列にのみ使うことができます（これは文書モードの文字列には使えません）．

□【演習 31.1】　下の入・出力例を確かめて下さい．

```
$\underline{a+b+c+d} $

$\overline{a+b+c+d} $

$\overline{a+\underline{b+\overline{c}}+d}$

$e^{x^{\overline{2}}}$

\underline{サクラ}
```

$\Longrightarrow$

$\underline{a+b+c+d}$

$\overline{a+b+c+d}$

$\overline{a+\underline{b+\overline{c}}+d}$

$e^{x^{\overline{2}}}$

サクラ

31.2　★★★　更なる上級への指針

● 文書モードの文字列にオーバーライン \overline を引く方法について …………【→文典 p.129　】
● アンダーラインの平準化「$\underline{abc}, \underline{efg}$」（平準化しないと「$\underline{abc}, \underline{efg}$」）……………【→文典 p.120　】
● 矢印付きオーバーライン $\underaccent{abc}, \overline{abc}, \overrightarrow{abc}, \overleftarrow{abc}$ について …………………………【→文典 p.121　】

32 アンダー・オーバーブレイス

32.1 アンダーブレイスとオーバーブレイス

■ 数式モード内〈→p.35(19)〉の文字列に アンダーブレイス と オーバーブレイス を引く命令に次のものがあります．

《命令》 \underbrace \overbrace

□【演習 32.1】 下の入・出力例を確かめて下さい．

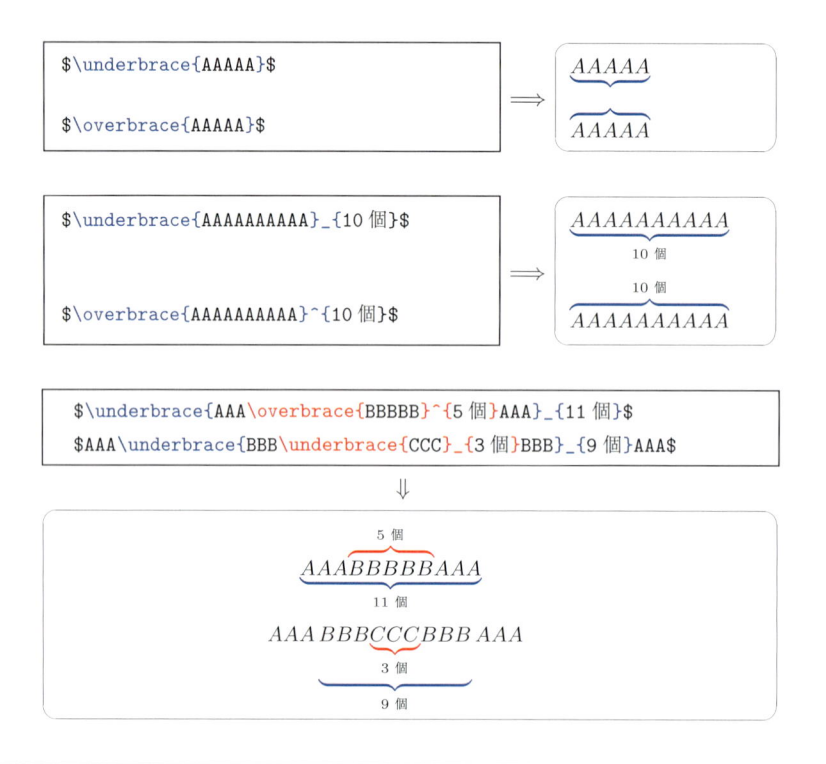

```
$\underbrace{AAAAA}$

$\overbrace{AAAAA}$
```
$\Longrightarrow$ $\underbrace{AAAAA}$
$\overbrace{AAAAA}$

```
$\underbrace{AAAAAAAAAA}_{10 個}$

$\overbrace{AAAAAAAAAA}^{10 個}$
```
$\Longrightarrow$ $\underbrace{AAAAAAAAAA}_{10 個}$
$\overbrace{AAAAAAAAAA}^{10 個}$

```
$\underbrace{AAA\overbrace{BBBBB}^{5 個}AAA}_{11 個}$
$AAA\underbrace{BBB\underbrace{CCC}_{3 個}BBB}_{9 個}AAA$
```
$\Downarrow$

$\underbrace{AAA\overbrace{BBBBB}^{5 個}AAA}_{11 個}$

$AAA\underbrace{BBB\underbrace{CCC}_{3 個}BBB}_{9 個}AAA$

32.2 ★★★ 更なる上級への指針

● 文書モードの文字列にアンダー・オーバーブレイスを使うには：$\overbrace{いろは}$，$\underbrace{いろは}$ ……【→文典 p.122 】

33　アレイ表とタブロー表

33.1　作表の3通りの方法

■ LaTeX 2_ε には表を作成する次の3つの環境が用意されています《タビング表は使われる機会があまり多くないのでこの入門書では解説しません》．

《命令》　array 環境（アレイ表）　　tabular 環境（タブロー表）　　tabbing 環境（タビング表）

■ これらの表の要素の中はすべて左右モードです〈→p.35(19.3)〉．

33.2　アレイ表

■ アレイ表は数式モード内〈→p.36(19.4)〉で使うものです．当然，要素の中は数式モードです《要素の中に文中数式〈→p.65(34.1)〉を書くことはできるが，段落数式〈→p.65(34.2)〉を直接書くことはできません》．

■ 下に一例を示します．

```
$\begin{array}{lcr}
   x   & x+y & z   \\
   x+y & x   & x-z
\end{array}$
```

$\Longrightarrow$

$$\begin{array}{lcr} x & x+y & z \\ x+y & x & x-z \end{array}$$

□【演習 33.1】　上の入・出力例を確かめて下さい．

■ 要素内のテキストの位置は「位置パラメータ」の「l」「c」「r」で指定します《「l」は英語の「エル」であり，数字の「イチ '1'」でも「縦バー '|'」でもありません》．それぞれ「左寄せ」「中寄せ」「右寄せ」となります．

■ 要素と要素の間には「&」を挿入します．

■ 各行の行末には文中改行の命令「\\」〈→p.30(16.1)〉を置きます《ただし最後の行の行末にはそれを置く必要はありません．置くとその表の下に続くテキストとの間に余分なスペースが空いてしまいます》．

■ ある列に縦罫線を引くには，対応する位置パラメータの所に次の命令を入れます．

《命令》　|

■ ある行に横罫線を引くには，その行の終わりで改行命令 \\ 〈→p.30(16.1)〉に続けて次の命令を宣言します．

《命令》　\hline

■ 下に2つの例を示します．

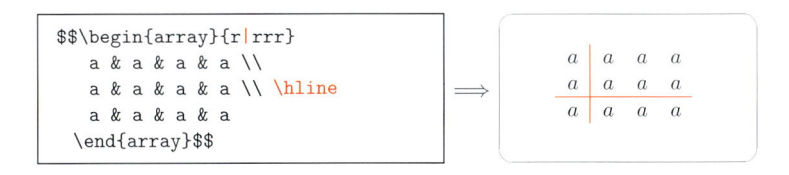

```
$$\begin{array}{r|rrr}
   a & a & a & a \\
   a & a & a & a \\ \hline
   a & a & a & a
\end{array}$$
```

$\Longrightarrow$

$$\begin{array}{r|rrr} a & a & a & a \\ a & a & a & a \\ \hline a & a & a & a \end{array}$$

```
$$\begin{array}{|r|r|r|r|} \hline
   a & a & a & a \\ \hline
   a & a & a & a \\ \hline
   a & a & a & a \\ \hline
\end{array}$$
```
$\Longrightarrow$

$$\begin{array}{|r|r|r|r|} \hline a & a & a & a \\ \hline a & a & a & a \\ \hline a & a & a & a \\ \hline \end{array}$$

□ 【演習 33.2 】　　上の入・出力例を確かめて下さい．

■　「||」「\hline\hline」のように二重に宣言すると二重の罫線がひかれます．

```
$$\begin{array}{r||rrr}
   a & a & a & a \\
   a & a & a & a \\ \hline\hline
   a & a & a & a
\end{array}$$
```
$\Longrightarrow$

□ 【演習 33.3 】　　上の入・出力例を確かめて下さい．

■　二重罫線の間隔を変更するには次の命令を使います．

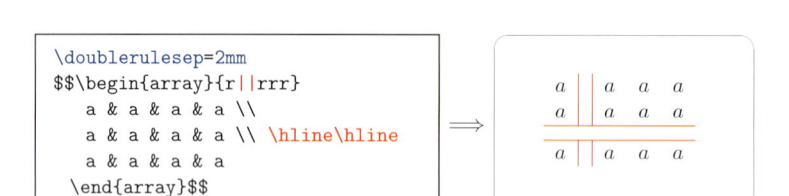

《命令》　\doublerulesep

```
\doublerulesep=2mm
$$\begin{array}{r||rrr}
   a & a & a & a \\
   a & a & a & a \\ \hline\hline
   a & a & a & a
\end{array}$$
```
$\Longrightarrow$

□ 【演習 33.4 】★　上の入・出力例を確かめて下さい．

■　★　横罫線を部分的に引くには次の命令を使います．

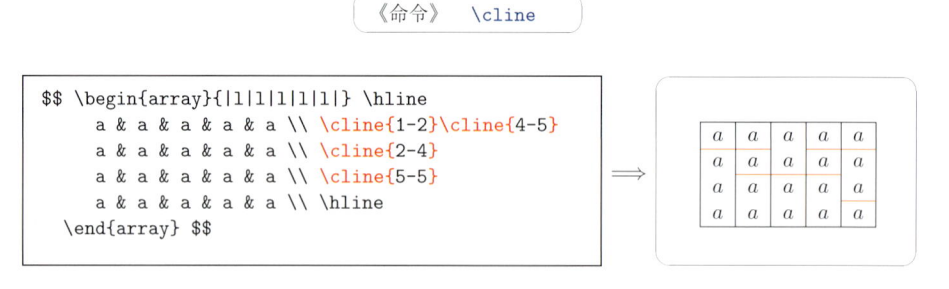

《命令》　\cline

```
$$ \begin{array}{|l|l|l|l|l|} \hline
   a & a & a & a & a \\ \cline{1-2}\cline{4-5}
   a & a & a & a & a \\ \cline{2-4}
   a & a & a & a & a \\ \cline{5-5}
   a & a & a & a & a \\ \hline
\end{array} $$
```
$\Longrightarrow$

□ 【演習 33.5 】★　上の入・出力例を確かめて下さい．

■　★　表の「上部」「中部」「下部」を基準線に合わせるには次の位置パラメータ t・c・b を指定します．これを省略すると中部合わせとなります《「上部合わせ」では表は下がり気味に出力されます》．

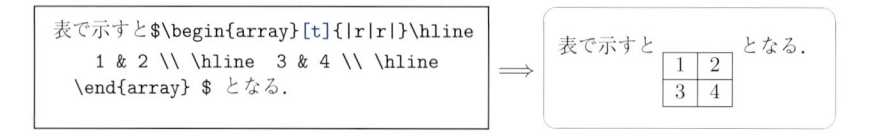

```
表で示すと$\begin{array}[t]{|r|r|}\hline
   1 & 2 \\ \hline 3 & 4 \\ \hline
\end{array} $ となる．
```
$\Longrightarrow$　表で示すと $\begin{array}[t]{|r|r|}\hline 1 & 2 \\ \hline 3 & 4 \\ \hline \end{array}$ となる．

表で示すと$\begin{array}[c]{|r|r|}\hline
    1 & 2 \\ \hline 3 & 4 \\ \hline
\end{array} $ となる. ⇒ 表で示すと [表] となる.

表で示すと$\begin{array}[b]{|r|r|}\hline
    1 & 2 \\ \hline 3 & 4 \\ \hline
\end{array} $ となる. ⇒ 表で示すと [表] となる.

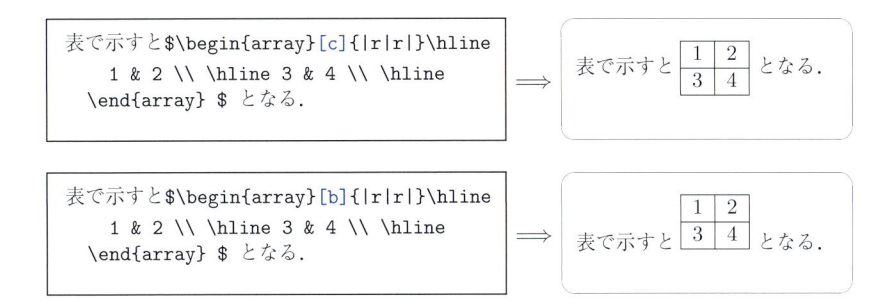

☐ 【演習 33.6】★ 上の入・出力例を確かめて下さい.

33.3 タブロー表

■ タブロー表は次の環境によって作成します.

《命令》 tabular 環境

■ タブロー表は文書モード内〈→p.35 (19.1)〉で使うものです. 要素内は左右モード〈→p.35 (19.3)〉です.

☐ 【演習 33.7】 下の入・出力例を確かめて下さい.

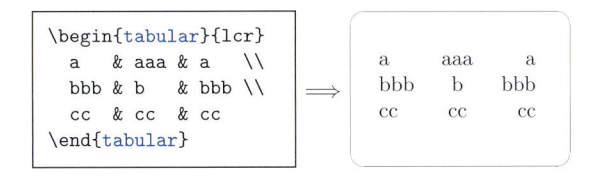

```
\begin{tabular}{lcr}
  a   & aaa & a   \\
  bbb & b   & bbb \\
  cc  & cc  & cc
\end{tabular}
```
⇒
```
a     aaa    a
bbb    b    bbb
cc     cc    cc
```

33.4 アレイ表とタブロー表の類似点

■ アレイ表とタブロー表はほとんど同じです. 実際,
  ☐ array を tabular に置き換え,
  ☐ array 環境の前後にある数式モードを宣言する命令「$」を削除し,
  ☐ 要素内で数式モードで入力されているものをすべて文書モードにすれば,

コンパイルエラーを起こさずに実行され, 然るべき出力が得られます.

☐ 【演習 33.8】★ 演習 33.1 〜 演習 33.6 におけるアレイ表をすべてタブロー表に書き換えてみて下さい.

33.5　★★★　更なる上級への指針

- 罫線を太くする命令 `\arrayrulewidth` について ……………………………………【→ 文典 p.213　】
- 行間隔を一律に広げる命令 `\arraystretch` について ……………………………………【→ 文典 p.214　】
- 列の上方向にスペースを空ける命令 `\extrarowheight` について ……………………【→ 文典 p.215　】
- 相続くいくつかの横要素を併合する命令 `\multicolumn` について …………………【→ 文典 p.215　】
- 相続くいくつかの縦要素を併合する命令 `\multirowsetup` について ………………【→ 文典 p.216　】
- 表の上下に注書きを付けるには ……………………………………………………………【→ 文典 p.217　】
- 列間のスペースの調整について ……………………………………………………………【→ 文典 p.217　】
- 表の中にサブ表を作るには …………………………………………………………………【→ 文典 p.218　】
- ある列に同一のテキストを出力させるには ………………………………………………【→ 文典 p.218　】
- 同一列に共通の命令を作用させるには ……………………………………………………【→ 文典 p.219　】
- ある要素を文書モードにするには …………………………………………………………【→ 文典 p.220　】
- ある要素を段落モードにするには …………………………………………………………【→ 文典 p.220-222】
- 表を区切り記号 { ‖ [などで囲むには ……………………………………………………【→ 文典 p.223　】
- 数表を作成するときの小数点の位置合わせ ………………………………………………【→ 文典 p.224　】

34 数式と数式番号

34.1 文中数式

■ 文章の流れに沿って書く数式の形式を 文中数式 と言います．

■ 文中数式は「`$`」と「`$`」の間に入力します．

□【演習 34.1】 下の入・出力例を確かめて下さい．

> 方程式 `$x^2-1=0$` の解は `$x=\pm 1$` です． $\implies$ 方程式 $x^2-1=0$ の解は $x=\pm 1$ です．

34.2 段落数式

■ 新たに段落を取って書く数式を 段落数式 と言います．

■ 段落数式を書く命令には様々なものがありますが，次の3つを知っていれば充分です．

> 《命令》　eqnarray 環境
> 　　　　　eqnarray* 環境
> 　　　　　`$$` と `$$` で囲む

□【演習 34.2】 文書クラス jbook の下で次の入・出力例を確かめて下さい．

```
\begin{eqnarray}
 A &=& a+b \\
   &<& c+d \\
   &=& 7 \nonumber
\end{eqnarray}
```
$\implies$
$$\begin{eqnarray} A &=& a+b \quad (34.1) \\ &<& c+d \quad (34.2) \\ &=& 7 \end{eqnarray}$$

□【演習 34.3】 文書クラス jarticle の下で 演習 34.2 の入・出力例を確かめて下さい《出力される数式番号の違いに注意》．

■ この命令による数式は「中寄せ」となり，かつ数式番号は自動的に右寄せで出力されます．

■ この命令による数式の最後に `\nonumber` を宣言するとその行の数式には数式番号は付きません．

□【演習 34.4】 下の入・出力例を確かめて下さい．

```
\begin{eqnarray*}
 A &=& a+b \\
   &<& c+d \\
   &=& 7
\end{eqnarray*}
```
$\implies$
$$\begin{eqnarray*} A &=& a+b \\ &<& c+d \\ &=& 7 \end{eqnarray*}$$

■ この命令による数式にはどの行の数式にも数式番号は付きません．

□【演習 34.5】 下の入・出力例を確かめて下さい《`$$` と `$$` で囲む数式》．

$$\text{\$\$A=b+c\$\$}\quad\Longrightarrow\quad A=b+c$$

- この命令による数式は「中寄せ」となります．また 1 行の数式しか書けず，しかも数式番号は付きません．
- この数式に数式番号を付けるには次の命令を使います．

$$《命令》\quad \text{\\eqno}$$

□【演習 34.6】　下の入・出力例を確かめて下さい．

$$\text{\$\$ A=b+c \textbackslash eqno\{(1)\}\$\$}\quad\Longrightarrow\quad A=b+c \qquad (1)$$

34.3　数式の 2 つのスタイル

- 数式には次の 2 つのスタイルがあります．
    - □　テキストスタイル　　　（略して T–スタイル と呼びます）
    - □　ディスプレイスタイル　（略して D–スタイル と呼びます）

- 文中数式はそれ自体が「T–スタイル」です．

□【演習 34.7】　下の入・出力例を確かめて下さい《演習 34.8 に示す D–スタイルの出力との違いに注意》．

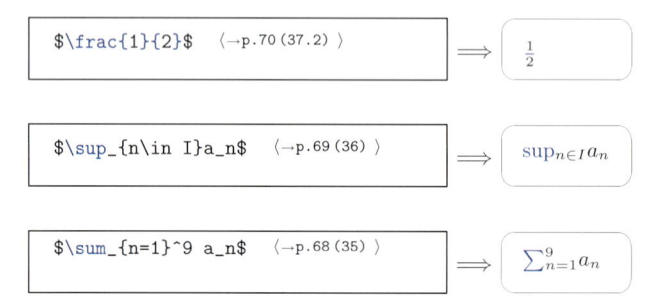

$$\text{\$\textbackslash frac\{1\}\{2\}\$}\quad \langle\to\text{p.70(37.2)}\rangle\quad\Longrightarrow\quad \tfrac{1}{2}$$

$$\text{\$\textbackslash sup\_\{n\textbackslash in I\}a\_n\$}\quad \langle\to\text{p.69(36)}\rangle\quad\Longrightarrow\quad \sup\nolimits_{n\in I} a_n$$

$$\text{\$\textbackslash sum\_\{n=1\}\^{}9 a\_n\$}\quad \langle\to\text{p.68(35)}\rangle\quad\Longrightarrow\quad \textstyle\sum_{n=1}^{9} a_n$$

- 段落数式はそれ自体が「D–スタイル」です．

□【演習 34.8】　下の入・出力例を確かめて下さい《演習 34.7 で示した T–スタイルの出力との違いに注意》．

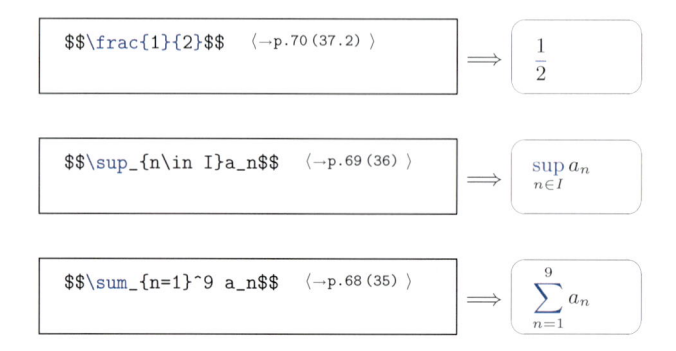

$$\text{\$\$\textbackslash frac\{1\}\{2\}\$\$}\quad \langle\to\text{p.70(37.2)}\rangle\quad\Longrightarrow\quad \frac{1}{2}$$

$$\text{\$\$\textbackslash sup\_\{n\textbackslash in I\}a\_n\$\$}\quad \langle\to\text{p.69(36)}\rangle\quad\Longrightarrow\quad \sup_{n\in I} a_n$$

$$\text{\$\$\textbackslash sum\_\{n=1\}\^{}9 a\_n\$\$}\quad \langle\to\text{p.68(35)}\rangle\quad\Longrightarrow\quad \sum_{n=1}^{9} a_n$$

- T–スタイルの数式の一部を D–スタイルに変更するには次の命令を使います．

《命令》　\displaystyle

□【演習 34.9 】　下の入・出力例を確かめて下さい．

`$\int_a^b f(x)dx = {\displaystyle\int_a^b}f(x)dx$` $\implies$ $\int_a^b f(x)dx = \displaystyle\int_a^b f(x)dx$

■　D–スタイルの数式の一部を T–スタイルに変更するには次の命令を使います．

《命令》　\textstyle

□【演習 34.10 】　下の入・出力例を確かめて下さい．

`$$\int_a^b f(x)dx = {\textstyle\int_a^b}f(x)dx$$` $\implies$ $\displaystyle\int_a^b f(x)dx = \textstyle\int_a^b f(x)dx$

34.4　★★★　更なる上級への指針

- 文中数式を出力する math 環境と \(～\) について ……………………………………【→ 文典 p.127　】
- 数式宣言なくても必要に応じて数式モードとなる ensuremath 環境について …………【→ 文典 p.127　】
- 段落数式の左寄せ出力について ……………………………………………………………【→ 文典 p.139　】
- 段落数式の数式番号の左寄せ出力について ………………………………………………【→ 文典 p.136　】
- 長い段落数式の左寄せ調整を行う命令について …………………………………………【→ 文典 p.139–140 】
- 段落数式の数式間のスペースの調整について ……………………………………………【→ 文典 p.140–141 】
- 長い段落数式と短い段落数式について ……………………………………………………【→ 文典 p.140–141 】
- パッケージ登録による様々な形式の段落数式について …………………………………【→ 文典 p.131–134 】
- ボールド体の数式 $y = \int_0^\infty f(x)dx$ について ……………………………………【→ 文典 p.130　】
- 自動数式番号に節番号を付けるには ………………………………………………………【→ 文典 p.136–137 】
- 数式番号を自分好みの形式にするには ……………………………………………………【→ 文典 p.137–138 】
- 自動数式番号に従属記号（2.1a）を付けるには …………………………………………【→ 文典 p.138　】

35 Sum型記号

35.1 Sum型記号

■ $\sum$, $\int$, $\bigcup$ などを Sum型記号 と呼ぶことにします《この用語は，説明の都合上，本書で定義したものです．通常の LaTeX 2ε の書物ではこれを 可変サイズの記号 とか 大型演算子 と呼びます》．

■ これらの記号の全リストを下に示します．

\sum → $\sum$	\int → $\int$	\oint → $\oint$	\prod → $\prod$
\coprod → $\coprod$	\bigcap → $\bigcap$	\bigcup → $\bigcup$	\bigsqcup → $\bigsqcup$
\bigvee → $\bigvee$	\bigwedge → $\bigwedge$	\bigodot → $\bigodot$	\bigotimes → $\bigotimes$
\bigoplus → $\bigoplus$	\biguplus → $\biguplus$		

■ T–スタイル（テキストスタイル）と D–スタイル（ディスプレイスタイル）〈→p.66 (34.3)〉によって添字の出力位置が異なります．

□【演習 35.1】 下の入・出力例を確かめて下さい．

```
$\sum_{n=1}^5 n=15$            (T-スタイル)

${\displaystyle\sum_{n=1}^5 n=15} $   (D-スタイル)
```

$\Longrightarrow$ $\sum_{n=1}^{5} n = 15$

$\displaystyle\sum_{n=1}^{5} n = 15$

□【演習 35.2】 他の Sum型記号 $\int$, $\bigcap$, $\bigcup$, $\prod$, … などについても確かめて下さい．

35.2 ★★★ 更なる上級への指針

- T–スタイルで $\sum_a^b$, D–スタイルで $\sum_a^b$, となる命令 \limits と \nolimits について ……【→文典 p.109　】
- 多重添字 $\sum_{\substack{i=0\\j=0,1\\k=0,1,2}}$ の出力について ……………………………………………………【→文典 p.110　】
- 多重積分記号 $\int$, $\iint$, $\iiint$, $\iiiint$, $\int\cdots\int$ について ………………………………【→文典 p.110　】
- Sum型記号の任意サイズへの縮小・拡大 $\sum$, $\sum$, $\sum$, $\sum$ について …………【→文典 p.110　】

36　Log型記号

36.1　Log型記号

log, lim, sin などは **Log型記号** と呼ばれます．これらの記号の全リストを下に示します．

`\arccos`	→	arccos	`\csc`	→	csc	`\ker`	→	ker
`\arcsin`	→	arcsin	`\deg`	→	deg	`\lg`	→	lg
`\arctan`	→	arctan	`\det`	→	det	`\lim`	→	lim
`\arg`	→	arg	`\dim`	→	dim	`\liminf`	→	lim inf
`\cos`	→	cos	`\exp`	→	exp	`\limsup`	→	lim sup
`\cosh`	→	cosh	`\gcd`	→	gcd	`\ln`	→	ln
`\cot`	→	cot	`\hom`	→	hom	`\log`	→	log
`\coth`	→	coth	`\inf`	→	inf	`\max`	→	max

`\min`	→	min
`\Pr`	→	Pr
`\sec`	→	sec
`\sin`	→	sin
`\sinh`	→	sinh
`\sup`	→	sup
`\tan`	→	tan
`\tanh`	→	tanh

■ T–スタイル（テキストスタイル）と D–スタイル（ディスプレイスタイル）〈→p.66 (34.3)〉によって添字の出力位置が異なります．

□【演習 36.1】　下の入・出力例を確かめて下さい．

```
$\log_{10}100=2$                           (T–スタイル)
$\lim_{x\to 0}1/x=\infty$                  (T–スタイル)
${\displaystyle\lim_{x\to 0}1/x=\infty} $  (D–スタイル)
```

$\Longrightarrow$

$\log_{10} 100 = 2$

$\lim_{x\to 0} 1/x = \infty$

$\displaystyle\lim_{x\to 0} 1/x = \infty$

□【演習 36.2】　他の Log 型記号，sin, exp, inf, max, Pr, ... などについても確かめて下さい．

36.2　★★★　更なる上級への指針

- $\overline{\lim_n}, \underline{\lim_n}, \varprojlim_n, \varinjlim_n$ の出力について ………………………【→文典 p.111　】
- $\operatorname{ess\,inf}_x, \operatorname*{ess\,inf}_x$ の出力について ………………………【→文典 p.112　】
- 多重添字 $\lim_{\substack{x\to 0 \\ y\to 0 \\ z\to 0}}$ の出力について ………………………【→文典 p.113　】

37 添字・分数・平方根・二項係数

37.1 添字

■ a^2 や x_2 のような <mark>上付き・下付きの添字</mark> は次の命令によって出力させます．

《命令》 `^`　`_`

□【演習 37.1 】　下の入・出力例を確かめて下さい．

`$X^2$` → X^2	`$X_2$` → X_2	`$X_t^n$` → X_t^n
`$X^{t^2}$` → X^{t^2}	`$X_{t_2}$` → X_{t_2}	`$X_{t^2}^{n^j}$` → $X_{t^2}^{n^j}$
`$X^{t^{i_j}}$` → $X^{t^{i_j}}$	`$X_{t_{i_j}}$` → $X_{t_{i_j}}$	`$X_n^{t_{i^j}}$` → $X_n^{t_{i^j}}$

■ 文字列を添字にするときは，その文字列を { } で囲んでグルーピングします ⟨→p.15 (8.3)⟩．

■ \alpha や \infty のように，1つの命令によって出力される文字や記号を上付き・下付きにするときはグルーピングする必要はありません．

■ -\infty, +\infty, 2\alpha, -\beta/3 のような場合にはグルーピングしなければなりません．

□【演習 37.2 】　下の入・出力例を確かめて下さい．

`$x^\infty$`	→ X^∞
`$x_\alpha$`	→ X_α
`$x^{-\infty}$`	→ $X^{-\infty}$
`$x_{2\alpha}^{-\beta/3}$`	→ $X_{2\alpha}^{-\beta/3}$
`$x^{n^{2j}}$`	→ $X^{n^{2j}}$

□【演習 37.3 】★　次の例もしばしば有用となるでしょう《 `{}` は「空の文字」と呼ばれます》．確かめて下さい．

`$a_i{}^2$` ⟹ $a_i{}^2$

37.2 分数

■ 分数の最も簡単な記述方法は単に 1/2 と書くことです．

□【演習 37.4 】　下の入・出力例を確かめて下さい．

`$(-b\pm \sqrt{b^2-4ac})/2a$` ⟹ $(-b\pm \sqrt{b^2-4ac})/2a$

■ 分数を記述する標準的な命令に次のものがあります．

《命令》 `\frac`

□【演習 37.5】　T–スタイルである文中数式としての下の入・出力例を確かめて下さい．

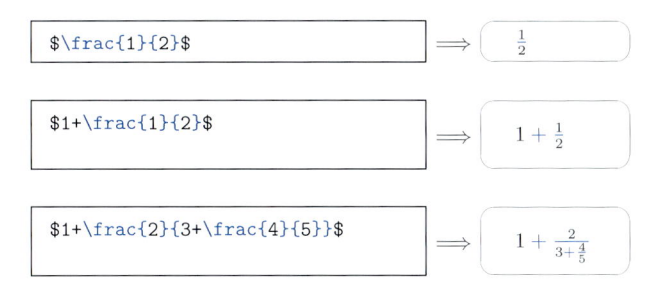

`$\frac{1}{2}$` ⟹ $\frac{1}{2}$

`$1+\frac{1}{2}$` ⟹ $1+\frac{1}{2}$

`$1+\frac{2}{3+\frac{4}{5}}$` ⟹ $1+\frac{2}{3+\frac{4}{5}}$

□【演習 37.6】　D–スタイル〈→p.66 (34.3)〉についての下の入・出力例を確かめて下さい．

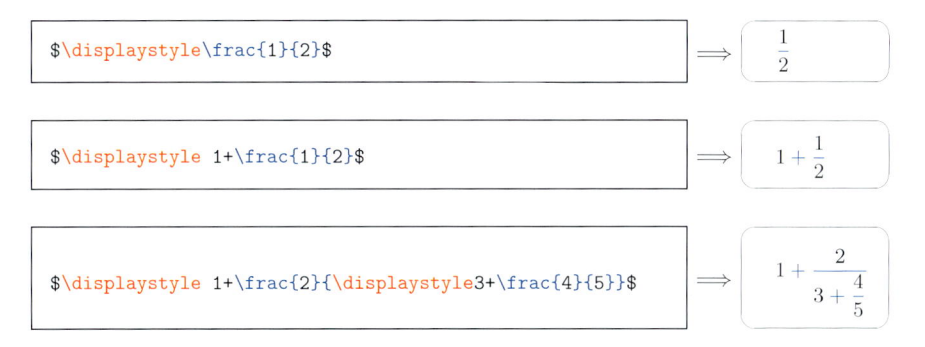

`$\displaystyle\frac{1}{2}$` ⟹ $\displaystyle\frac{1}{2}$

`$\displaystyle 1+\frac{1}{2}$` ⟹ $\displaystyle 1+\frac{1}{2}$

`$\displaystyle 1+\frac{2}{\displaystyle3+\frac{4}{5}}$` ⟹ $\displaystyle 1+\frac{2}{3+\frac{4}{5}}$

■　分数のバーが短いと思われるときは，下の例のように \hspace 命令〈→p.28 (15)〉を使って長くすることができます．

`$\frac{\hspace{0.3em}1\hspace{0.3em}}{2}$` ⟹ $\frac{\hspace{0.3em}1\hspace{0.3em}}{2}$

□【演習 37.7】　上の入・出力例を確かめて下さい．

37.3　平方根

■　平方根を記述する命令に次のものがあります．

《命令》　\sqrt

□【演習 37.8】　下の入・出力例を確かめて下さい．

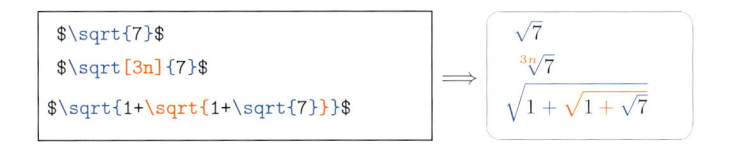

```
$\sqrt{7}$
$\sqrt[3n]{7}$
$\sqrt{1+\sqrt{1+\sqrt{7}}}$
```
⟹ $\sqrt{7}$
　$\sqrt[3n]{7}$
　$\sqrt{1+\sqrt{1+\sqrt{7}}}$

37.4　二項係数

■　二項係数を記述する命令に次のものがあります．

《命令》　\choose

□【演習 37.9 】　下の入・出力例を確かめて下さい．

```
$$m \choose n          m \choose n+k     m \choose {n \choose k}$$
```
⇓
$$\binom{m}{n} \qquad \binom{m}{n+k} \qquad \binom{m}{\binom{n}{k}}$$

37.5　★★★　更なる上級への指針

- T–スタイルと D–スタイルの分数を出力する命令 \tfrac と \dfrac について ………【→ 文典 p.143　】
- 分数を書くための命令 \genefrac について ………………………………………【→ 文典 p.143　】
- 連分数　$a + \dfrac{b}{c + \dfrac{d}{e + \dfrac{f}{g + \dfrac{h}{i}}}}$　の書き方について ……………………………【→ 文典 p.144　】
- 平方根の平準化 $\sqrt{a} + \sqrt{f} + \sqrt{c}$（平準化しなければ $\sqrt{a} + \sqrt{f} + \sqrt{c}$）について ………【→ 文典 p.145　】
- 平方根のべきの位置の調整 $\sqrt[9]{x}$, $\sqrt[9]{x}$, $\sqrt[9]{x}$（調整をしなければ $\sqrt[9]{x}$）について ………【→ 文典 p.145　】
- T–スタイルと D–スタイルの二項係数を出力する命令 \tbinom と \dbinom について ……【→ 文典 p.147　】
- 二項係数を出力する命令 \binom について ………………………………………【→ 文典 p.147　】
- 二項係数を出力する命令 \atopwithdelims について ……………………………【→ 文典 p.148　】

38 行列・行列式・ベクトル

38.1 行列と行列式

■ 行列と行列式は次の 3 つの命令を併用して書きます〈→p.61 (33)/p.54 (28.6)〉.

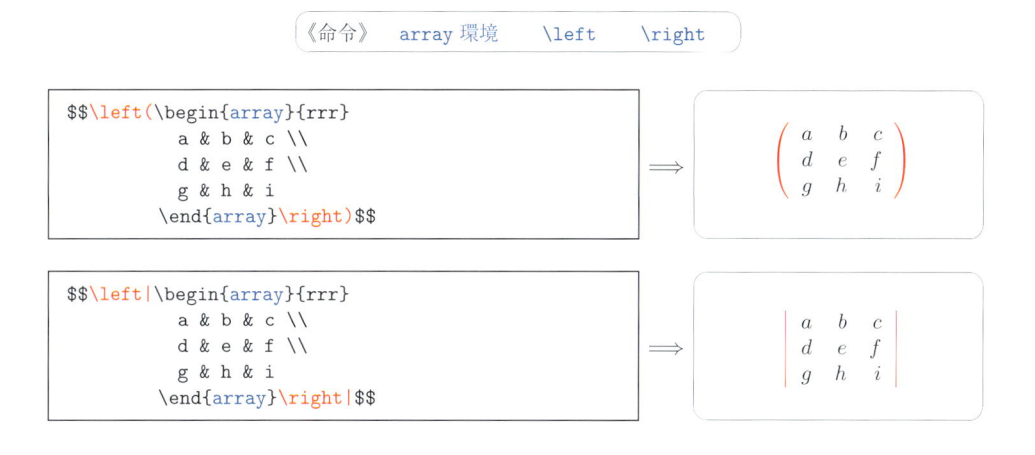

《命令》 array 環境   \left   \right

```
$$\left(\begin{array}{rrr}
     a & b & c \\
     d & e & f \\
     g & h & i
   \end{array}\right)$$
```

$\Longrightarrow$ $\begin{pmatrix} a & b & c \\ d & e & f \\ g & h & i \end{pmatrix}$

```
$$\left|\begin{array}{rrr}
     a & b & c \\
     d & e & f \\
     g & h & i
   \end{array}\right|$$
```

$\Longrightarrow$ $\begin{vmatrix} a & b & c \\ d & e & f \\ g & h & i \end{vmatrix}$

□【演習 38.1】 上の入・出力例を確かめて下さい.

38.2 ベクトル

■ ベクトルは 1 行の行列として出力させることもできますが,下のように直接書く方がよいでしょう.

`$(a_1,a_2,a_3,a_4,...,a_n)$` $\Longrightarrow$ $(a_1, a_2, a_3, a_4, \ldots, a_n)$

□【演習 38.2】 上の入・出力例を確かめて下さい.

38.3 ★★★ 更なる上級への指針

- 行列と行列式の出力命令 \matrix について ………………………………【→ 文典 p.149 】
- 行列 $\begin{pmatrix} a & b & c & d & e \\ f & g & & h & i \\ j & & \cdot\cdot & k & l \\ & & \cdots\cdots & & \\ m & n & o & p & q \end{pmatrix}$ の出力について ……………【→ 文典 p.150 】
- 縁付き行列 $\begin{matrix} & & 2 & & 4 & \\ & \begin{pmatrix} a & b & c & d \\ e & f & g & h \\ i & j & k & l \\ m & n & o & p \\ q & r & s & t \end{pmatrix} \end{matrix}$ の出力について ……………【→ 文典 p.150 】

（with row labels 2, 4 on left）

- 縁付きベクトル $(\overset{1}{a}, \cdots, \overset{i-2}{a}, \overset{i-1}{h}, \overset{i}{a}, \overset{i+1}{k}, \overset{i+2}{a}, \cdots, \overset{n}{a})$ の出力について ……………【→ 文典 p.151 】

39 場合分け

39.1 場合分け

■ 場合分け は次の array 環境⟨→p.61(33)⟩を使って次のように書きます．

```
$ x=\left\{\begin{array}{ll}
       a & \mbox{if}\ x=1 \\
       b & \mbox{if}\ x=2
     \end{array}\right. $
```

$\Longrightarrow$ $x = \begin{cases} a & \text{if } x=1 \\ b & \text{if } x=2 \end{cases}$

■ array 環境は数式モード⟨→p.36(19.4)⟩のため，その要素の中で文書モードのテキストを書くには上の用例のように \mbox{ } ⟨→p.90(46.4)⟩を用いなければなりません．

【演習 39.1】 上の入・出力例を確かめて下さい．

■ 上の例の最後の行にある \right. は 見えない記号 と呼ばれるものです⟨→p.54(28.6)⟩．これを見える記号にするには次のように \right\} とします．

```
$ x=\left\{\begin{array}{ll}
       a & \mbox{if}\ x=1 \\
       b & \mbox{if}\ x=2
     \end{array}\right\} $
```

$\Longrightarrow$ $x = \left\{ \begin{array}{ll} a & \text{if } x=1 \\ b & \text{if } x=2 \end{array} \right\}$

【演習 39.2】 上の入・出力例を確かめて下さい．

39.2 ★★★ 更なる上級への指針

● cases 環境による場合分けの出力について ……………………………………【→ 文典 p.166 】

40 定理の記述

40.1 定理環境の定義

■ 公理,定義,定理,補助定理,系などは 定理環境 によって記述します.

■ 定理環境は次の命令によって定義します.

《命令》 `\newtheorem`

☐【演習 40.1】 下の入・出力例を確かめて下さい.

```
\newtheorem{The}{Theorem}
\begin{The}
It converges to 0.5.
\end{The}
```

⟹ **Theorem 1** *It converges to 0.5.*

■ この命令の最初の引数 `{The}` では定義する「定理環境の名前」を宣言します.

■ 2番目の引数 `{Theorem}` で「定理のラベル」を宣言します.このラベルはボールド体で **Theorem** と出力されます.

■ 定理の本文は標準設定としてイタリック体で出力されます.

40.2 ★ 注付きの定理環境

■ ★ 定理環境にオプション引数 [ ] ⟨→p.15 (8.2)⟩ を付けると,定理ラベルの後ろに「注書き」を付けることができます.

```
\newtheorem{Axi}{Axiom}
\begin{Axi}[Alice]
All the laws are reversed in this world.
\end{Axi}
```

⟹ **Axiom 1 (Alice)** *All the laws are reversed in this world.*

☐【演習 40.2】★ 上の入・出力例を確かめて下さい.

40.3 ★★★ 更なる上級への指針

● 定理のラベルと本文の書体とサイズの変更について ·················【→ 文典 p.167 】
● 定理番号に章・節番号を付けるには ·································【→ 文典 p.168 】
● 定理番号の一元化について ···【→ 文典 p.168 】
● 定理環境のカウンタについて ·······································【→ 文典 p.169 】

41 箇条書

41.1 箇条書の4通りの書き方

■ LaTeX 2εには箇条書を書くための次の4通りの環境が用意されています《list 環境による箇条書は中・上級者向けなのでここでは解説しません》．

《命令》　enumerate 環境　　itemize 環境　　description 環境　　list 環境

■ いずれも 入れ子 は最大4レベルまでです．

41.2 enumerate 環境による箇条書

■ 各項目には入れ子の内に向かい次の順に項目ラベルが付けられていきます．

「1, 2, 3 …」 → 「(a), (b), (c) …」 → 「i, ii, iii …」 → 「A, B, C …」

```
\begin{enumerate}
\item いいいいいいいいいいい
  \begin{enumerate}
  \item ろろろろろろろろろろ
    \begin{enumerate}
    \item はははははははははは
      \begin{enumerate}
      \item ににににににに
      \end{enumerate}
    \end{enumerate}
  \end{enumerate}
\item いいいいいいいいいい
\end{enumerate}
```

⇒

1. いいいいいいいいいいい
    (a) ろろろろろろろろろろ
        i. はははははははははは
           A. ににににににに
2. いいいいいいいいいい

□【演習 41.1】 上の入・出力例を確かめて下さい．

41.3 itemize 環境

■ 各項目には入れ子の内に向かい次の順に項目ラベルが付けられていきます．

「•」 → 「-」 → 「∗」 → 「·」

```
\begin{itemize}
\item いいいいいいいいいいい
  \begin{itemize}
  \item ろろろろろろろろろろ
    \begin{itemize}
    \item はははははははははは
      \begin{itemize}
      \item ににににににに
      \end{itemize}
    \end{itemize}
  \end{itemize}
\item いいいいいいいいいい
\end{itemize}
```

⇒

• いいいいいいいいいいい
  − ろろろろろろろろろろ
    ∗ はははははははははは
      · ににににににに
• いいいいいいいいいい

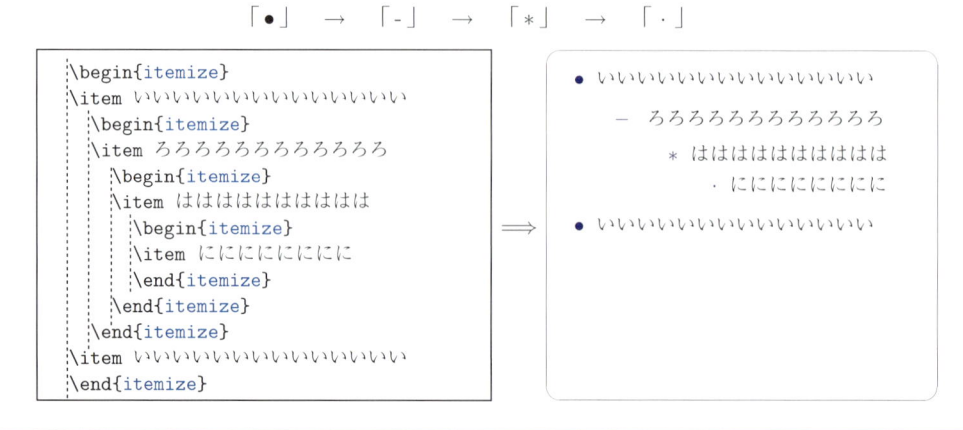

□【演習 41.2】 上の入・出力例を確かめて下さい．

41.4　description環境

■ この環境では項目ラベルを自分の好きなものにすることができます．

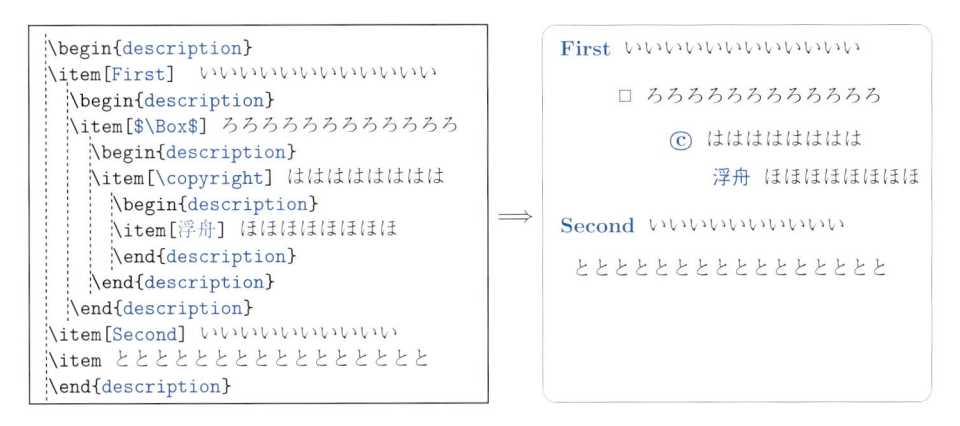

```
\begin{description}
\item[First]　いいいいいいいいいいいい
  \begin{description}
  \item[$\Box$]　ろろろろろろろろろろろ
    \begin{description}
    \item[\copyright]　はははははははは
      \begin{description}
      \item[浮舟]　ほほほほほほほほ
      \end{description}
    \end{description}
  \end{description}
\item[Second]　いいいいいいいいいい
\item　ととととととととととととととと
\end{description}
```

⟹

First　いいいいいいいいいいいい

　　□　ろろろろろろろろろろろ

　　　　ⓒ　はははははははは

　　　　　　浮舟　ほほほほほほほほ

Second　いいいいいいいいいい

　　ととととととととととととととと

■ 上の入力の最後の \item のようにオプション引数 [ ] ⟨→p.15 (8.2)⟩ を省略すると，ラベルの付かない項目となります．

☐ 【演習 41.3 】　上の入・出力例を確かめて下さい．

41.5　★★★　更なる上級への指針

- enumerate 環境と itemize 環境における項目ラベルの変更について ……………………【→ 文典 p.233, 235 】
- ⌜enumerate⌟ パッケージ登録による enumerate 環境について ……………………………【→ 文典 p.234　　　】
- より自由な形式の箇条書環境 list 環境について ………………………………………【→ 文典 p.237–243 】
- 箇条書環境の入れ子について ……………………………………………………………【→ 文典 p.244　　　】

42 図形

42.1 図形描画の概略

■ 図形は次の環境の中で描きます．

《命令》　picture 環境

□【演習 42.1】　まずは下の入・出力例を確かめて下さい．

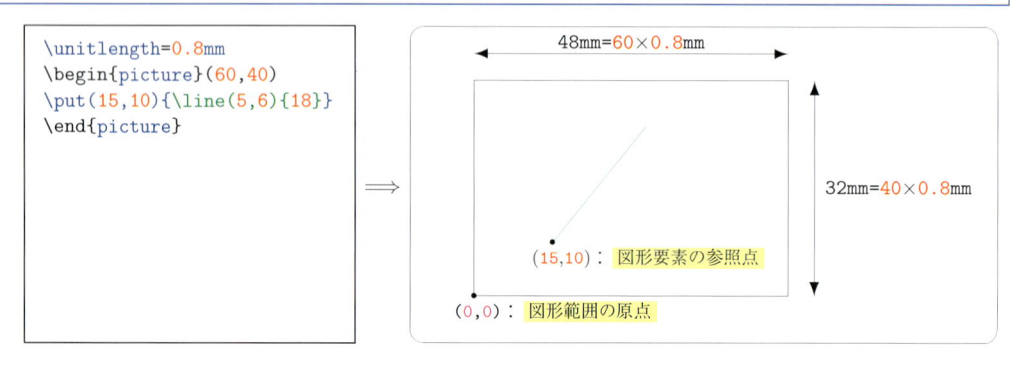

```
\unitlength=0.8mm
\begin{picture}(60,40)
\put(15,10){\line(5,6){18}}
\end{picture}
```

⇒

48mm=60×0.8mm
32mm=40×0.8mm
(15,10)：図形要素の参照点
(0,0)：図形範囲の原点

■ 単位長の指定　まずはじめに「1 単位の長さ」を

《命令》　\unitlength

で定義します．これを 単位長 と言うことにします．

- 描くべき図形は，それを構成する各図形要素の長さがその何倍であるかを指定することによって描いていきます．上の例では単位長を \unitlength=0.8mm としています．
- したがって，これを \unitlength=1.6mm と書き換えると，描かれる各図形要素は 2 倍の大きさに拡大されることになります．同様に，\unitlength=0.4mm とすると，描かれる各図形要素は 1/2 に縮小されます．

■ 図形環境　図形を描く一連の命令は picture 環境の中で宣言します．

- 上の入力例における引数 (60,40) は，60 単位長×40 単位長，すなわち

  48mm×32mm （48mm=60×0.8mm, 32mm=40×0.8mm）

  の範囲の中に図形を描けということを指定するパラメータです．
- 図形描画は，上の例では 図形範囲の原点 を (0,0) とし，図形要素の参照点 (15,10) を始点としてそれより右へ 5 単位長 (4.0mm=5×0.8mm)，上へ 6 単位長 (4.8mm=6×0.8mm) の方向に，水平写像にして 18 単位長 (14.4mm=18×0.8mm) の直線という 図形要素 を \line 命令を使って描けとなっています．

□【演習 42.2】　演習 42.1 における各数値をいろいろと変えてその出力結果を比較して下さい．

42.2 ★ 図形環境 (picture 環境)

■ ★ picture 環境の一般形式は次の通りです.

```
\begin{picture}(Dx,Dy)(x,y) ～ \end{picture}
```

■ ★ 引数 (Dx,Dy) は 横幅が Dx 単位長，縦幅が Dy 単位長の範囲に図形要素を描けということを指定する引数です《これは省略できません》.

■ ★ この図形範囲の左下が (0,0) となり，これを 図形範囲の原点 と言います.

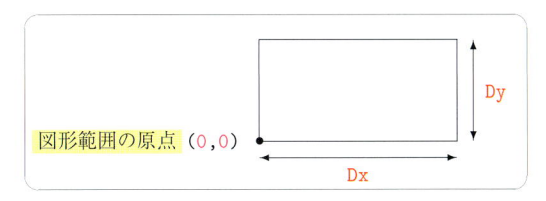

■ ★ 引数 (x,y) で図形原点の移動距離を指定します《これは省略することができます》.

■ ★ 左に 20 単位長 (10mm)，下に 10 単位長 (5mm) 移動させる例を下に示します.

```
\unitlength=0.5mm
\begin{picture}(60,40)(20,10)
\put(15,10){\line(5,6){18}}
\end{picture}
```

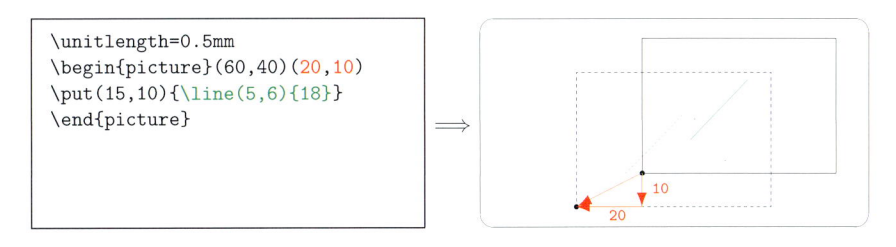

□【演習 42.3】★ 上の入・出力例を確かめて下さい《枠は説明のために描いたものです．実線の直線が元のもので，破線の直線が移動されたものです》.

■ ★ 右に 20 単位長 (10mm)，上に 10 単位長 (5mm) 移動させる例を下に示します.

```
\unitlength=0.5mm
\begin{picture}(60,40)(-20,-10)
\put(15,10){\line(5,6){18}}
\end{picture}
```

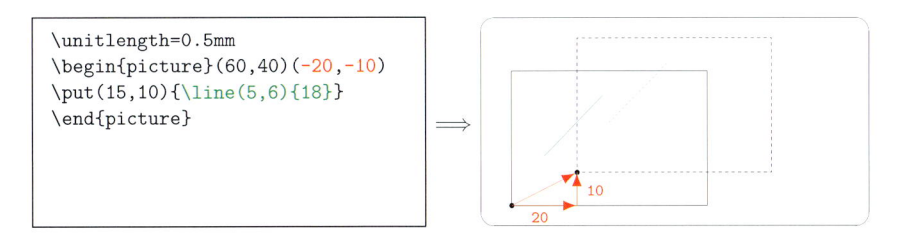

□【演習 42.4】★ 上の入・出力例を確かめて下さい.

42.3 ★ 図形要素の参照点

■ ★ 与えられた図形範囲にある図形要素を描くには，まずその 図形要素の参照点 (x,y) を指定します．図形要素はこの参照点を起点として描かれます.

■ ★ 図形要素の参照点は次の命令で宣言します.

《命令》　\put(x,y){図形要素}

■ ★ これは，図形範囲の原点 (0,0) より「右に x 単位長」，「上に y 単位長」だけ移動した所，すなわち点 (x,y) をこれから描こうとする 図形要素 の参照点にせよという命令です《x と y は負の値も取ることができます．そのときは移動方向は左右・上下が逆転します》．

■ ★ 引数 { } の中は左右モードです〈→p.35 (19.3)〉．

■ ★ 下に，単位長を 0.3mm として，80 単位長 ×80 単位長（24mm×24mm）の図形範囲の中に，長さが 30 単位長 (9mm) のベクトル〈→p.81 (42.5)〉を，7 つの参照点を起点として描く例を示します．

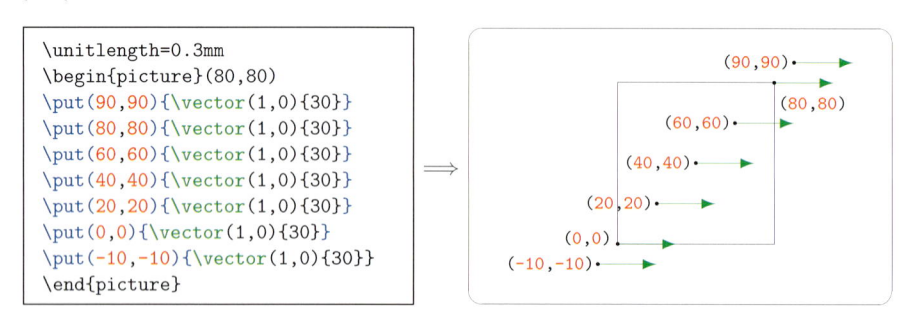

```
\unitlength=0.3mm
\begin{picture}(80,80)
\put(90,90){\vector(1,0){30}}
\put(80,80){\vector(1,0){30}}
\put(60,60){\vector(1,0){30}}
\put(40,40){\vector(1,0){30}}
\put(20,20){\vector(1,0){30}}
\put(0,0){\vector(1,0){30}}
\put(-10,-10){\vector(1,0){30}}
\end{picture}
```

□【演習 42.5】★ 上の入・出力例を確かめて下さい《参照点・は説明の都合上付けたものです》．

42.4 ★ 直線

■ ★ 直線は次の命令で描きます．

《命令》 \put(x,y){\line(Dx,Dy){L}}

■ ★ これは，参照点 (x,y) より右に Dx 単位長，上に Dy 単位長の方向に，その水平写像の長さが L 単位長となる直線を描けということを意味します《Dx, Dy が負の値のときは，直線の方向は左右・上下が逆転します》．

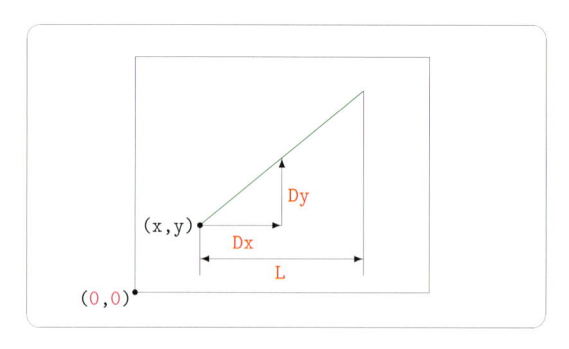

■ ★「垂直線」の場合，その水平写像の長さは 0 となります．そこで，この場合にかぎり「L」はその垂直線の長さそのものと定義します．

■ ★「Dx」および「Dy」は「-6 ≤ Dx, Dy ≤ 6」の範囲の整数でなければなりません．したがって，LaTeX 2ε では，任意の方向の直線を描くことはできません．

■ ★「Dx」および「Dy」は，その「最大公約数は 1」でなければなりません．たとえば (2,4) は許されません．このときは (1,2) としなければなりません．

■ ★ 次に，\unitlength=1mm とし，50 単位長 ×50 単位長，すなわち 50mm×50mm の図形範囲の中に参照点 (25,25) を指定し，そこより伸びる水平写像が 10 単位長の 12 本の直線の例を示します《ただし 2 本の垂直線についてはその長さを 15 単位長としています》．

```
\unitlength=1mm
\begin{picture}(50,50)
\put(25,25){\line(1,0){10}}    %  1
\put(25,25){\line(1,2){10}}    %  2
\put(25,25){\line(2,1){10}}    %  3
\put(25,25){\line(0,1){15}}    %  4
\put(25,25){\line(-1,2){10}}   %  5
\put(25,25){\line(-2,1){10}}   %  6
\put(25,25){\line(-1,0){10}}   %  7
\put(25,25){\line(-1,-2){10}}  %  8
\put(25,25){\line(-2,-1){10}}  %  9
\put(25,25){\line(0,-1){15}}   % 10
\put(25,25){\line(1,-2){10}}   % 11
\put(25,25){\line(2,-1){10}}   % 12
\end{picture}
```

□【演習 42.6】★　上の入・出力例を確かめて下さい《入力文における % はその後ろに注釈文を書くときに使う命令です〈→p.46 (24.4)〉》.

42.5　★　ベクトル

■ ★　ベクトルは次の命令によって描きます.

《命令》　\put(x,y){\vector(Dx,Dy){L}}

■ ★　これは，直線の頭に矢印が付くということおよび「Dx」および「Dy」は「-4 ≤ Dx, Dy ≤ 4」の範囲の整数であること以外，直線を描く命令とまったく同じです.

■ ★　下に，50 単位長 ×50 単位長の図形範囲の参照点 (25,25) より伸びる，水平写像が 10 単位長 の 12 本のベクトルの入・出力例を与えます《ただし，そのうちの 2 本の垂直のベクトルについてはその長さを 15 単位長としています》.

```
\unitlength=1mm
\begin{picture}(50,50)
\put(25,25){\vector(1,0){10}}    %  1
\put(25,25){\vector(1,2){10}}    %  2
\put(25,25){\vector(2,1){10}}    %  3
\put(25,25){\vector(0,1){15}}    %  4
\put(25,25){\vector(-1,2){10}}   %  5
\put(25,25){\vector(-2,1){10}}   %  6
\put(25,25){\vector(-1,0){10}}   %  7
\put(25,25){\vector(-1,-2){10}}  %  8
\put(25,25){\vector(-2,-1){10}}  %  9
\put(25,25){\vector(0,-1){15}}   % 10
\put(25,25){\vector(1,-2){10}}   % 11
\put(25,25){\vector(2,-1){10}}   % 12
\end{picture}
```

□【演習 42.7】★　上の入・出力例を確かめて下さい《入力文における % はその後ろに注釈文を書くときに使う命令です〈→p.46 (24.4)〉》.

■ ★　この命令において「L」を 0 とすると矢印だけがそこに描かれます．このことを応用して両側に矢印のついたベクトルを描くことができます.

□【演習 42.8】★　次の入・出力例を確かめて下さい《左の矢印が長さ 0 の左向きベクトルです》.

```
\unitlength=1mm
\begin{picture}(50,14)
\put(10,7){\vector(1,0){30}}
\put(10,7){\vector(-1,0){0}}
\end{picture}
```

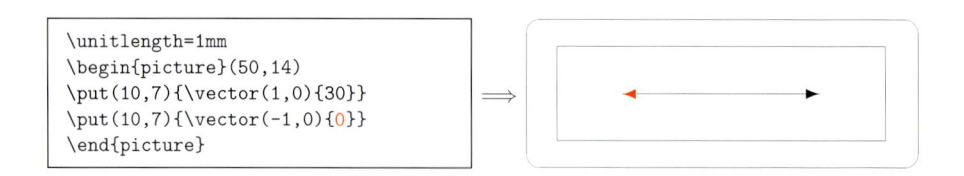

42.6 ★ 円

■ ★ 直径が「d」単位長の円は次の命令によって描きます《ここで点 (x,y) がその円の中心点となりかつ参照点となります》.

《命令》　\put(x,y){\circle{d}}　　\put(x,y){\circle*{d}}

■ ★ \circle* は内部を塗りつぶした円となります.

■ ★ \circle{d} による円の直径「d」の最大は 40pt(約 14mm) であり，\circle*{d} による塗りつぶし円の直径「d」の最大は 15pt(約 5.25mm) です.

■ ★ 下に，中心点（参照点）を (10,10) とする円と塗りつぶしの円を描く例を示します.

```
\unitlength=0.8mm
\begin{picture}(20,20)
\put(10,10){\circle*{4}}
\put(10,10){\circle{12}}
\end{picture}
```

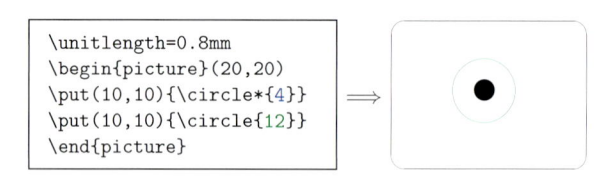

□【演習 42.9 】★　上の入・出力例を確かめて下さい.

42.7 ★★ 四分円

■ ★★ 丸い角を持つ「幅 Dx 単位長」，「高さ Dy 単位長」の 四分円 を描くには次の命令を使います《(x,y) はその中心点でありまた参照点ともなります》.

《命令》　\put(x,y){\oval(Dx,Dy)}

■ ★★ 下に「幅 35 単位長」，「高さ 20 単位長」の四分円の例を示します.

```
\unitlength=1mm
\begin{picture}(75,32)
\put(27,18){\oval(35,20)}
\end{picture}
```

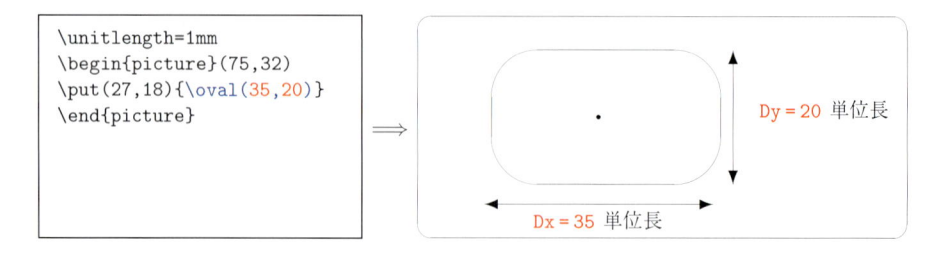

Dy = 20 単位長

Dx = 35 単位長

□【演習 42.10 】★★　上の入・出力例を確かめて下さい《図中のドット・はこの図形要素の中心点でありかつ参照点で，説明の都合上付けたものです》.

42.8 ★★ 図形要素を並べる

■ ★★ 点(x,y)から(Dx,Dy)ずつ移動しながらn個の図形要素を描く命令として次のものがあります．

《命令》 \multiput(x,y)(Dx,Dy){n}{図形要素}

■ ★★ 下に2つの入・出力例を示します．

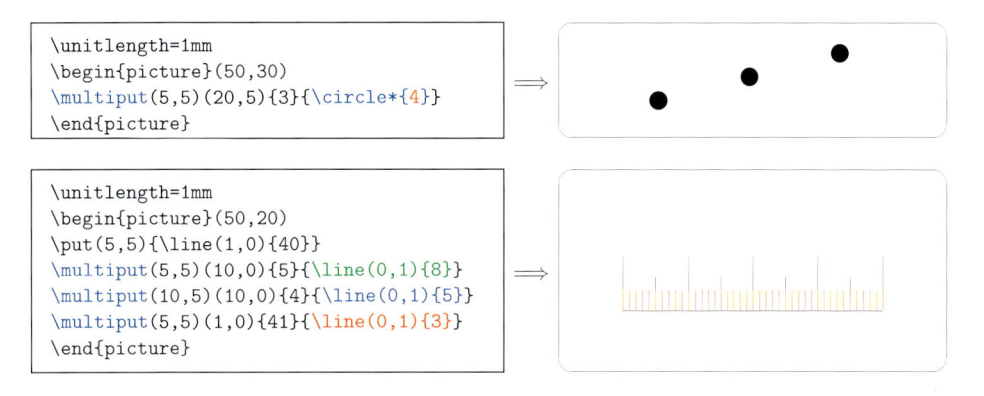

```
\unitlength=1mm
\begin{picture}(50,30)
\multiput(5,5)(20,5){3}{\circle*{4}}
\end{picture}
```
⇒

```
\unitlength=1mm
\begin{picture}(50,20)
\put(5,5){\line(1,0){40}}
\multiput(5,5)(10,0){5}{\line(0,1){8}}
\multiput(10,5)(10,0){4}{\line(0,1){5}}
\multiput(5,5)(1,0){41}{\line(0,1){3}}
\end{picture}
```
⇒

□ 【演習 42.11】 ★★ 上の入・出力例を確かめて下さい．

42.9 ★★★ 更なる上級への指針

- 図形要素の参照点の加法と減法について ………………………………【→ 文典 p.248 】
- 円の黒と灰色による塗りつぶし命令 \filltype について ● ○ ● ● ……【→ 文典 p.251 】
- 任意の直径の円を描く命令 \bigcircle について ………………………【→ 文典 p.251 】
- 楕円を描く命令 \ellipse について ⬭ ………………………………【→ 文典 p.251–252 】
- 円弧を描く命令 \arc について ⌒ ………………………………………【→ 文典 p.252 】
- 図形を二次元配列にする命令 \multiputlist について ………………【→ 文典 p.254–255 】
- 格子点を作る命令 \grid について ………………………………………【→ 文典 p.255 】
- 図形の線の太さを指定する命令 \allinethickness と \Thickilines について ………【→ 文典 p.255–256 】
- 図形の保存と呼び出しの命令 \newsavebox, \usebox, \sbox について ………【→ 文典 p.256 】

43 曲線

43.1 \bezier 曲線

■ LaTeX2ε には曲線を描く標準的な命令として次の命令があります．この曲線を ベジェー曲線 と言います．

《命令》 \bezier

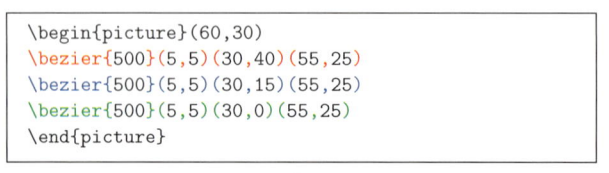

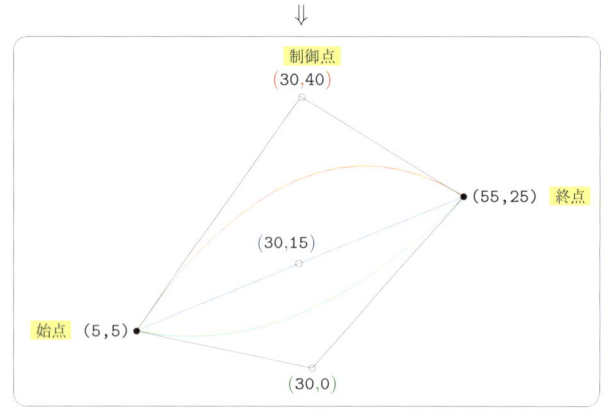

■ 下に入・出力例を示します．

```
\begin{picture}(60,30)
\bezier{500}(5,5)(30,40)(55,25)
\bezier{500}(5,5)(30,15)(55,25)
\bezier{500}(5,5)(30,0)(55,25)
\end{picture}
```

⇩

(制御点 (30,40))
(終点 (55,25))
(30,15)
(始点 (5,5))
(30,0)

■ これらはすべて 始点 • を (5,5)，終点 • を (55,25) とし，それぞれ (30,40)，(30,15)，(30,0) を 制御点 ○ とした \bezier 曲線です．

■ \bezier 曲線は点列の繋がりとして描かれます．その点列の数を 点列数 と言います．上の例における 3 つの \bezier 曲線の点列数はすべて 500 個です《点列数を多くとり過ぎるとコンパイル不能となることがあります》．

■ 制御点を，始点と終点を結ぶ<u>直線上</u>に取ると直線となります．制御点は中点 (30,15) にするのがよいでしょう《制御点を始点あるいは終点と同じにしても直線になりますが，そうすると直線に濃淡が生じます》．

■ 制御点を，始点と終点を結ぶ<u>直線上以外の点</u>に取ると，その制御点に引っ張られたような形の曲線となります．

□【演習 43.1】 上の入・出力例を確かめて下さい．

43.2 ★ \qbezier 曲線

■ ★ [bezier] パッケージを登録すると ⟨→p.20(10)⟩，曲線を描く次の命令が使えます．

《命令》 \qbezier

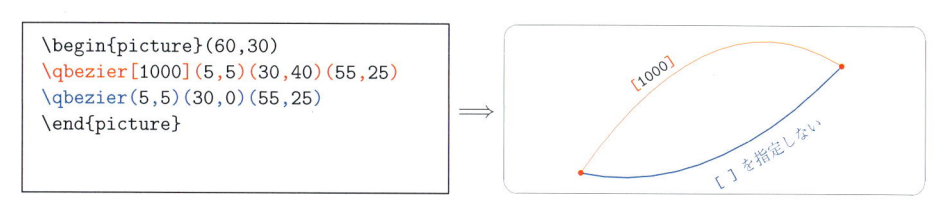

```
\begin{picture}(60,30)
\qbezier[1000](5,5)(30,40)(55,25)
\qbezier(5,5)(30,0)(55,25)
\end{picture}
```

⟹ [1000]　[ ] を指定しない

■ ★　この命令では点列数はオプションです．点列数を 200 個にしたければ [200] と指定します．点列数を指定しなければ，程よい濃さの線になるよう点列数は自動的に決められます．

☐【演習 43.2 】★　上の入・出力例を確かめて下さい．

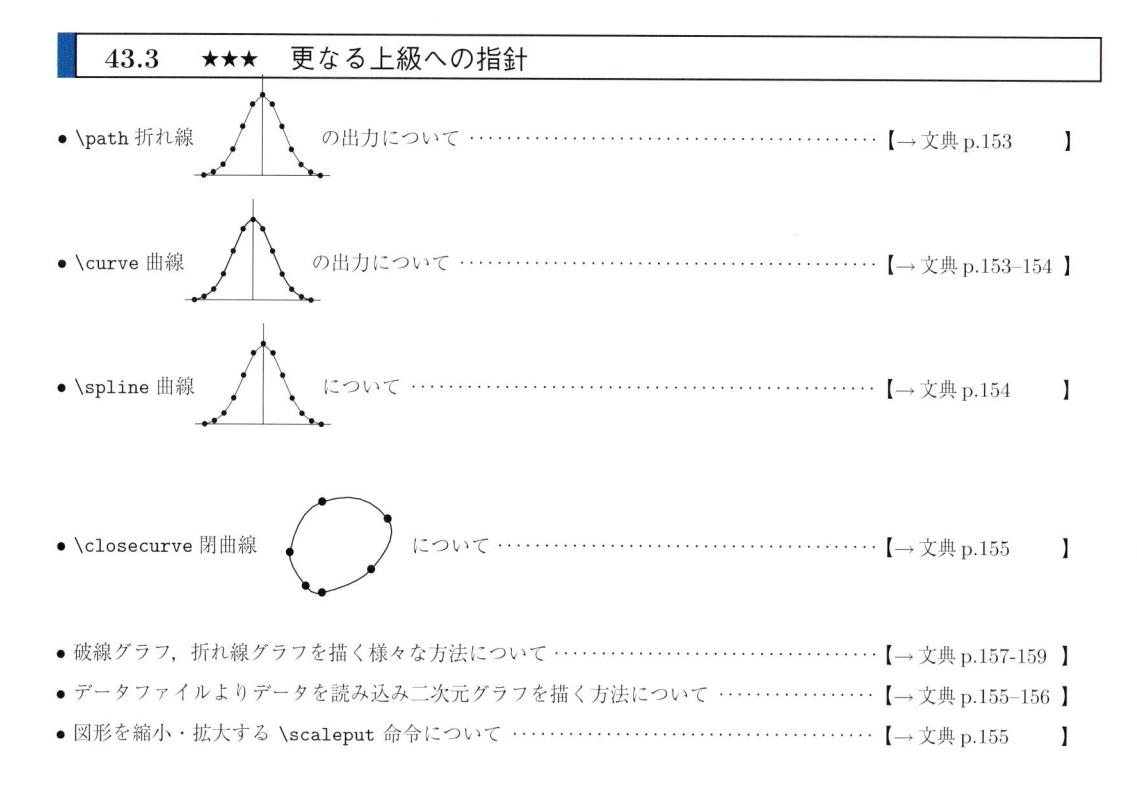

43.3　★★★　更なる上級への指針

- \path 折れ線　の出力について ……………………………………【→ 文典 p.153　】

- \curve 曲線　の出力について ……………………………………【→ 文典 p.153–154 】

- \spline 曲線　について ……………………………………………【→ 文典 p.154　】

- \closecurve 閉曲線　について ……………………………………【→ 文典 p.155　】

- 破線グラフ，折れ線グラフを描く様々な方法について ……………………【→ 文典 p.157-159 】
- データファイルよりデータを読み込み二次元グラフを描く方法について …………【→ 文典 p.155–156 】
- 図形を縮小・拡大する \scaleput 命令について ……………………………【→ 文典 p.155　】

44 図環境と表環境

44.1 ★★ 簡単な例

■ ★★ 図の領域 と 表の領域 を確保するには次の環境を使います．

《命令》　figure 環境　　table 環境

■ ★★ この環境の中では 図表の標題 は次の命令の引数の中に書きます．

《命令》　\caption

□【演習 44.1】★★ 下の 2 つの入・出力例を確かめて下さい《点線枠は説明の都合上付けたものです》．

```
\begin{figure}[h]
\begin{center}
\unitlength=1mm \begin{picture}(140,20) \put(70,10){\circle*{5}} \end{picture}
\caption{特性要因図}
\end{center}
\end{figure}
```

⇓

図 44.1: 特性要因図

```
\begin{table}[h]
\begin{center}
  \caption{特性の一覧表}
\begin{tabular}{|c|c|}\hline 温度 & 湿度 \\ \hline \end{tabular}
\end{center}
\end{table}
```

⇓

表 44.1: 特性の一覧表

| 温度 | 湿度 |

■ ★★ ここで center 環境〈→p.34 (18.2)〉を使っているのは，図表をページ幅の中央に出力させるためです．

■ ★★ [h] については 44.2 節で述べます．

■ ★★ 図の標題は図の下に，表の標題は表の上に書くのが慣例です．

44.2 ★★ 図表の出力位置パラメータ

■ ★★ 図表環境には，その図表領域の出力位置を指定する次の 4 種類のオプション引数があります．

```
[h], [t], [b], [p]
```

■ ★★ これらのパラメータの意味は次のとおりです．

h	図表環境を宣言したその場所（`here`）にその図表領域が確保されます．
t	図表環境を宣言したページの上端（`top`）にその図表領域が確保されます．
b	図表環境を宣言したページの下端（`bottom`）にその図表領域が確保されます．
p	章末や最後のページ（`page`）にその図表領域が確保されます．

□【演習 44.2】★★ 演習 44.1 における [h] を [t], [b], [p] に置き換えてその出力結果を確かめて下さい．　　　　　　　　　　　　　　　　　　　　　　　　　　【レポート ×】

44.3　★★　図表環境の問題点

■ ★★ 同一ページに図表環境による図表領域をたくさん宣言したり，またある図表領域のサイズが大きすぎてそのサイズに見合うスペースがそのページにない場合，LaTeX 2ε はこれを「処置なし」と判断し，それ以降の図表環境による図表は，著者の意図とは無関係にすべて最後尾の独立したページに飛んでいってしまい，そこに一括して出力されてしまいます．

■ この問題を解決するために 図表出力位置の制御変数 というものが定義されています．

■ ★★ 完全にとは言えませんが，筆者は，プリアンブルで以下のものを宣言してこの問題を回避しています．

```
\setcounter{topnumber}{100}          %   上部出力図表の最大数
\setcounter{bottomnumber}{100}       %   下部出力図表の最大数
\setcounter{totalnumber}{100}        %   出力図表の最大数
\renewcommand{\topfraction{1.0}      %   上部出力図表の最大面積比率
\renewcommand{\bottomfraction}{1.0}  %   下部出力図表の最大面積比率
\renewcommand{\textfraction}{0.0}    %   出力テキストの最低面積比率
\renewcommand{\floatpagefraction}{0.0} % 出力図表の最低面積比率
```

■ ★★ 図表が飛んでしまうことは LaTeX 2ε ユーザ共通の悩みの種です．完全な解決策はないようです．要は，同一ページにあまり大きい図表を載せないことと，小さな図表でも沢山載せないことです．

44.4　★★★　更なる上級への指針

- 図表の標題の出力命令 \hangcaption について ………………………………【→ 文典 p.259　】
- 1つの図表環境の中に複数の図表を格子状に並べるには ……………………【→ 文典 p.260　】

45 脚注

45.1 脚注の基本型

■ ページ末に 脚注 を出力させるには次の命令を使います《脚注はページ末に出力されます》.

《命令》　\footnote

□【演習 45.1】　下の入・出力例を確かめて下さい（本ページの末尾に脚注が出力されています）.

> 山頭火\footnote{放浪俳人}は熊本で生まれ\footnote{大正 1 年 1 月}，早稲田大学\footnote{文学部}を卒業した．彼は，その放浪日記に数多くのすぐれた自由律俳句\footnote{たとえば''分け行っても分け行っても青い空''}を残し，いつしか彼は現代自由律俳句の巨頭となっていた．

⇩

> 山頭火[1]は熊本で生まれ[2]，早稲田大学[3]を卒業した．彼は，その放浪日記に数多くのすぐれた自由律俳句[4]を残し，いつしか彼は現代自由律俳句の巨頭となっていた．

■ 脚注に付ける記号・文字・数字を 脚注ラベル と言います.
■ 脚注ラベルの標準設定は \arabic の「$1, 2, 3, \cdots$」〈→p.12 (6.3)〉です.

45.2 ★★★ 更なる上級への指針

- 脚注ラベルを変更するには ……………………………………………【→ 文典 p.294–296 】
- ミニページ内の脚注について ……………………………………………【→ 文典 p.296–297 】
- 章・節の標題の中の脚注について ………………………………………【→ 文典 p.297 】
- 図表標題の中の脚注について ……………………………………………【→ 文典 p.297 】
- 表中での脚注について ……………………………………………………【→ 文典 p.298 】
- 数式の中の脚注について …………………………………………………【→ 文典 p.298 】
- 脚注罫線の長さや太さを変更する命令 \footnoterule について ………【→ 文典 p.299 】
- 脚注間のスペースを指定する命令 \footnotesep について ……………【→ 文典 p.299 】
- 脚注を並列に出力させるには ……………………………………………【→ 文典 p.300 】
- 2 段組における脚注について ……………………………………………【→ 文典 p.300 】
- 脚注ラベルをページ毎に初期化させるには ……………………………【→ 文典 p.300 】

---

[1] 放浪俳人

[2] 大正 1 年 1 月

[3] 文学部

[4] たとえば "分け行っても分け行っても青い空"

46 ボックス

46.1 ★ 枠付きボックスⅠ：\fbox

■★ 文字列を，その文字列の大きさに合わせた 枠付きボックス で囲むには次の命令を使います《これは数式モードと文書モード⟨→p.35(19)⟩のいずれでも使用できます》．

《命令》　\fbox{ }

□【演習 46.1】★ 下の入・出力例を確かめて下さい．

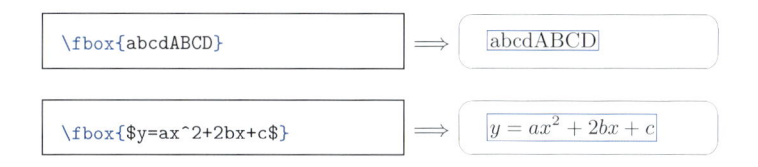

| \fbox{abcdABCD} | ⟹ | abcdABCD |
| \fbox{\$y=ax^2+2bx+c\$} | ⟹ | $y = ax^2 + 2bx + c$ |

46.2 ★ 枠付きボックスⅡ：\framebox

■★ 文字列を，指定した横幅 の 枠付きボックス で囲むには次の命令を使います．

《命令》　\framebox[ ]{ }

■★ このボックスではボックス内の文字列を「左寄せ」「中寄せ」「右寄せ」「間延び」にするパラメータ「l」「c」「r」「s」を指定できます《これを省略すると中寄せとなります》．

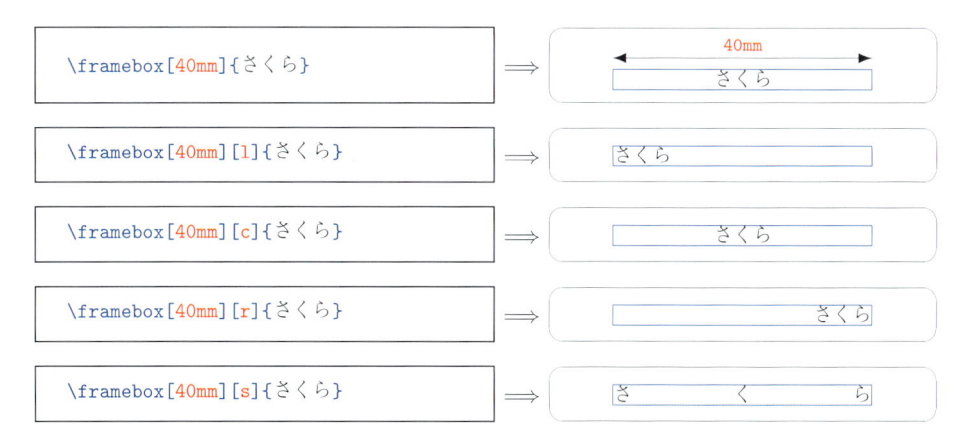

\framebox[40mm]{さくら}	⟹	さくら (40mm 中寄せ)
\framebox[40mm][l]{さくら}	⟹	さくら (左寄せ)
\framebox[40mm][c]{さくら}	⟹	さくら (中寄せ)
\framebox[40mm][r]{さくら}	⟹	さくら (右寄せ)
\framebox[40mm][s]{さくら}	⟹	さ　く　ら (間延び)

□【演習 46.2】★ 上の入・出力例を確かめて下さい．

46.3 ★ 枠付きボックス III：\framebox

■ ★ 文字列を，指定した横幅と縦幅の 枠付きボックス で囲むには次の命令を使います《この命令の名前は 46.2 節におけるものと同じですがその用法は若干異なります》．

《命令》　\framebox

□【演習 46.3】★　下の入・出力例を確かめて下さい《\unitlength については 42.1 節 (p.78) を参照》．

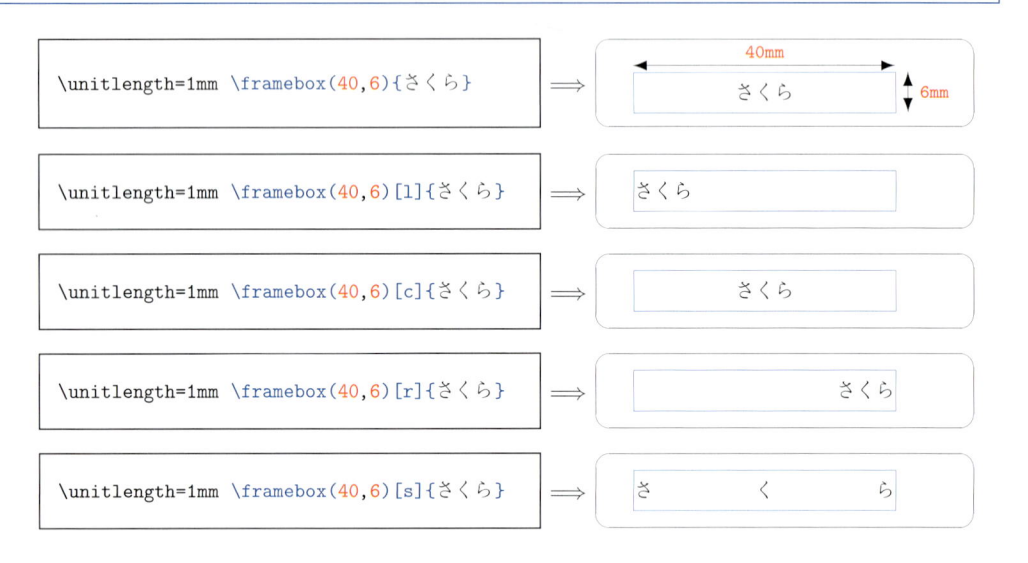

入力		出力
`\unitlength=1mm \framebox(40,6){さくら}`	⟹	さくら（40mm幅, 6mm高）
`\unitlength=1mm \framebox(40,6)[l]{さくら}`	⟹	さくら（左寄せ）
`\unitlength=1mm \framebox(40,6)[c]{さくら}`	⟹	さくら（中央）
`\unitlength=1mm \framebox(40,6)[r]{さくら}`	⟹	さくら（右寄せ）
`\unitlength=1mm \framebox(40,6)[s]{さくら}`	⟹	さ　く　ら（均等割付）

46.4 ★ 枠なしボックス：\mbox・\makebox

■ ★ \fbox と \framebox に対応した 枠なしボックス の命令として次のものがあります．

《命令》　\mbox　\makebox

□【演習 46.4】★　下の入・出力例を確かめて下さい《最後の例では \unitlength=1mm としています》．

入力		出力	入力		出力
`\fbox{AAA}`	→	AAA	`\mbox{AAA}`	→	AAA
`\framebox[15mm]{AAA}`	→	AAA	`\makebox[15mm]{AAA}`	→	AAA
`\framebox(15,7){AAA}`	→	AAA	`\makebox(15,7){AAA}`	→	AAA

46.5 ★ ボックス枠と内部テキストとの間隔

■ ★ 幅や高さが指定されていないボックスに対しては，ボックス枠とその内部のテキストの間隔は次の命令によって指定することができます．

《命令》　\fboxsep

□【演習 46.5】★ 下の入・出力例を確かめて下さい．

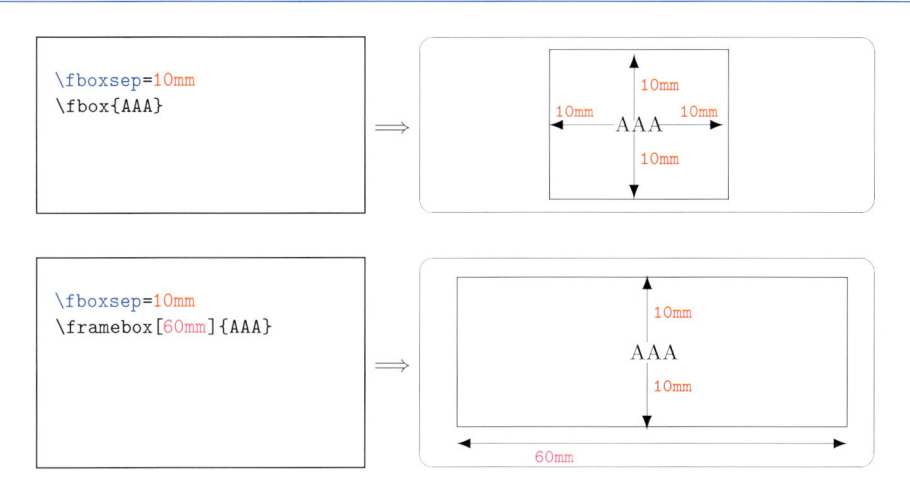

```
\fboxsep=10mm
\fbox{AAA}
```
⇒

```
\fboxsep=10mm
\framebox[60mm]{AAA}
```
⇒

46.6 ★ ボックス枠の線の太さの指定

■ ★ \fbox と 46.2 節における \framebox の枠の太さは次の命令で指定できます．

《命令》　\fboxrule

□【演習 46.6】★ 下の入・出力例を確かめて下さい．

```
\fboxsep=1mm \fboxrule=0.1mm \fbox{AAA}
```
⇒ AAA

```
\fboxsep=1mm \fboxrule=0.3mm \fbox{AAA}
```
⇒ AAA

```
\fboxsep=1mm \fboxrule=0.6mm \fbox{AAA}
```
⇒ AAA

46.7 ★ 黒ボックス

■ ★ 矩形の黒いボックスを出力する命令として次のものがあります．

《命令》　\rule

□【演習 46.7】★ 次の入・出力例を確かめて下さい．

| `\rule{20mm}{6mm}` | ⟹ | [黒い長方形 20mm × 6mm] |

| `\rule{3mm}{3mm}` | ⟹ | [小さな黒い正方形] |

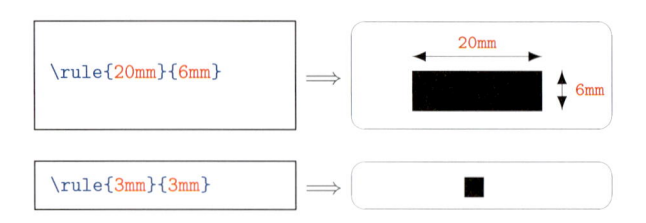

■ ★ 幅あるいは高さの非常に細い黒ボックスは罫線としても使うことができます．

□【演習 46.8 】★ 上の入・出力例を確かめて下さい．

| `\rule{0.05mm}{10mm}` | ⟹ | [細い縦線] |

| `\rule{25mm}{0.05mm}` | ⟹ | [細い横線] |

46.8 ★★★ 更なる上級への指針

- 枠付きボックス命令 `\frame` について ··【→ 文典 p.190 】
- 数式を枠付きボックスで囲む命令 `\boxed` について：$\boxed{y=f(x)}$ ················【→ 文典 p.190 】
- 破線枠付きボックス命令 `\dashbox` について：[破線枠 AAA] ················【→ 文典 p.190–191 】
- その中が段落モードとなるボックス命令 `\parbox` について ···················【→ 文典 p.192–193 】
- その中で改行命令 `\\` が使用できるボックス命令 `\shortstack` について ···········【→ 文典 p.72,193 】
- ボックスを上下させる命令 `\raisebox` について：[AAA／AAA] ················【→ 文典 p.193 】
- 影付きボックス命令 `\shadowbox` について：[影付きAAA] ···················【→ 文典 p.197 】
- 二重枠のボックス命令 `doublebox` について：[二重枠AAA] ···················【→ 文典 p.197 】
- 四分円ボックス命令 `\ovalbox` と `\Ovalbox` について：[AAA] ···············【→ 文典 p.197 】
- メモ用ボックス命令 `\foldbox` について：[ああ あ／ああ] ·················【→ 文典 p.198 】
- ボックスを保存したり呼び出したりする命令 `\newsavebox`, `\sbox`, `\savebox` について·【→ 文典 p.199 】

47 ミニページ

47.1 ミニページとは

■ あるページの中に，通常のページとほぼ同じ役割をする小さな幅の領域を指定することができます．この領域を ミニページ と言います．ミニページは次の環境によって宣言します．

《命令》　minipage 環境

■ 下に，幅が 20mm のミニページの例を示します．

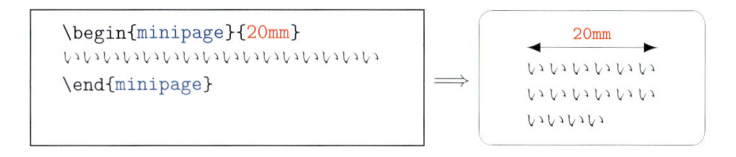

```
\begin{minipage}{20mm}
いいいいいいいいいいいいいいいい
\end{minipage}
```

⟹

```
      20mm
いいいいいいい
いいいいいいい
いいいいい
```

□【演習 47.1】　上の入・出力例を確かめて下さい．

47.2　★★★　更なる上級への指針

- ミニページと基準線について ……………………………………………………【→ 文典 p.204　】
- 高さ指定のミニページについて ……………………………………………………【→ 文典 p.204　】
- 枠付きミニページについて ……………………………………………………【→ 文典 p.205　】

48 相互参照

48.1 相互参照

■ LaTeX 2ε には，数式番号⟨→p.65(34)⟩，図表番号⟨→p.86(44)⟩，定理番号⟨→p.75(40)⟩のように自動的に付けられる番号が多くあります．これらの番号は，それに適当な 参照ラベル を付け，本文の任意の場所でその参照ラベルを入力すると，そこに出力させることができます．このことを 相互参照 と言います．

■ 参照ラベルを定義するには次の命令を使います．

《命令》　\label{参照ラベル}

■ \label で定義された参照ラベルを出力させるには次の命令を使います．

《命令》　\ref{参照ラベル}

■ 参照ラベルは英文字・和文字・数字・区読記号⟨→p.45(24)⟩からなる文字・記号によって指定します．大文字と小文字は区別されます．したがって，eq:3 と Eq:3 は異なった参照ラベルとなります．

48.2 自動数式番号の相互参照

■ 自動数式番号が付く eqnarray 環境⟨→p.65(34)⟩による数式の数式番号は相互参照が可能です．

□【演習 48.1】　文書クラス jbook の下で，下の入・出力例を確かめて下さい《ここでは参照ラベルを aaa, bbb としています》．

```
\begin{eqnarray}
  x-1=0    \label{aaa}\\
  y-2=0    \label{bbb}
\end{eqnarray}
方程式 (\ref{aaa}) と方程式 (\ref{bbb}) の解はそ
れぞれ $x=1$, $y=2$ である．
```

⟹

$$x - 1 = 0 \qquad (48.1)$$
$$y - 2 = 0 \qquad (48.2)$$

方程式 (1.1) と方程式 (1.2) の解はそれぞれ $x = 1, y = 2$ である．

48.3 ★ 部・章・節などの番号の相互参照

■★ 本文における \chapter, \section … などによる章・節の番号⟨→p.21(11)⟩は相互参照が可能です．

□【演習 48.2】★　文書クラス jbook の下で，下の入・出力例を確かめて下さい《ここでは参照ラベルを xxx, ccc, ddd としています》．

```
\chapter{理論 \label{xxx}}
\section{モデル \label{ccc}}
最適政策は方程式$\cdots$
\subsection{解法 \label{ddd}}
この方程式の解法は $\cdots$

\ref{ccc}~節の方程式を\ref{ddd}~節の方法で解
くと解 $x=3.14$ が得られる．
```

⟹

第 1 章　理論

1.1　モデル

最適政策は方程式 …

1.1.1　解法

この方程式の解法は …

1.1 節の方程式を 1.1.1 節の方法で解くと解 $x = 3.14$ が得られる．

48.4 ★ 付録における章・節などの番号の相互参照

■ ★ 付録における \chapter, \section … などによる章・節などの番号〈→p.23 (12)〉は相互参照が可能です．

□【演習 48.3】★ 文書クラス jbook の下で，下の入・出力例を確かめて下さい《ここでは参照ラベルを AP1, AP2 としています》．

```
これは付録~\ref{AP1} における\ref{AP2} の方法
で得られる．
\appendix
\chapter{モデル\label{AP1}}
\section{解法 \label{AP2}}
この方程式の解法は $\cdots$
```

⇒

これは付録 A における A.1 の方法で得られる．

付録　A　モデル

A.1　解法

この方程式の解法は …

48.5 ★ 図表番号の相互参照

■ ★ 図表環境〈→p.86 (44)〉による図と表の番号は相互参照ができます．

□【演習 48.4】★ 下の入・出力例を確かめて下さい《ここでは参照ラベルを eee としています》．

```
\begin{figure}[h]
\unitlength=1mm
\begin{center}
\begin{picture}(5,5)
\put(2.5,2.5){\circle*{5}}
\end{picture}
\end{center}\par
\caption{太陽の黒点 \label{eee}}
\end{figure}

図~\ref{eee} は太陽の黒点である．
```

⇒

●

図 1.2: 太陽の黒点

図 1.2 は太陽の黒点である．

48.6 ★ 定理番号の相互参照

■ ★ 定理環境〈→p.75 (40)〉による定理番号は相互参照ができます．

□【演習 48.5】★ 下の入・出力例を確かめて下さい《ここでは参照ラベルを teiri としています》．

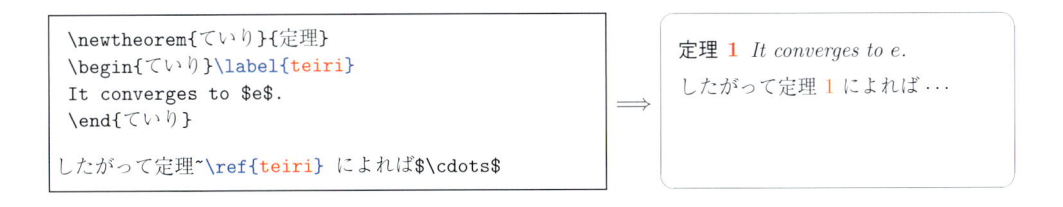

```
\newtheorem{ていり}{定理}
\begin{ていり}\label{teiri}
It converges to $e$.
\end{ていり}

したがって定理~\ref{teiri} によれば$\cdots$
```

⇒

定理 1 *It converges to e.*

したがって定理 1 によれば …

48.7 ★ 脚注番号の相互参照

■ ★ footnote 命令⟨→p.88 (45)⟩による脚注番号や脚注記号は相互参照ができます．

□【演習 48.6】★ 下の入・出力例を確かめて下さい《ここでは参照ラベルを 地名 としています．脚注はページ末に出力されます》．

```
特牛\footnote{こっとい \label{地名}}という地
名（脚注~\ref{地名}）を正確に呼ぶことのできる
人は少ない．
```

⟹ 特牛[1]という地名（脚注 1）を正確に呼ぶことのできる人は少ない．
──────────
[1]こっとい

48.8 ★ enumerate 環境による箇条書の相互参照

■ ★ enumerate 環境による箇条書⟨→p.76 (41.2)⟩の項目番号は相互参照できます．

□【演習 48.7】★ 下の入・出力例を確かめて下さい《ここでは参照ラベルを eee, fff, ggg としています（ただし入れ子に対する項目の相互参照はできません）》．

```
\begin{enumerate}
  \item \label{eee} あああああああああ
  \item \label{fff} いいいいいいいいい
  \item \label{ggg} うううううううう
\end{enumerate}
項目~\ref{eee} は「あ行」，項目~\ref{fff} は
「い行」，項目~\ref{ggg} は「う行」です．
```

⟹
1 あああああああああ
2 いいいいいいいいい
3 うううううううう

項目 1 は「あ行」，項目 2 は「い行」，項目 3 は「う行」です．

48.9 ★ ページ番号の相互参照

■ ★ あるページで \label 命令によってある参照ラベルが定義されているとき，他のページでそのページのページ番号を参照することができます．それには次の命令を使います．

《命令》　\pageref{参照ラベル}

□【演習 48.8】★ 下の入・出力例を確かめて下さい《 演習 48.1 (p.94)， 演習 48.5 (p.95)， 演習 48.6 (p.96) において既に定義されている参照ラベル aaa, teiri, 地名 を参照し，それらのページ番号をそこに出力させる例です》．

```
本章における数式~(p.\pageref{aaa}) と
        定理~(p.\pageref{teiri}) と
        地名~(p.\pageref{地名}) は
まったく無関係なことがらである．
```

⟹ 本章における数式 (p.94) と定理 (p.95) と地名 (p.96) はまったく無関係なことがらである．

48.10 ★★★ 更なる上級への指針

- 相互参照のためのコンパイルについて ・・【→ 文典 p.278　】
- 外部文書ファイルから相互参照する \externaldocument 命令について ・・・・・・・・・・・【→ 文典 p.282–283】

49　参考文献リストの作成 (手作業)

49.1 ★ 手作業による参考文献リスト

■ ★ ここでは論文・本・報告書の末尾に「手作業」で 参考文献リスト を作り，このリストから本文で引用すべき文献の 文献ラベル を自動的に引用し，本文に出力させる方法について説明します．

49.2 ★ 簡単な例

■ ★ 下に１つの完全な入・出力例を示します．

AAA.TEX

```
\documentclass{jarticle}
\begin{document}
Lamport~\cite{Lamport}は \LaTeX の「聖書」と言うべき本を書いた．この聖書の全幅的な解説書を書い
たのが伊藤~\cite{伊藤}，その要点を初心者にもわかりやすく豊富な例をあげて書いたのが野寺~\cite{野
寺}である．伊藤の本には Lamport の書で述べているほとんどすべてのことが解説されている．Lamport の
書~\cite[邦訳 p.230-232]{Lamport}における tabbing 環境の解説は初心者にはほとんど「般若心経」
である．これの理解には伊藤の書~\cite[p.230--238]{伊藤}が助けとなろう．その後で Lamport の書を
読み直すと，誠にもっともなことが書いてあることが解り，改めて「聖書」の有難さがわかる$\cdots$

\begin{thebibliography}{9}
\bibitem{Lamport} Lamport, L.「\LaTeX: A Document Preparation System, 2nd edition」
Addison-Wesley Publishing Company, Inc. (1994). 阿瀬はる美 訳:「文書処理システム \LaTeXe」
ピアソン・エデュケーション (1999).
\bibitem{伊藤} 伊藤和人.「\LaTeXe トータルガイド」株式会社秀和システム (2000).
\bibitem[のでら]{野寺} 野寺隆志.「第2版 楽々\LaTeX」共立出版株式会社 (1995).
\end{thebibliography}
\end{document}
```

⇓

Lamport [1] は LaTeX の「聖書」と言うべき本を書いた．この聖書の全幅的な解説書を書いたのが伊藤 [2]，その要点を初心者にもわかりやすく豊富な例をあげて書いたのが野寺 [のでら] である．伊藤の本には Lamport の書で述べているほとんどすべてのことが解説されている．Lamport の書 [1, 邦訳 p.230-232] における tabbing 環境の解説は初心者にはほとんど「般若心経」である．これの理解には伊藤の書 [2, p.230–238] が助けとなろう．その後で Lamport の書を読み直すと，誠にもっともなことが書いてあることが解り，改めて「聖書」の有難さがわかる $\cdots$

《改ページ》

参考文献

[1] Lamport, L.「LaTeX: A Document Preparation System, 2nd edition」Addison-Wesley Publishing Company, Inc. (1994). 阿瀬はる美 訳「文書処理システム LaTeX 2_ε」，ピアソン・エデュケーション (1999).

[2] 伊藤和人.「LaTeX 2_ε トータルガイド」株式会社秀和システム (2000).

[のでら] 野寺隆志.「第2版 楽々LaTeX」共立出版株式会社 (1995).

□【演習 49.1】★　上の入・出力例を確かめて下さい《入力されている各命令がどのように出力されているかをよく確かめて下さい》．

49.3 ★ 参考文献リストの作成

■ ★ 参考文献リストは次の環境命令によって宣言します．

《命令》 thebibliography 環境

■ ★ この環境の引数 { }〈→p.15(8.2)〉には，参考文献リストの中の文献数が n 桁ならば n 桁の適当な数，たとえば 9，99，999，… を書きます．

■ ★ 引用すべき参考文献を入力するには次の命令を使います．

《命令》 \bibitem

■ ★ \bibitem の引数 { } には 文献引用キー （通常は著者名）を入力します．本文中で参考文献リストからある文献を引用するときは，この文献引用キーを指定します．

■ ★ 文献引用キーには文字，数字，区切り記号（ただしカンマは使用できません）を使用することができます．文献引用キーでは，大文字と小文字は区別されます．したがって，Lamport と LAMPORT は別の文献引用キーと解釈されます．

■ ★ \bibitem にオプション引数 [ ] がなければ，本文および参考文献リストに出力される文献には「文献ラベル」として番号 [1], [2], … が付けられます．

■ ★ \bibitem にオプション引数 [ ] があれば，本文および参考文献リストに出力される文献ラベルはこのオプション引数の内容となります．文献には文献ラベル番号 [1], [2], [3] が付きます．

49.4 ★ 本文中での文献の引用

■ ★ 本文中で文献を引用するには次の命令を使います．

《命令》 \cite[ ]{ }

■ ★ この命令の引数 { } には参考文献リストから引用する文献の文献引用キーを入力します．

■ ★ この命令の引数 [ ] には引用する文献の章・節やページなどの注を入力します．こうすると，**演習 49.1** の出力例にあるように，本文中での文献ラベルにこの注が追加されます．

■ ★ 著者名と \cite 命令の間には「伊藤~\cite{伊藤}」のように改行不可のスペース命令「~」を置きます〈→p.33(17.3)〉．このようにしないと，本文中で著者名が行末に来て改行され，次行の先頭に文献ラベルが来るという無様なことが起きてしまいます．

49.5 ★★★ 更なる上級への指針

● 参考文献リストの見出し「**参考文献**」の変更について ･････････････････････････【→ 文典 p.267　】

50 参考文献リストの作成 (自動的)

50.1 ★★ 簡単な入・出力例

■ ★★ ここでは，文献データベースファイル を作り，そこから本文で参照すべき文献を引用し，引用した文献のリストを本文の最後のページに「自動的」に出力させる方法について述べます．文献データベースファイルの拡張子は「~.BIB」とします．

■ ★★ 本節の内容は上級者向けですが初心者にも是非使ってもらいたい $\LaTeX 2_\varepsilon$ の優れた機能なので敢えて解説することにしました．

□【演習 50.1】★★ まずは以下のような文献データベースファイル MYREF.BIB を作って下さい．【レポート ×】

MYREF.BIB
このファイルは朝倉書店のホームページよりダウンロードできます

```
@book{伊藤 01,
      author    = "伊藤和人",
      title     = "\normalfont「\LaTeXe トータルガイド」",
      publisher = "株式会社秀和システム",
      yomi      = "いとう",
      year      = "2000"}
@book{野寺 01,
      author    = "野寺隆志",
      title     = "\normalfont「第 2 版\ 楽々\LaTeX」",
      publisher = "共立出版株式会社",
      yomi      = "のでら",
      year      = "1995"}
@book{奥村 01,
      author    = "奥村晴彦",
      title     = "\normalfont「\LaTeXe\ 美文書作成入門（改訂版）」",
      publisher = "技術評論社",
      yomi      = "おくむら",
      year      = "2000"}
@book{生田 01,
      author    = "生田誠三",
      title     = "\normalfont「\LaTeXe 文典」",
      publisher = "朝倉書店",
      yomi      = "いくた",
      year      = "2000"}
@book{藤田 01,
      author    = "藤田眞作",
      title     = "\normalfont「\LaTeXe\ コマンドブック」",
      publisher = "ソフトバンク\ パブリッシング",
      yomi      = "ふじた",
      year      = "2003"}
@book{Lamp01,
      author    = "Lamport, L.",
      title     = "\normalfont「\LaTeX: A Document Preparation System」",
      publisher = "Addison-Wesley Publishing Company, Inc.",
      year      = "1994",
      note      = " 阿瀬はる美 訳:「文書処理システム \LaTeXe」ピアソン・エデュケーション (1999)"}
@book{Knut01,
      author    = "Knuth, D.E.",
      title     = "\normalfont「The \TeX book」",
      publisher = "Addison-Wesley Publishing Company, Inc.",
      year      = "1984"}
```

□【演習 50.2 】★★　次に，下にある AAA.TEX という文書ファイルを作りコンパイルして下さい．すると以下のように出力されます．

AAA.TEX

```
\documentclass{jarticle}
\begin{document}
Lamport~\cite{Lamp01}は \LaTeX の「聖書」と言うべき本を書いた．この聖書の全幅的な解説書を書いたのが伊藤~\cite{伊藤01}，その要点を初心者にもわかりやすく豊富な例をあげて書いたのが野寺~\cite{野寺01}である．伊藤の本には Lamport の書で述べているほとんどすべてのことが解説されている．Lamport の書~\cite[邦訳 p.230-232]{Lamp01}における tabbing 環境の解説は初心者にはほとんど「般若心経」である．これの理解には伊藤の書~\cite[p.230--238]{伊藤01}が助けとなろう．その後で Lamport の書を読み直すと，誠にもっともなことが書いてあることが解り，改めて「聖書」の有難さがわかる$\cdots$
\bibliography{MYREF}
\bibliographystyle{jplain}
\end{documen}
```

⇓

Lamport [1] は LaTeX の「聖書」と言うべき本を書いた．この聖書の全幅的な解説書を書いたのが伊藤 [2]，その要点を初心者にもわかりやすく豊富な例をあげて書いたのが野寺 [3] である．伊藤の本には Lamport の書で述べているほとんどすべてのことが解説されている．Lamport の書 [1, 邦訳 p.230-232] における tabbing 環境の解説は初心者にはほとんど「般若心経」である．これの理解には伊藤の書 [2, p.230–238] が助けとなろう．その後で Lamport の書を読み直すと，誠にもっともなことが書いてあることが解り，改めて「聖書」の有難さがわかる $\cdots$

《改ページ》

参考文献

[1] Lamport, L.「LaTeX: A Document Preparation System, 2nd edition」Addison-Wesley Publishing Company, Inc.（1994）．阿瀬はる美 訳「文書処理システム LaTeX 2_ε」，ピアソン・エデュケーション（1999）．

[2] 伊藤和人．「LaTeX 2_ε トータルガイド」株式会社秀和システム（2000）．

[3] 野寺隆志．「第 2 版 楽々LaTeX」共立出版株式会社（1995）．

50.2　★★　コンパイルについて

■　この方法で文献リストを出力させるためには，「ライオン印のアイコン（guisell）」によるコンパイルに続いて「三冊の本を重ねた印のアイコン（wbibtex）」によるコンパイルもしなければなりません《いずれのアイコンも ptex フォルダー内の bin フォルダーの中にあります》．

50.3　★★　本文中での文献の引用

■★★　本文中で文献を引用するには命令 cite (→p.98 (49.4)) を使います．

■★★　本文中では引用しないが，参考文献リストにはその文献を載せたいということもあります．そのような場合には \cite 命令に替えて次の命令を使います．

《命令》　\nocite{ }

■★★　文献データベースファイル中のすべての文献を出力するには次の命令を宣言します《筆者が確かめた限りでは，何か 1 つの文献を \cite 命令で「呼び水」として宣言しておかなければこの命令は機能しないようです》．

《命令》 `\nocite{*}`

50.4 ★★ 文献データベースファイルの指定

■ ★★ 文献引用のために使用する文献データベースファイルは次の命令によって宣言します．

《命令》 `\bibliography`

■ ★★ 複数の種類の文献データベースファイルを宣言することもできます．たとえば

```
MYREF1.BIB    MYREF2.BIB    MYREF3.BIB
```

という 3 種類の文献データベースファイルがあるとき

```
\bibliography{MYREF1,MYREF3}
```

とすると `MYREF1.BIB` と `MYREF3.BIB` から文献を引用することができます《このようにすると，共著の論文や書籍を書く際，著者間で文献データベースファイルを共有できるので便利な機能かと思います》．

50.5 ★★ 文献出力スタイルの指定

■ ★★ 参考文献リストへの「文献出力スタイル」は次の命令によって宣言します《引数には使用する文献出力スタイルを入力します．演習 50.2 では `jplain` を使っています》．

《命令》 `\bibliographystyle`

■ ★★ LaTeX 2_ε では欧文の文献出力スタイルとして次のものが標準的に用意されています．

- □ `plain` 最も標準的なもの．
- □ `unsrt` 引用順に出力．
- □ `alpha` 引用ラベルを [KNU92] のように姓の 3 文字と発表年の下 2 桁を出力．
- □ ★★ 和文用としては `jplain`, `junsrt`, `jalpha` が用意されています．

□【演習 50.3】★★ 演習 50.2 において文献出力スタイルを `junsrt` と `jalpha` に変えてその出力を確かめて下さい．　　　　　　　　　　　　　　　　　　　　　　　　　　　【レポート×】

50.6 ★★ 文献データベースファイルの構造

■ ★★ 50.1 節における文献データベースファイル `MYREF.BIB` の中の `@book{ }` は，その文献が本であることを宣言します．これを 文献カテゴリ と言います．

■ ★★ この他にも論文 `@article`，報告書 `@report`，マニュアル `@manual` など全部で 14 通りの文献カテゴリが用意されています (→ p.103)．

■ ★★ 「文献カテゴリ」は一般に次のような構造になっています．

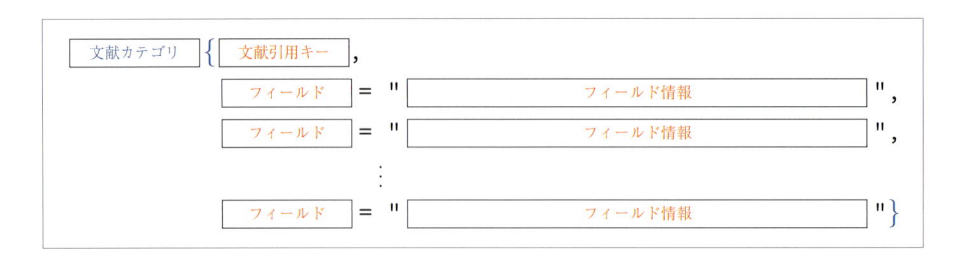

```
文献カテゴリ { 文献引用キー ,
              フィールド = " フィールド情報 ",
              フィールド = " フィールド情報 ",
                          ⋮
              フィールド = " フィールド情報 "}
```

- まずはじめに 文献カテゴリ を入力します．文献カテゴリの情報は「{」の後に入力します．
- 次に 文献引用キー を書きます．通常は著者名を書きますが，あまり奇抜なものでなければ何でも結構です．たとえば，「坂口実」の文献に対して SAKA.01, SAKA.02 . . . のように付けたりします．
- 続いて author, title, publisher, year, ⋯ など必要な フィールド を入力します．LaTeX 2_ε には全部で 25 通りのフィールドが用意されています (→ p.104)．
- 各フィールドに入力する フィールド情報 は「"」と「"」で囲みます《DOS/V 機ではこれはキーボードの上段 2 列目の左端付近にあるキー " で入力》．記述する情報が長いときは改行して続けることもできます．
- フィールド情報の終わりはカンマ「,」で区切ります．最後のフィールドはカンマなしで「}」で閉じます．

50.7 ★★ 文献カテゴリの一覧

■ ★★ 文献カテゴリには下の表に示す 14 種があります．

> 必須フィールド：必ず宣言しなければならないフィールド
> 任意フィールド：必要に応じて宣言するオプションのフィールド

文献カテゴリ	フィールド
`@article`	論文誌や雑誌などの定期刊行物に収録されている論文や記事 author, title, journal, year volume, number, pages, month, note
`@masterthesis`	修士論文 author, title, school, year type, address, month, note
`@phdthesis`	博士論文 author, title, school, year type, address, month, note
`@book`	出版社名のある本 author または editor, title, publisher, year volume または number, series, address, edition, month, note
`@booklet`	出版社名の明記されていない本 title author, howpublished, address, month, year, note
`@inbook`	本のある章やある範囲のページを引用するときに使う． author または editor, title, chapter または pages, publisher, year volume または number, series, type, address, edition, month, note
`@incollection`	本の一部で，それ自体にタイトルがあるもの author, title, booktitle, publisher, year editor, volume または number, series, type, chapter, pages, address, edition, month, note
`@proceedings`	学術会議の紀要 title, year editor, volume または number, series, publisher, organization address, month, note
`@inproceedings`	学術会議の紀要に収録されているもの author, title, booktitle, year editor, volume または number, series, pages, organizaion, publisher, address, month, note
`@conference`	`@inproceedings` と同じ
`@techreport`	研究機関が出す技報（テクニカルレポート） author, title, institution, year type, number, address, month, note
`@manual`	技術文書（マニュアル） title author, organizaion, address, edition, month, year, note
`@unpublished`	公式出版物でないもの author, title, note month, year
`@misc`	以上のどれにも該当しないもの なし author, title, howpublished, month, year, note

50.8 ★★ フィールドの一覧

■ ★★ 文献カテゴリで宣言できるフィールドには下の表に示す 25 種があります．

フィールド	説明
author	著者名
editor	編集者の名前
title	標題
booktitle	その一部が引用されている本，紀要, 論文集などの標題
journal	雑誌などの定期刊行物の名前
institution	それを発表，出版あるいはサポートしている機関や組織の名前
organization	それを出している学術会議を組織したりサポートしている組織名
publisher	出版社名
school	その学位論文を提出した学校名
address	出版社，研究機関，組織などの住所
volume	定期刊行物や全集などの巻（Volume）番号
number	定期刊行物などの巻に続く号の番号
pages	参考されるページやページの範囲
month	刊行，出版，発表，公表された月
year	刊行，出版，発表，公表された年
howpublished	規格外のものがどのように刊行，出版，発表，公表されたかを記す．
chapter	章や節の番号
edition	Second，第 2 版といった書籍の「版」
annote	注釈を書く．標準の文献スタイルでは無視される．
note	読者に役立つと思われる追加情報
series	本のシリーズ名，セット名
type	—
key	—
yomi	—
自分で登録	—

50.9 ★★★ 更なる上級への指針

- 参考文献リスト出力のためのコンパイルについて ・・・・・・・・・・・・・・・・・・・・・・・・・・・・・・・・・・・・【→ 文典 p.267 】
- 参考文献の見出しを変更する命令 \refname，\bibname について ・・・・・・・・・・・・・・・・・【→ 文典 p.267-268 】
- 様々な文献出力スタイルについて ・・【→ 文典 p.269–270 】
- フィールド情報の書き方についての詳説 ・・【→ 文典 p.273–277 】
- フィールドの省略形について ・・【→ 文典 p.277 】

51 色指定

51.1 ★★ 色を指定する

■ ★★ [color] パッケージを宣言すると (→p.20 (10)) 様々な色が出力できます．このパッケージの登録には，下のようにオプション引数 `dvips` を付けます．

$$\verb|\usepackage[dvips]{color}|$$

■ ★★ 色出力についての完全な解説は [35, p.331–373] と [23, p.237–251] にあります．

51.2 ★★ 色文字 I

■ ★★ 色文字を出力する命令には2つあります．その1つが次の命令です．

《命令》 `\color`

■ ★★ あるところで，たとえば `\color{red}` と宣言すると，それ以降の文字はすべて「赤」で出力されます．ある所からこの「赤」を「青」に変更するには，そこで `\color{blue}` を宣言し，そしてまたある所から元の「黒」に戻すには，そこで `\color{black}` を宣言します．

■ ★★ この命令で指定できる色は以下の8色です．

入力		出力
よって`\color{red}` 平方根 `$x=\sqrt{2}$` `\color{black}` は …	⟹	よって平方根 $x=\sqrt{2}$ は …
よって`\color{blue}` 平方根 `$x=\sqrt{2}$` `\color{black}` は …	⟹	よって平方根 $x=\sqrt{2}$ は …
よって`\color{cyan}` 平方根 `$x=\sqrt{2}$` `\color{black}` は …	⟹	よって平方根 $x=\sqrt{2}$ は …
よって`\color{green}` 平方根 `$x=\sqrt{2}$` `\color{black}` は …	⟹	よって平方根 $x=\sqrt{2}$ は …
よって`\color{yellow}` 平方根 `$x=\sqrt{2}$` `\color{black}` は …	⟹	よって平方根 $x=\sqrt{2}$ は …
よって`\color{magenta}` 平方根 `$x=\sqrt{2}$` `\color{black}` は …	⟹	よって平方根 $x=\sqrt{2}$ は …
よって`\color{black}` 平方根 `$x=\sqrt{2}$` `\color{black}` は …	⟹	よって平方根 $x=\sqrt{2}$ は …
よって`\color{white}` 平方根 `$x=\sqrt{2}$` `\color{black}` は …	⟹	よって　　　　　　　は …

□【演習 51.1】★★ 上の入・出力例を確かめて下さい．

51.3 ★★ 色文字 II

■ ★★ 色文字を出力するもう 1 つの命令に次のものがあります．

《命令》 \textcolor

■ ★★ たとえば \textcolor{red}{平方根 $x = \sqrt{2}$} と宣言すると 2 番目の引数で指定された文字だけが「赤」で出力されます．

■ ★★ この命令で指定できる色は以下の 8 色です．

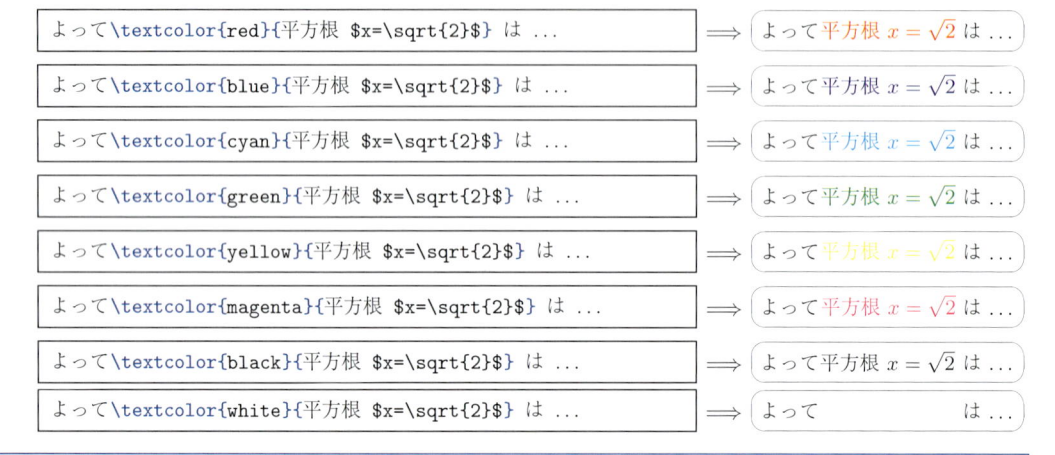

よって\textcolor{red}{平方根 \$x=\sqrt{2}\$} は …	$\Longrightarrow$	よって 平方根 $x = \sqrt{2}$ は …
よって\textcolor{blue}{平方根 \$x=\sqrt{2}\$} は …	$\Longrightarrow$	よって 平方根 $x = \sqrt{2}$ は …
よって\textcolor{cyan}{平方根 \$x=\sqrt{2}\$} は …	$\Longrightarrow$	よって 平方根 $x = \sqrt{2}$ は …
よって\textcolor{green}{平方根 \$x=\sqrt{2}\$} は …	$\Longrightarrow$	よって 平方根 $x = \sqrt{2}$ は …
よって\textcolor{yellow}{平方根 \$x=\sqrt{2}\$} は …	$\Longrightarrow$	よって 平方根 $x = \sqrt{2}$ は …
よって\textcolor{magenta}{平方根 \$x=\sqrt{2}\$} は …	$\Longrightarrow$	よって 平方根 $x = \sqrt{2}$ は …
よって\textcolor{black}{平方根 \$x=\sqrt{2}\$} は …	$\Longrightarrow$	よって 平方根 $x = \sqrt{2}$ は …
よって\textcolor{white}{平方根 \$x=\sqrt{2}\$} は …	$\Longrightarrow$	よって　　　　　　は …

□ 【演習 51.2 】★★ 上の入・出力例を確かめて下さい．

51.4 ★★ 色ボックス

■ ★★ 色ボックスを出力するには次の命令を使います．

《命令》 \colorbox

■ ★★ 下に例を示します《ここでは \fboxsep=1mm としている ⟨→p.91 (46.5)⟩》．

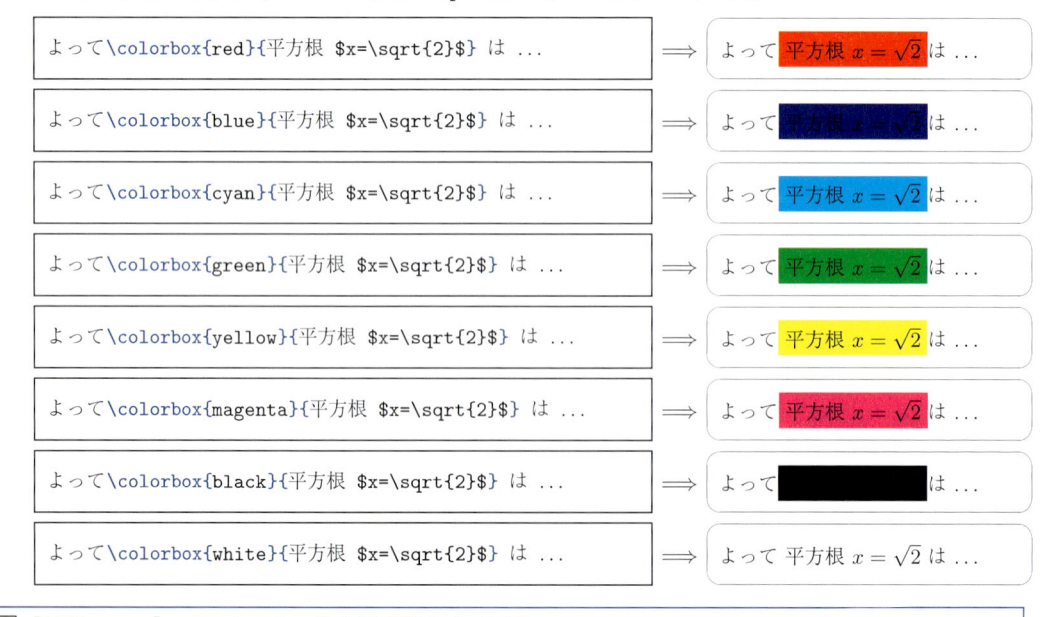

よって\colorbox{red}{平方根 \$x=\sqrt{2}\$} は …	$\Longrightarrow$	よって 平方根 $x = \sqrt{2}$ は …
よって\colorbox{blue}{平方根 \$x=\sqrt{2}\$} は …	$\Longrightarrow$	よって 平方根 $x = \sqrt{2}$ は …
よって\colorbox{cyan}{平方根 \$x=\sqrt{2}\$} は …	$\Longrightarrow$	よって 平方根 $x = \sqrt{2}$ は …
よって\colorbox{green}{平方根 \$x=\sqrt{2}\$} は …	$\Longrightarrow$	よって 平方根 $x = \sqrt{2}$ は …
よって\colorbox{yellow}{平方根 \$x=\sqrt{2}\$} は …	$\Longrightarrow$	よって 平方根 $x = \sqrt{2}$ は …
よって\colorbox{magenta}{平方根 \$x=\sqrt{2}\$} は …	$\Longrightarrow$	よって 平方根 $x = \sqrt{2}$ は …
よって\colorbox{black}{平方根 \$x=\sqrt{2}\$} は …	$\Longrightarrow$	よって ■■■■■■■■ は …
よって\colorbox{white}{平方根 \$x=\sqrt{2}\$} は …	$\Longrightarrow$	よって 平方根 $x = \sqrt{2}$ は …

□ 【演習 51.3 】★★ 上の入・出力例を確かめて下さい．

51.5 ★★ 色ボックスに色文字

■ ★★ 色ボックス内に色文字を出力するには \colorbox ⟨→p.106 (51.4)⟩ と \textcolor ⟨→p.106 (51.3)⟩ を併用します.

■ ★★ 下に例を示します《ここでは \fboxsep=1mm としている ⟨→p.91 (46.5)⟩》.

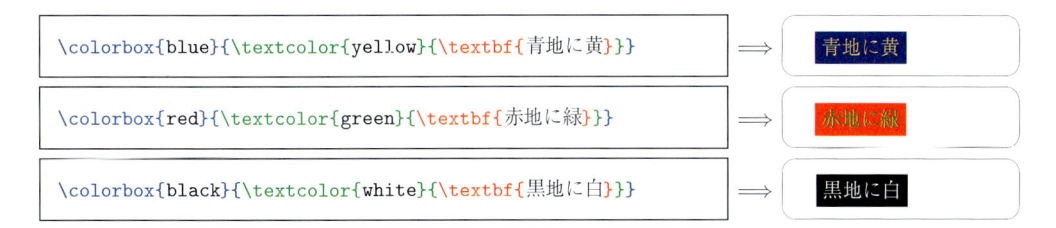

`\colorbox{blue}{\textcolor{yellow}{\textbf{青地に黄}}}`	⟹	青地に黄
`\colorbox{red}{\textcolor{green}{\textbf{赤地に緑}}}`	⟹	赤地に緑
`\colorbox{black}{\textcolor{white}{\textbf{黒地に白}}}`	⟹	黒地に白

☐ 【演習 51.4】★★ 上の入・出力例を確かめて下さい.

■ ★★ 最後の例は, いわゆる 白抜き と呼ばれるものです. 文字をボールド体 \bfseries ⟨→p.41 (22)⟩ に宣言すると白抜きが鮮やかになります.

`\colorbox{black}{\textcolor{white}{\textbf{\bfseries 黒地に白}}}` ⟹ **黒地に白**

☐ 【演習 51.5】★★ 上の入・出力例を確かめて下さい.

51.6 ★★ 色枠付きの色ボックス

■ ★★ 色枠の付いた色ボックスを出力するには次の命令を使います.

《命令》 \fcolorbox

■ ★★ 下に例を示します《ここでは \fboxsep=1mm ⟨→p.91 (46.5)⟩, \fboxrule=1mm ⟨→p.91 (46.6)⟩ としている》.

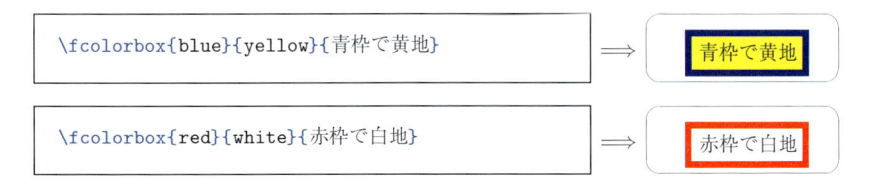

`\fcolorbox{blue}{yellow}{青枠で黄地}`	⟹	青枠で黄地
`\fcolorbox{red}{white}{赤枠で白地}`	⟹	赤枠で白地

☐ 【演習 51.6】★★ 上の入・出力例を確かめて下さい.

51.7 ★★ 配色 (GRAY)

■ ★★ これは, 「白」を配色比率 1, 「黒」を配色比率 0, 「その中間の灰色 (GRAY)」を 1 と 0 の中間の配色比率で定義する方式です.

■ ★★ その定義は次の命令で行います.

《命令》 \definecolor

■ ★★　下に1つの用例を示します．これは，「配色比率を 0.7 とした灰色」の名前を「Gray」と定義し，「この定義された灰色をボックスの色」とし，そのボックスの中にテキスト「AAA」を出力させる例です《ここでは \fboxsep=1mm ⟨→p.91 (46.5)⟩ としている》．

```
\definecolor{Gray}{gray}{0.7}
\colorbox{Gray}{AAA}
```
⟹　AAA

■ ★★　その他の配色比率に対する灰色は次のようになります《その出力の濃さはプリンタによっても若干異なります》．

配色比率	1.00	0.95	0.90	0.85	0.80	0.75	0.70	0.65	0.60	0.55	0.50
網掛けの濃さ	AA	AA	AA	AA	AA	AA	AA	AA	AA	AA	AA

■ ★★　これは 網掛け と呼ばれるものです．0.6 以下にすると暗くなりすぎて網掛けの用はなしません．

□【演習 51.7】★★　配色比率をいろいろと変えてみてその入・出力結果を確かめて下さい．

■ ★★　下に，「配合比率を #1」とし，「そのボックスの中に書くテキストを #2」とした網掛けのマクロ命令を示しておきます《ここでは \fboxsep=0.5mm ⟨→p.91 (46.5)⟩ としている》．

《命令》　\Ami（著者のマクロ命令）

```
\newcommand{\Ami}[2]{{\fboxsep=0.5mm \definecolor{Gray}{gray}{#1} \colorbox{Gray}{#2}}}
```

■ ★★　下に，このマクロ命令を使った例を示しておきます．

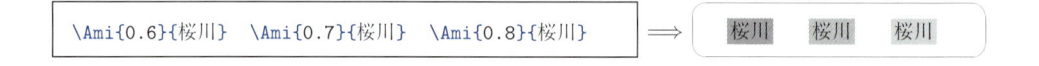

```
\Ami{0.6}{桜川}　\Ami{0.7}{桜川}　\Ami{0.8}{桜川}
```
⟹　桜川　桜川　桜川

□【演習 51.8】★★　上の入・出力例を確かめて下さい．

51.8　★★　配色（CMYK）

■ ★★　これは，■ (C:cyan)，■ (M:magenta)，■ (Y:yellow)，■ (K:black) の4色をこの順に様々な配色比率で混合して色合成するものです《下の例ではすべて\fboxsep=1mm ⟨→p.91 (46.5)⟩ としている》．

■ 下に入・出力例を示します《これは Orange と呼ばれている色です》．

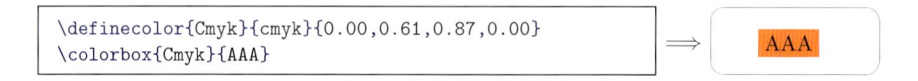

```
\definecolor{Cmyk}{cmyk}{0.00,0.61,0.87,0.00}
\colorbox{Cmyk}{AAA}
```
⟹　AAA

□【演習 51.9】★★　上の入・出力例を確かめて下さい．

■ ★★　これら4色のそれぞれをその濃さを変えて単色で出力すると次のようになります．

C：cyan	配色比率	<u>0.0</u>,0,0,0	<u>0.2</u>,0,0,0	<u>0.4</u>,0,0,0	<u>0.6</u>,0,0,0	<u>0.8</u>,0,0,0	<u>1.0</u>,0,0,0
	色具合	AAA	AAA	AAA	AAA	AAA	AAA
M：magenta	配色比率	0,<u>0.0</u>,0,0	0,<u>0.2</u>,0,0	0,<u>0.4</u>,0,0	0,<u>0.6</u>,0,0	0,<u>0.8</u>,0,0	0,<u>1.0</u>,0,0
	色具合	AAA	AAA	AAA	AAA	AAA	AAA
Y：yellow	配色比率	0,0,<u>0.0</u>,0	0,0,<u>0.2</u>,0	0,0,<u>0.4</u>,0	0,0,<u>0.6</u>,0	0,0,<u>0.8</u>,0	0,0,<u>1.0</u>,0
	色具合	AAA	AAA	AAA	AAA	AAA	AAA
K：black	配色比率	0,0,0,<u>0.0</u>	0,0,0,<u>0.2</u>	0,0,0,<u>0.4</u>	0,0,0,<u>0.6</u>	0,0,0,<u>0.0</u>	0,0,0,<u>1.0</u>
	色具合	AAA	AAA	AAA	AAA	AAA	AAA

51.9 ★★ 配色（RGB）

■ ★★ これは，■ (R:red), ■ (G:green), ■ (B:blue) の3色をこの順に様々な配色比率で混合して色合成するものです．

■ ★★ 下に入・出力例を示します《下の例ではすべて \fboxsep=1mm ⟨→p.91 (46.5)⟩としている》．

```
\definecolor{Rgb}{rgb}{0.7,0.6,0.9}
\colorbox{Rgb}{AAA}
```
⟹ AAA

□【演習 51.10】★★ 上の入・出力例を確かめて下さい．

■ ★★ この方式では，比率を {0,0,0} にすると黒となり，{1,1,1} にすると白となります．

■ ★★ 下に，R, G, B を組み合わせた cyan, magenta, yellow の例を示します．

□ \definecolor{BLUE}{rgb}{x,1,1}

配色比率	<u>1.0</u>,1,1	<u>0.8</u>,1,1	<u>0.6</u>,1,1	<u>0.4</u>,1,1	<u>0.2</u>,1,1	<u>0.0</u>,1,1
色具合	AAA	AAA	AAA	AAA	AAA	AAA

□ \definecolor{RED}{rgb}{1,x,1}

配色比率	1,<u>1.0</u>,1	1,<u>0.8</u>,1	1,<u>0.6</u>,1	1,<u>0.4</u>,1	1,<u>0.2</u>,1	1,<u>0.0</u>,1
色具合	AAA	AAA	AAA	AAA	AAA	AAA

□ \definecolor{YELLOW}{rgb}{1,1,x}

配色比率	1,1,<u>1.0</u>	1,1,<u>0.8</u>	1,1,<u>0.6</u>	1,1,<u>0.4</u>	1,1,<u>0.2</u>	1,1,<u>0.0</u>
色具合	AAA	AAA	AAA	AAA	AAA	AAA

□【演習 51.11】★★ 上の入・出力例を確かめて下さい．

51.10 ★★ 配色（HSB）

■ ★★ これは，色相 (H:hue（色の種類)), 彩度 (S:saturation（鮮やかさ)), 輝度 (B:brightness（明るさ)) の配合比率をこの順に指定して様々な色を合成するものです《ここでは \fboxsep=1mm ⟨→p.91 (46.5)⟩としている》．

■ ★★　下に入・出力例を示します．

$$\text{\colorbox[hsb]\{0.01,0.98,0.99\}\{AAA\}} \implies \boxed{\text{AAA}}$$

☐ 【演習 51.12 】★★　上の入・出力例を確かめて下さい．

■ ★★　「彩度を 1」，「輝度を 1」とし，「色相を 0 から 1」まで変化させた例を下に示します《ここで \rule{5.2mm}{0mm}\rule{0mm}{2mm} は水平方向に 5.2mm 垂直方向に 2mm のスペースを空ける命令です〈→p.91 (46.7)〉を参照》．

- \colorbox[hsb]{x,1,1}{\rule{5.2mm}{0mm}\rule{0mm}{2mm}}

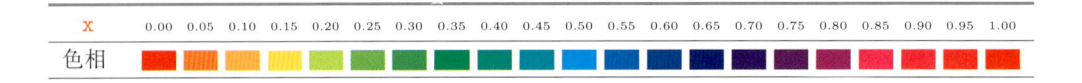

☐ 【演習 51.13 】★★　上の入・出力結果を確かめて下さい．

■ ★★　色相を 0，輝度を 1 とし，彩度を 0 から 1 まで変化させた例を下に示します．

- \colorbox[hsb]{0,x,1}{\rule{5.2mm}{0mm}\rule{0mm}{2mm}}

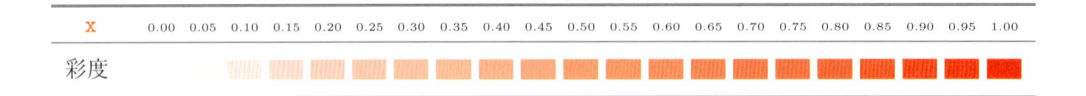

☐ 【演習 51.14 】★★　上の入・出力結果を確かめて下さい．

■ ★★　色相を 0，彩度を 1 とし，輝度を 0 から 1 まで変化させた例を下に示します．

- \colorbox[hsb]{0,1,x}{\rule{5.2mm}{0mm}\rule{0mm}{2mm}}

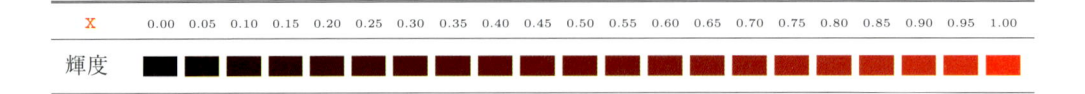

☐ 【演習 51.15 】★★　上の入・出力結果を確かめて下さい．

51.11　★★　Crayola 67 色

■　★★　color パッケージは下に示す 67 色を標準装備しています《これは dvips ドライバ用の named カラーモデルで事前に定義されている「Crayola」カラーと呼ばれるものです [35]》.

GreenYellow		Yellow		Goldenrod		Dandelion	
Apricot		Peach		Melon		YellowOrange	
Orange		BurntOrange		Bittersweet		RedOrange	
Mahogany		Maroon		BrickRed		Red	
OrangeRed		RubineRed		WildStrawberry		Salmon	
CarnationPink		Magenta		Rhodamine		Mulberry	
RedViolet		Fuchsia		Lavender		Thistle	
Orchid		DarkOrchid		Purple		Plum	
Violet		RoyalPurple		BlueViolet		Periwinkle	
CadetBlue		CornflowerBlue		MidnightBlue		NavyBlue	
RoyalBlue		Blue		Cerulean		Cyan	
VioletRed		ProcessBlue		SkyBlue		Turquoise	
Aquamarine		BlueGreen		Emerald		JungleGreen	
SeaGreen		Green		ForestGreen		PineGreen	
LimeGreen		YellowGreen		SpringGreen		OliveGreen	
RawSienna		Sepia		Brown		Tan	
Gray		Black		White			

■　★★　51.2 節 (p.105) から 51.6 節 (p.107) において述べてきた色の出力命令にオプション引数 [named] を付けると, 上の Crayola 67 色のすべてを出力することができます.

■　★★　下に例を示します.

● 色文字 I 〈→p.105 (51.2)〉

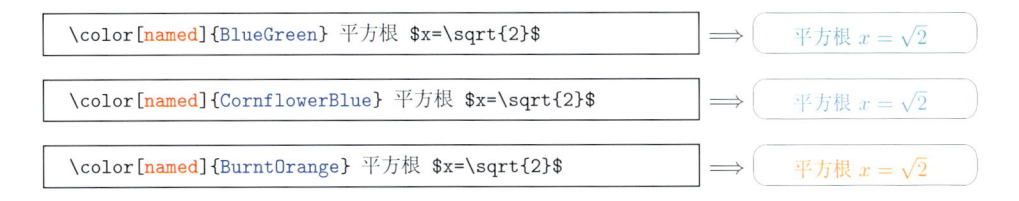

\color[named]{BlueGreen} 平方根 $x=\sqrt{2}$　⟹　平方根 $x = \sqrt{2}$

\color[named]{CornflowerBlue} 平方根 $x=\sqrt{2}$　⟹　平方根 $x = \sqrt{2}$

\color[named]{BurntOrange} 平方根 $x=\sqrt{2}$　⟹　平方根 $x = \sqrt{2}$

□【演習 51.16】★★　上の入・出力例を確かめて下さい.

● 色文字 II 〈→p.106 (51.3)〉

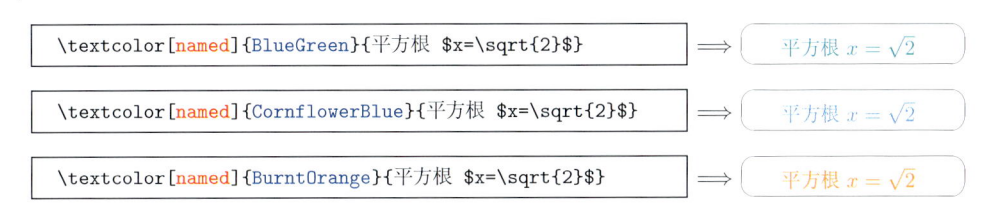

\textcolor[named]{BlueGreen}{平方根 $x=\sqrt{2}$}　⟹　平方根 $x = \sqrt{2}$

\textcolor[named]{CornflowerBlue}{平方根 $x=\sqrt{2}$}　⟹　平方根 $x = \sqrt{2}$

\textcolor[named]{BurntOrange}{平方根 $x=\sqrt{2}$}　⟹　平方根 $x = \sqrt{2}$

□【演習 51.17 】★★　上の入・出力例を確かめて下さい．

● 色ボックス 〈→p.106 (51.4)〉

`\colorbox[named]{BlueGreen}{平方根 $x=\sqrt{2}$}` ⟹ 平方根 $x=\sqrt{2}$

`\colorbox[named]{GreenYellow}{平方根 $x=\sqrt{2}$}` ⟹ 平方根 $x=\sqrt{2}$

`\colorbox[named]{Orange}{平方根 $x=\sqrt{2}$}` ⟹ 平方根 $x=\sqrt{2}$

□【演習 51.18 】★★　上の入・出力例を確かめて下さい．

● 色ボックスに色文字 〈→p.107 (51.5)〉

`\colorbox[named]{BlueGreen}{\textcolor[named]{Sepia}{\bfseries 平方根 $x=\sqrt{2}$}}`

⇓

平方根 $x=\sqrt{2}$

`\colorbox[named]{Salmon}{\textcolor[named]{Mulberry}{\bfseries 平方根 $x=\sqrt{2}$}}`

⇓

平方根 $x=\sqrt{2}$

`\colorbox[named]{Maroon}{\textcolor[named]{Yellow}{\bfseries 平方根 $x=\sqrt{2}$}}`

⇓

平方根 $x=\sqrt{2}$

□【演習 51.19 】★★　上の入・出力例を確かめて下さい．

● 色枠付きの色ボックス 〈→p.107 (51.6)〉

`\fcolorbox[named]{Orchid}{Apricot}{平方根 $x=\sqrt{2}$}` ⟹ 平方根 $x=\sqrt{2}$

`\fcolorbox[named]{Tan}{Cyan}{平方根 $x=\sqrt{2}$}` ⟹ 平方根 $x=\sqrt{2}$

`\fcolorbox[named]{Violet}{Salmon}{平方根 $x=\sqrt{2}$}` ⟹ 平方根 $x=\sqrt{2}$

□【演習 51.20 】★★　上の入・出力例を確かめて下さい．

52 ファイル名と参照ラベルの管理

52.1 ★★ 文書ファイル名と参照ラベルの付け方

■ ★★ 十数ページの論文や報告書を書く場合にはあまり問題とはなりませんが，200〜300ページにも及ぶ本などを書く際には，全体を章や節に分割して処理することが必要不可欠となります〈→p.14 (7)〉．本書も全体を60の文書ファイルに分割処理して作成しました．

■ ★★ その際，各文書ファイルの ファイル名 〈→p.5 (3.1)〉 とそこで使用する 参照ラベル 〈→p.94 (48)〉 を次のように定義しました《1つのやり方として検討されてみてはいかがでしょうか》．

□ 文書ファイルのファイル名は「000.TEX」から始まる一連番号で次のように定義する．

> 000.TEX, 001.TEX, 002.TEX, 003.TEX, ⋯

□ 文書ファイル，たとえば003.TEX内での参照ラベルは，そのファイル名に「000」から始まる一連番号を付けて次のように定義する．

> 003.000, 003.001, 003.002, 003.003, ⋯

■ ★★ ファイル名と参照ラベルに「数字を使うこと」及びその数字を「3桁にすること」の理由は次の3点にあります．

□ 短い文書ファイルの場合，通常，ファイル名と参照ラベルには何か意味を持たせた英・和文名で定義したりしますが，長文を分割処理する場合，それは往々にして煩雑となり，時間が経つうちに自身がそれに持たせた意味を思い出せなくなるということが生じます (これは，筆者が旧「LaTeX文典」を書き上げた後に実感したことです)．これは「意味を持たせる」という便利さがもたらす弊害と言えます．これに対しそれを数値化しておくと「管理が容易」になるという便利さが生まれてきます．

□ 1つの文章が100より多くのファイルに分割されることは十分に考えられるが，1000より多くのファイルに分割されることはまずありえない．よって文書ファイル名は3桁の数とする．

□ 1つの分割ファイルの中で100より多くの参照ラベルを定義することは十分に考えられるが，1000より多くの参照ラベルを定義することはまずありえない．よって参照ラベルは3桁の数とする．

53 エラー対策

53.1 筆者が直面したエラーとその対策

■ 入力ミスがあればコンパイルエラーとなるのは当然ですが，どう見ても入力ミスがないのにコンパイルエラーとなったり，コンパイルが途中で停止してしまうようなことがあります．実際，筆者はこれまでに次のような問題に直面し，それぞれの仕方でその問題を解決しました．

- bezier 曲線 ⟨→p.84 (43)⟩ において指定する点列数を大きく設定し過ぎたために生じたエラー (エラーメッセージは「Tex capacity exceeded, sorry ...」).

  【対策】指定点列数を小さくするとエラーは解消します．

- ある種のパッケージ間では ⟨→p.20 (10)⟩，同じ命令記号が別様に定義されているらしく衝突が起きることがあります．衝突を起こすパッケージの相関図などはないので，この種のエラーは始末に負えないところがあります．

  【対策】試行錯誤でいくつかのパッケージを削除してエラーが解消するか否かをチェックするより他に手はありません．

- 100 以上の分割ファイルを個々に分割処理 ⟨→p.14 (7)⟩ しているときにはすべてエラーなくコンパイルは成功したが，それらをすべて結合してコンパイルするとコンパイルが途中で停止した（エラーメッセージなし）．

  【対策】コンピュータのメモリーが 256MB の機種で起きたことがあり，これを倍のメモリーの機種で実行したところ無事コンパイルが完了しました．

- どう見ても間違っていないにもかかわらずコンパイルエラーとなってしまう場合もあります．そのような場合には以下のことを試みて下さい．
  - □ 全角の文字や空白が入力されていないことを確認すること．
  - □ エディターで修正したはずの文書ファイルを保存したはずなのに，何かの手違いで正しく保存されていないこともあります．保存の再確認をすること．
  - □ その文書ファイル (∼.TEX ファイル) に関連した他のすべてのファイル (∼.AUX，∼.IND など) を削除して再度コンパイルする．
  - □ それでもだめならコンピュータをリセットしてから再度コンパイルする．
  - □ エラー対策で万策尽きたら，「LaTeX 2_ε 不可解なり！」などと絶叫してコンピュータを蹴飛ばす前に冷たい水を頭からかぶるか一晩ふて寝することです．目覚めてみれば阿呆らしいほどに単純な入力ミスに気が付くこと多々です．

- 入力ミスの個所を見つける有力な方法とし，文書ファイルの所々に \end{document} ⟨→p.5 (3.2)⟩ を挿入してコンパイルを繰り返すという「挟みうち」の方法があります．千行もの長い文書ファイルでも高々10回程度のコンパイルでその個所に辿り着くはずです．エラー個所発見の強力な方法です．

53.2 エラー対策を詳述した文献

■ エラーの原因にはこれ以外にも様々なものがあります．エラー対策についてはほとんどすべての LaTeX 2_ε 関連図書にその記述がありますが，筆者は文献 [12, 今井] および [6, Lamport. p.152-168] をよく参照します．

54　本書で省いたトピックス

■　本書は入門書であり，LaTeX 2ε を使うための必要最小限のことのみを取り上げました．最後のこの節では，LaTeX 2ε 文典では詳説してあるが本書では省いたトピックスについて述べておきます．

- 【文典 p.34 】⇒ カウンタ
  章や節や数式などの番号はすべて「カウンタ」と呼ばれるものによって管理・制御されています．LaTeX 2ε を使いこなしていくためには必須の知識です．

- 【文典 p.42 】⇒ 条件分岐
  これはコンピュータ言語などにある「条件 if 文」と同じものです．マクロ命令の作成には非常に便利でかつ強力な道具となります．

- 【文典 p.61 】⇒ タイトル
  LaTeX 2ε には，論文などにおいて「タイトル」「著者名」「発表年月日」などの項目を入力するための特別の命令体系が用意されています．これらの項目の作成は LaTeX 2ε の既存の命令で十分に達成できるので，筆者はこれらの命令を使ったことはありません．

- 【文典 p.64 】⇒ アブストラクト
  LaTeX 2ε には，論文などにおいて「アブストラクト」を入力するための特別の命令が用意されています．これも LaTeX 2ε の既存の命令で容易に作成できるので筆者はこの命令を使ったことはありません．

- 【文典 p.69 】⇒ 手紙
  LaTeX 2ε には欧文手紙を書く特別の命令体系が用意されています（和文手紙に使えないこともありませんがあまりお勧めできません）．非常に便利ですので一度試してみる価値は十分にあります．

- 【文典 p.71 】⇒ 詩
  LaTeX 2ε の作成者 Lamport は詩人か，詩に大変な関心をお持ちの方かもしれません．LaTeX 2ε がかくも美しいのはそのためかもしれません．詩を嗜まれる方は一度試されるのも一興かと思います．

- 【文典 p.86 】⇒ 文字の縮小・拡大・反転
  これは使いようによっては大変便利な機能です．たとえば，Sum 型記号（→p.68 (35)）には 2 種類のサイズしか用意されていませんが，この機能を使うと $\Sigma \Sigma \sum \sum \sum$ のように任意のサイズに拡大・縮小することが可能となります．

- 【文典 p.89 】⇒ 回転
  これも使いようによっては大変便利な機能です．たとえば，グラフの縦軸の説明文を 90° 回転させ軸と平行に出力させることが可能となります．p.43 における 2 番目の表において書体の名称を傾けさせるためにこの機能を使いました．

- 【文典 p.91 】⇒ フォント
  本書で述べてある書体以外の様々な書体も出力させることができます．それらの書体を使用すると更に美しい組版が可能となります．

- 【文典 p.114】⇒ Mod 関数
  これは数学の特殊な分野で使われる関数です．LaTeX 2ε にはこの関数を出力させる命令が用意されています．乱数発生についての教科書や論文を書く際には便利な命令となります．

- □ 【文典 p.123】⇒ 上下・四隅置き

  「$x^2 \stackrel{x=2}{=} 4$」「$\underset{n>1}{\overset{N}{A}}$」「$\underset{a}{\overset{b}{\sum}}\underset{c}{\overset{d}{}}$」のように，ある文字や記号を，他の文字や記号の上下・四隅のどこかあるいは全部に配置することもできます．

- □ 【文典 p.126】⇒ ルビ

  ここでは，ある文字に振り仮名を振る命令が述べられています．これは日本語特有の命令です．

- □ 【文典 p.161】⇒ グラフと座標軸

  ここでは，グラフ用紙，座標軸，及び両軸における目盛りと数値を自動的に出力する命令が述べられています．

- □ 【文典 p.164】⇒ 可換図式

  ここでは，下のような可換図式を容易に書く方法が述べられています．

  $$\begin{array}{ccccccccc} & \longleftarrow & A & \longrightarrow & B & \xrightarrow{i} & C & \xrightarrow[j]{} & D & \xleftarrow[j]{i} & E \\ & & & & \downarrow{\scriptstyle a} & & \downarrow{\scriptstyle b} & & {\scriptstyle a}\uparrow\downarrow{\scriptstyle b} & & \parallel \\ & & & & F & =\!=\!= & G & & H & =\!=\!= & I & & J & \longrightarrow \end{array}$$

- □ 【文典 p.170】⇒ 長さの単位と距離変数

  LaTeX 2ε には様々な「長さの単位」と「距離変数」が定義されており，また「新しい距離変数」を自分で定義することもできます．これらの距離変数を使うと様々なことが可能となります．

- □ 【文典 p.185】⇒ ファシー・スロッピー行末揃え

  行末を揃えるか，あるいはある程度の不揃いは許すかの選択が可能です．

- □ 【文典 p.186】⇒ ハイフネーション

  欧文の記述においては，行末を揃える上でハイフネーションは必須の要件となります．LaTeX 2ε のハイフネーション機能は非常に優れていると言われていますが，それでも完全ではありません．ここではハイフネーションを自分で操作する方法が述べられています．

- □ 【文典 p.237】⇒ 箇条書（list 環境）

  本書で述べられている 3 つの箇条書の命令（→p.76 (41)）はその機能がかなり限定されています．ここでは，箇条書のデザインを自由に設定できる命令体系が述べられています．

- □ 【文典 p.288】⇒ 索引

  欧米に比べ，和書は全般に索引が貧弱だと言われています．特にマニュアル類にとって索引はその生命線ともいえます．ここではこの索引を作成する命令と用法が述べられています．

- □ 【文典 p.306】⇒ 擬似タイプ入力

  ときには旧式のタイプライタで打ったのと同じ字体で出力したいという場合もあります（字幅が均一なタイプライタ体が記述にとって有効なこともあります）．

- □ 【文典 p.310】⇒ 画面からの入力・画面への出力

  ディスプレイの画面に入力すべきテキストの指示を出力させ，その指示に従ってキーボードからそのテキストを入力することもできます．同一文面の手紙を複数の人に出す時には便利な機能と言えます．

- □ 【文典 p.312】⇒ 四則演算

  LaTeX 2ε には，カウンタや距離変数に対して加減乗除を行う機能が備わっています．この機能を使うと様々なことが可能となります．ちなみに，自著「LaTeX 2ε 文典」における「栞」はこの機能を使って自動的に出力させました．

55　更なる知識習得へ向けての指針

◆

　本書最後のこの節では，更なる知識習得へ向けての指針を示しておきます．本書をスタートラインとし，巻末の参考文献などを漁り，更なる知識を習得されんことを祈るばかりです．

■ 初・中・上級【演習】を終えた読者へ

　本書にあるすべての演習を終えるころには LaTeX 2_ε の何たるかを体得でき，その高い敷居を乗り越え，LaTeX 2_ε の更なる知識習得へ向けてのスタートラインに立つことになるでしょう．その手始めに，本書各節の最後の小節★★★ にある「更なる上級への指針」へとお進み下さい．

■ これまでに得た知識を確かなものにしたい読者へ

□　本書は「こう入力するとこう出力される」という入・出力対比例を通して，その理屈はともかく，LaTeX 2_ε の感触を掴んでもらうことを旨として書かれています．しかしながら，LaTeX 2_ε のスキルを更に高めようという場合には，その感触だけでは不十分です．そのためには，これまで自ら習得した知識を再確認し組織化することが是非必要となります．そのためにまずなすべきことは 1 つ：それは LaTeX 2_ε の開発者が著した [6, Lamport] に目を通すことです．これによって，これまでに習得した LaTeX 2_ε の知識の組織化が図れるはずです．

□　本入門書を理解した程度では Lamport のこの書を読みこなすのは，実はかなり骨の折れることです．この書は [11, 伊藤] と併読することをお勧めします《筆者が 10 年ほど前に LaTeX の敷居を乗り越えることができたのもひとえに伊藤によるこの書（の旧版）のおかげでした》．

□　この書に加え，[5, 阿瀬] と [46, 野寺] の書もお勧めできます．

■ 更に高度な知識を得んとする読者へ

□　更に高度な知識を得んとする読者には [20, 奥村] と [50, 藤田] の 2 書をお勧めします．

□　そして最後に，LaTeX 2_ε の基礎をなしている TeX を，その遺伝子の DNA にまで遡及して解説している TeX のバイブルとでも言うべき [28, Knuth] お勧めします．

■ その他の関連図書

以上，筆者が時折あるいは頻繁に目を通す図書を挙げましたが，これ以外にも，巻末に挙げたような関連図書が多々あります．必要に応じて参考にされるとよいでしょう．

56　LaTeX 2_ε 関連情報の所在

56.1　CTAN（Comprehensive TeX Archive Network）

■　LaTeX 2_ε に関連する様々な情報はインターネットを通して色々なサイトから入手することができます《文献 [4](p.571-578), [20](p.349-350), [23](p.542-543) を参照》．

■　とくに CTAN（Comprehensive TeX Archive Network）と呼ばれる Archives（原義: 公文書保管所）には，TeX および LaTeX 2_ε に関する情報が包括的に収録されています．インターネット上で「CTAN」で検索するとそこに行き着くはずです．是非一度開いてみることをお勧めします．

■　その他，下に示すような様々なサイトがあります．

　　　　　　　　1：イギリス　　　　ftp://ftp.tex.ac.uk/tex-archive
　　　　　　　　2：ドイツ　　　　　ftp://ftp.dante.de/tex-archive
　　　　　　　　3：会津大学　　　　ftp://ftp.u-aizu.ac.jp/pub/tex/CTAN
　　　　　　　　4：大阪大学　　　　ftp://ftp.center.osaka-u.ac.jp/CTAN
　　　　　　　　5：理化学研究所　　ftp://ftp.riken.go.jp/pub/tex-archive

■　インターネット上で「TeX」「LaTeX」「LaTeXe」などで検索すると，実に様々な関連情報に接することができます．ときには意外な情報にめぐり合います．

56.2　TeX ユーザーズ・グループ

■　米国にある TeX Users Group の会員になると「CD-ROM 版 TeX パッケージ」が送られてきます．その中には数え切れないほどの様々な垂涎のパッケージが収録されています．

■　これまでに筆者に送付されてきた CD-ROM は次の 2 点です（英文は盤面の印刷内容です）．

- TeX Live 7（2 枚）
  > ○ Macros, fonts, documentation to the TeX Directory Structure standard.
  > ○ 1/2: Ready-to-run TeX system for Intel x86 with GNU/Linux, Mac OS X, and Win32 Systems, based on Web2c 7.3.7x.
  > ○ 2/2: Ready-to-run TeX system for Compaq Alpha Linux, Compaq Alpha OSF 4.d, IBM RS 6000 AIX 4.2*, Sun Sparc Solaris 2.7, based on Web2c 7.3.7x.

- TeX-Software（4 枚）
  > ○ 1/4: biblio digests graphics help indexing info language macros
  > ○ 2/4: fonts nonfree tds usergrps web
  > ○ 3/4: dviware support systems tools systems/mac→CD4 systems/vtex→CD4 systems/win32→CD4
  > ○ 4/4: systems/mac systems/vtex systems/win32

■　入会は「CTAN」上にある申し込み用紙に所定事項をインプットするだけでできます．1, 2 週間後にはこの CD-ROM があなたの郵便受けに入っているはずです《次のページに Fax による申し込み用紙を載せておきます．これは CTAN からダウンロードしたものです》．

TEX Users Group 入会の申し込み用紙

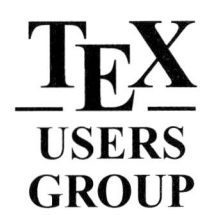

2003 TUG Membership Form

Rates for TUG membership and TUGboat subscription are listed below. Please check the appropriate boxes and mail payment (in US dollars, drawn on an United States bank) along with a copy of this form. If paying by credit card, you may fax the completed form to the number at left.

- 2003 TUGboat (Volume 24).
- 2003 CD-ROMs include TEX Live 8 (2 disks) and Dante's CTAN 2003 (4 disk set).
- *Multi-year orders:* You may use this year's rate to pay for more than one year of membership.
- Orders received after 31 May, 2003: please add $10 to cover the additional expense of shipping back issues of TUGboat and CD-ROMs.

	Rate	Amount
Annual membership for 2003 (TUGboat, CD-ROMs) ☐	$65	_____
Student/Senior membership for 2003 (TUGboat, CD-ROMs)* ☐	$35	_____
Shipping charge (add to the above if after 31 May, 2003) ☐	$10	_____
Subscription for 2003 (TUGboat, CD-ROMs) (non-voting) ☐	$85	_____
Institutional Membership for 2003 (TUGboat, CD-ROMs) (includes up to seven members) ☐	$500	_____
Materials for 2002**		
TUGboat Volume 23 ☐	$45	_____
TEX Live 7 CD-ROM ☐	$5	_____
2002 CTAN CD-ROMs ☐	$10	_____
Voluntary donations		
General TUG contribution ☐		_____
Contribution to Bursary Fund† ☐		_____
Contribution to TEX Development Fund‡ ☐		_____
	Total $	_____

Payment (check one) ☐ Payment enclosed   ☐ Charge Visa/Mastercard/AmEx

Account Number: _____

Exp. date: _____ Signature: _____

* Please attach photocopy of (if student) 2003 student ID or (if senior) ID showing age 65 years or older.
† The Bursary Fund provides financial assistance for attendance at the TUG Annual Meeting.
‡ The TEX Development Fund provides financial assistance for technical projects.
** If you were not a TUG member in 2002 and wish to receive TEX Live and CTAN CDs right away, these items are available with the purchase of a current 2003 membership.

TEX USERS GROUP

Promoting the use of TEX throughout the world

mailing address:
P.O. Box 2311
Portland, OR 97208–2311 USA

shipping address:
1466 NW Naito Parkway,
Suite 3141
Portland, OR 97209–2820 USA

phone: +1–503–223–9994
fax: +1–503–223–3960
email: office@tug.org
web: www.tug.org

President: Mimi Jett
Vice-President: Arthur Ogawa
Treasurer: Donald W. DeLand
Secretary: Susan DeMeritt

Information for TUG membership list

TUG uses the information you provide to mail you products, publications, notices, and (for voting members) official ballots, or in a printed or electronic membership list, available to TUG members only.

Note: TUG neither sells its membership list nor provides it to anyone outside of its own membership.

Allowing TUG to send you notices electronically will generally ensure that you receive them much earlier than the notice in printed form. However, if you would rather not receive TUG notices via electronic mail, please check the appropriate box.

Do not send me TUG notices via email ☐ .

TUG plans to prepare a printed or electronic membership list, available to TUG members only. If you would like a listing in such a publication, please check the appropriate box.

Please do include my information in a published members-only TUG directory ☐ .

Name: _____
Department: _____
Institution: _____
Address: _____
_____
_____

Phone: _____ **Fax:** _____
Email address: _____
Position: _____ **Affiliation:** _____

参考文献

[1] 青山耕治, 霜山滋, 仲道嘉夫：「LATEX 2_ε パワーガイド」, 秀和システム, 1998.

[2] アスキー出版技術部責任編集：「日本語 TEX テクニカルブック I」, アスキー, 1990.

[3] アスキー書籍出版部編：「明解 LATEX リファレンス」, アスキー, 1995.

[4] アスキー出版編集部訳：「The LATEX コンパニオン」, アスキー, 1998, 「M. Goossens, F. Mittelbach, A. Samarin: The LATEX Companion, Addison–Wesley, 1994」.

[5] 阿瀬はる美：「てくてく TEX (上・下)」, アスキー, 1994.

[6] 阿瀬はる美訳：「文書処理システム LATEX 2_ε」, ピアソン・エデュケーション, 1999, 「L. Lamport: LATEX: A Document Preparatoin System, 2nd edition, Addison–Wesley, 1994」.

[7] 天野豊久, 中川画太, 山中恵実, 吉江修：「LATEX, HTML, グラフィックス電子ドキュメント入門」, 培風館, 1996.

[8] 暗黒団編集部：「pLATEX 初級リファレンス」, 暗黒通信団, 2000.

[9] 生田誠三：「LATEX 2_ε 文典」, 朝倉書店, 2000.

[10] 磯崎秀樹：「LATEX 自由自在」, サイエンス社, 1992.

[11] 伊藤和人：「LATEX 2_ε トータルガイド」, 秀和システム, 2000.

[12] 今井豊：「LATEX エラーマニュアル」, カットシステム, 1994.

[13] 臼田昭司, 深田三夫：「日本語 TEX 逆引きリファレンス」, セレンディップ, 2001.

[14] 海上忍, 黒川弘章：「LATEX 実践活用ガイド」, 技術評論社, 2000.

[15] 海野太孝：「LATEX トータルリファレンス」, 秀和システム, 1994.

[16] 大野義夫編：「TEX 入門」, 共立出版, 1989.

[17] 大野義夫監修：「TEX マニュアル–入門編–」, 紀伊国屋書店, 1989.

[18] 大野義夫監修, 嶋田隆司著：「LATEX スーパー活用術」, オーム社, 1995.

[19] 奥村晴彦監修, 今井康之, 刀祢宏三郎, 美吉明浩著：「LATEX スタイル・マクロ ポケットリファレンス」, 技術評論社, 1997.

[20] 奥村晴彦：「LATEX 2_ε 美文書作成入門（改訂版）」, 技術評論社, 2000.

[21] 小国力：「LATEX の基礎」, サイエンス社, 1998.

[22] 乙部厳己：「pLATEX 2_ε for Windows: Another Manual, Vol. 0 (Upgrade Kit)」, ソフトバンク パブリッシング, 1998.

[23] 乙部厳己, 江口庄英：pLATEX 2_ε for Windows: Another Manual, Vol. 1 (Basic Kit 1999)」, ソフトバンク パブリッシング, 2002, （Windows XP 使用の読者は, 2002 年 3 月 29 日発行の第 11 刷以降の版に添付の CD-ROM を入手すること）.

[24] 乙部厳己, 江口庄英：「pLATEX 2_ε for Windows: Another Manual, Vol. 2 (Extended Kit)」, ソフトバンク パブリッシング, 1997.

[25] 神代英俊, 長島秀行：「TEX の基礎」, ソフトバンク パブリッシング, 2002.

[26] 小浪吉史：「pLATEX 2_ε for Linux」, テクノプレス, 1999.

[27] 小林道正, 小林研：「LATEX で数学を」, 朝倉書店, 1997.

[28] 斎藤信男監修, 鷲谷好輝訳：「改訂新版 TEX ブック」, アスキー, 1992, 「D.E. Knuth: The TEX book, Addison–Wesley, 1984」.

[29] 鷲谷好輝：「日本語 LATEX 定番スタイル集 No.1」, インプレス, 1993.

[30] 鷲谷好輝, 阿瀬はる美監修, 山内厚子, 河原林美子訳：「LATEX コンサイスブック」, プレンティスホール, 1994, 「A. Johnstone: LATEX Concisely, Ellis Horwood Limited, 1992」.

[31] 鷲谷好輝訳：「METAFONT ブック」, アスキー, 1994.

[32] 鷲谷好輝：「日本語 LATEX 定番スタイル集 No.2」, インプレス, 1994.

[33] 鷲谷好輝：「日本語 LATEX 定番スタイル集 No.3」, インプレス, 1994.

[34] 鷲谷好輝, 阿瀬はる美監修, 河原林美子, 内山厚子訳：「LATEX 実用ハンドブック」, プレンティスホール, 1995, 「J.K. Shultis: LATEX Notes：Practical Tips for Preparing Technical Documents, Prentice Hall, 1994」.

[35] 鷲谷好輝訳：「LATEX グラフィックス コンパニオン」, アスキー, 2000, 「M. Goossens, S. Rahtz, F. Mittelbach: The LATEX Graphics Companion, Addison–Wesley, 1997」.

[36] 鷲谷好輝訳：「LATEX Web コンパニオン」, アスキー, 2001, 「M. Goossens, S. Rahtz: The LATEX Web Companion, Addison-Wesley, 1999」.

[37] 嶋田隆司：「LaTeX 2ε 数式環境」, シーエム・シイ, 2001.
[38] 嶋田隆司：「LaTeX 2ε アドバンスドガイド」, ディー・アート, 2002.
[39] すずきひろのぶ：「やさしい LaTeX のはじめかた」, オーム社, 1991.
[40] 土屋勝：「TeX 活用ハンドブック」, ナツメ社, 1995.
[41] 土屋勝：「やさしい TeX 入門」, カットシステム, 2002.
[42] 富樫秀昭訳：「TeX by Topic：TeX をより深く知るための 39 章」, アスキー, 1999,「V. Eijkhout: TeX by Topic A TeXnician's Reference, Addison-Wesley, 1992」.
[43] 中野賢：「日本語 LaTeX 2ε ブック」, アスキー, 1996.
[44] 中山隆：「よーくわかる TeX」, 技術評論社, 1997.
[45] 野寺隆志：「もっと³ $\mathcal{AMS}$–TeX」, 共立出版, 1993.
[46] 野寺隆志：「第 2 版 楽々LaTeX」, 共立出版, 1995.
[47] 引地信之, 引地美恵子訳：「逆引き LaTeX」, マグロウヒル, 1992,「D.J. Buerger: LaTeX for Scientists and Engineers, McGraw-Hill, 1990」.
[48] 藤田眞作：「化学者・生化学者のための LaTeX」, 東京化学同人, 1993.
[49] 藤田眞作：「LaTeX マクロの八衢」, アジソン・ウェスレイ, 1995.
[50] 藤田眞作：「LaTeX 2ε 階梯」, アジソン・ウェスレイ, 1996.
[51] 藤田眞作：「LaTeX 本づくりの八衢」, アジソン・ウェスレイ, 1996.
[52] 藤田眞作：「X$^\Upsilon$MTeX: Typesetting Chemical Structural Formulas」, アジソン・ウェスレイ, 1997.
[53] 藤田眞作：「続 LaTeX 2ε 階梯・縦組編」, アジソン・ウェスレイ, 1998.
[54] 藤田眞作：「pLaTeX 2ε 入門・縦横文書術」, ピアソン・エデュケーション, 2000.
[55] 藤田眞作：「LaTeX 2ε コマンドブック」, ソフトバンク パブリッシング, 2003.
[56] ページ・エンタープライゼズ株式会社：「LaTeX 2ε マクロ&クラス—プログラミング基礎解説—」, 技術評論社, 2002.
[57] 平松惇, 松島康, 山川純次：「例題で学ぶ LaTeX」, 培風館, 1995.
[58] 宮原玄：「実例による LaTeX 入門」, 森北出版, 1997.
[59] 横尾英俊：「LaTeX ユーザのためのレポート・論文作成入門」, 共立出版, 2002.
[60] 渡辺了介訳：「明解 TeX」, アジソン・ウェスレイ, 1997,「P. Abrahams, K.A. Hargreaves, K. Berry: TeX for the impatient, Addison-Wesley, 1990」.

索引

- ■ パッケージ 122
- ■ 記号：「\」付き 122
- ■ 記号：「\」なし 122
- ■ 命令：「\」付き 122
- ■ 命令：「\」なし 128
- ■ 命令：「@」付き 129
- ■ 事項 129
- ■ 機能別 132
- ■ その他 136
- ■ 色の種類 136

□ パッケージ名 は使用パッケージ
□ 筆マ は筆者が作ったマクロ命令
□ (文) は「文書モード」の略
□ (数) は「数式モード」の略
□ (文・数) は「文書モードと数式モード」の略

小節 (項) で現れる索引用語に対する索引の宣言をその小節の頭で行っている所もあります．従って，実際にその索引用語があるページ番号と索引で示されるその索引用語のページ番号の間に 1 ページの飛びが生ずることもあります．そのような飛びのありそうな索引用語については，その小節全体を見て該当する索引項目を探して下さい．

パッケージ

A

- amsfonts ⇒ 特殊記号 47, 49, 52, 53, 57
- amssymb ⇒ 特殊記号 47, 49, 52, 53, 57

B

- bezier ⇒ ベジェー曲線 84

L

- latexsym ⇒ 特殊記号 47, 49, 52, 53, 57

記号：「\」付き

- \'{a} ⇒ á（文）.. 57
- \.{a} ⇒ ȧ（文）.. 57
- \={a} ⇒ ā（文）.. 57
- \␣ ⇒ 単語間スペース 16, 32
- \"{a} ⇒ ä（文）.. 57
- \# ⇒ #（文）.. 45
- \$ ⇒ $（文）.. 45
- \% ⇒ %（文）... 45
- \& ⇒ &（文）... 45
- \@ ⇒ 文間スペース 32
- \\ ⇒ 文中改行 30
- \^{a} ⇒ â（文）.. 57
- _ ⇒ _（文）.. 45
- \{ ⇒ {（文・数）.................................. 45, 53
- \} ⇒ }（文・数）.................................. 45, 53
- \~{a} ⇒ ã（文）.. 57
- \`{a} ⇒ à（文）.. 57
- \| ⇒ ‖ 47
- \| ⇒ ‖（数）... 53
- \\[ ] ⇒ 文中改行 (改行の追加幅を指定) 30

記号：「\」なし

- ! ⇒ !（文・数）...................................... 45
- ' ⇒ ′（数）.. 45
- ' ⇒ '（文）.. 45
- (⇒ (（文・数）.................................. 45, 53
-) ⇒)（文・数）.................................. 45, 53
- * ⇒ *（文・数）...................................... 45
- + ⇒ +（文・数）...................................... 45
- , ⇒ ,（文・数）...................................... 45
- --- ⇒ —：文の区切り（文）........................ 56
- -- ⇒ –：数字の範囲（文）........................ 56
- - ⇒ −（数）.. 45
- - ⇒ -：単語間の区切りとハイフン（文）....... 56
- - ⇒ -（文）.. 45
- . ⇒ .（文・数）...................................... 45
- / ⇒ /（文・数）...................................... 45
- : ⇒ :（文・数）...................................... 45
- ; ⇒ ;（文・数）...................................... 45
- < ⇒ <（数）.. 45
- < ⇒ ¡（文）.. 45
- = ⇒ =（文・数）...................................... 45
- > ⇒ >（数）.. 45
- > ⇒ ¿（文）.. 45
- ? ⇒ ?（文・数）...................................... 45
- @ ⇒ @（文）.. 45
- [⇒ [（文・数）.................................. 45, 53
- !` ⇒ ¡ 47
- #n ⇒ マクロ命令の引数 (#1, #2, ..., #9) 45
- $$~$$ ⇒ 1 行の段落数式（自動数式番号なし）...... 66
- $~$ ⇒ 文中数式 45, 65
- % ⇒ エディタ上のリターンキーによる改行個所や入力に注を付けるときに使用 45
- & ⇒ 表の要素と要素の間に置く 45, 61
- ?` ⇒ ¿ 47
- \ ⇒ バックスラッシュ：命令の先頭に付ける（¥ キーで入力）................................. 45
- ^ ⇒ 上付き添字：x^2 → x^2 .... 45, 70
- _ ⇒ 下付き添字：x_2 → x_2 .... 45, 70
- ~ ⇒ 改行不可スペース 33, 45
-] ⇒]（文・数）.................................. 45, 53
- ` ⇒ `（文・数）...................................... 45
- b ⇒ 図表の出力位置 bottom（位置パラメータ）...... 87
- b ⇒ 表の下部合わせ（位置パラメータ）........... 62
- c ⇒ 表の中心合わせ（位置パラメータ）........... 62
- c ⇒ 表の要素を中寄せにする（位置パラメータ）... 61
- h ⇒ 図表の出力位置 here（位置パラメータ）...... 87
- l ⇒ 表の要素を左寄せにする（位置パラメータ）... 61
- p ⇒ 図表の出力位置 page（位置パラメータ）...... 87
- r ⇒ 表の要素を右寄せにする（位置パラメータ）... 61
- t ⇒ 図表の出力位置 top（位置パラメータ）....... 87
- t ⇒ 表の上部合わせ（位置パラメータ）........... 62
- | ⇒ |（数）.. 45, 53
- | ⇒ —（文）....................................... 45, 53

命令：「\」付き

A

\AA ⇒ Å（文）..47
\aa ⇒ å（文）..47
\acute{a} ⇒ á（数）.....................................57
\acute{\imath} ⇒ í（数）................................57
\acute{\jmath} ⇒ j́（数）................................57
\AE ⇒ Æ（文）...47
\ae ⇒ æ（文）...47
\aleph ⇒ ℵ（数）..47
\Alph ⇒ A, B, C, · · ·（ページ番号用の種類）.........12
\alph ⇒ a, b, c, · · ·（ページ番号用の種類）.........12
\alpha ⇒ α（数）...39
\amalg ⇒ ⨿（数）.......................................49
\angle ⇒ ∠（数）..47
\appendix ⇒ 付録作成の宣言...........................23
\approx ⇒ ≈（数）......................................51
\approxeq ⇒ ≊（amssymb）（数）....................51
\arabic ⇒ 1, 2, 3, · · ·（ページ番号の種類）..........12
\arccos ⇒ arccos（Log 型記号）.......................69
\arcsin ⇒ arcsin（Log 型記号）.......................69
\arctan ⇒ arctan（Log 型記号）.......................69
\arg ⇒ arg（Log 型記号）.............................69
\ast ⇒ ∗（数）...49
\asymp ⇒ ≍（数）......................................51

B

\b{a} ⇒ a̱（文）..57
\backepsilon ⇒ ϶（amssymb）（数）...................51
\backprime ⇒ ‵（数）...................................47
\backsim ⇒ ∽（amssymb）（数）.....................51
\backsimeq ⇒ ⋍（amssymb）（数）..................51
\backslash ⇒ \（数）....................................53
\backslash ⇒ \（数）....................................47
\bar{a} ⇒ ā（数）..57
\bar{\imath} ⇒ ī（数）..................................57
\bar{\jmath} ⇒ j̄（数）..................................57
\barwedge ⇒ ⊼（数）...................................49
\baselineskip ⇒ 改行幅（ある行のテキストと次の行の
　　　テキストの基準線までのスペース）...........30
\Bbbk ⇒ 𝕜（数）...47
\because ⇒ ∵（amssymb）（数）......................51
\begin ⇒ 環境命令の始まり............................15
\beta ⇒ β（数）..39
\between ⇒ ≬（amssymb）（数）.....................51
\bezier ⇒ ベジェー曲線（bezier）....................84
\qbezier ⇒ ベジェー曲線（bezier）...................84
\bfseries ⇒ **02abAB**（ボールド体：宣言型）......41
\bibitem ⇒ 文献の引用キーを宣言する命令.........98
\bibliography ⇒ 使用する文献データベースファイル
　　　の指定..101
\bibliographystyle ⇒ 参考文献リストへの文献の出力
　　　のスタイルの指定...............................101
\Big ⇒ x \Big | y → x│y（拡大命令 I）.............53
\big ⇒ x \big | y → x│y（拡大命令 I）.............53
\bigcap ⇒ ⋂（Sum 型記号）..........................68
\bigcirc ⇒ ◯（数）.....................................49
\bigcup ⇒ ⋃（Sum 型記号）..........................68
\Bigg ⇒ x \Bigg | y → x│y（拡大命令 I）..........53
\bigg ⇒ x \bigg | y → x│y（拡大命令 I）..........53
\Biggl ⇒ \Biggl(→ (（拡大命令 II）.................54
\biggl ⇒ \biggl(→ (（拡大命令 II）.................54
\Biggm ⇒ x \Biggm | y → x│y（拡大命令 II）....54
\biggm ⇒ x \biggm | y → x│y（拡大命令 II）....54
\Biggr ⇒ \Biggr) →)（拡大命令 II）................54

\biggr ⇒ \biggr) →)（拡大命令 II）................54
\Bigl ⇒ \Bigl(→ (（拡大命令 II）...................54
\bigl ⇒ \bigl(→ (（拡大命令 II）...................54
\Bigm ⇒ x \Bigm | y → x│y（拡大命令 II）......54
\bigm ⇒ x \bigm | y → x│y（拡大命令 II）......54
\bigodot ⇒ ⨀（Sum 型記号）........................68
\bigoplus ⇒ ⨁（Sum 型記号）.......................68
\bigotimes ⇒ ⨂（Sum 型記号）.....................68
\Bigr ⇒ \Bigr) →)（拡大命令 II）...................54
\bigr ⇒ \bigr) →)（拡大命令 II）...................54
\bigsqcup ⇒ ⨆（Sum 型記号）......................68
\bigstar ⇒ ★（数）......................................47
\bigtriangledown ⇒ ▽（数）.........................49
\bigtriangleup ⇒ △（数）............................49
\biguplus ⇒ ⨄（Sum 型記号）......................68
\bigvee ⇒ ⋁（Sum 型記号）.........................68
\bigwedge ⇒ ⋀（Sum 型記号）.....................68
\blacklozenge ⇒ ♦（数）..............................47
\blacksquare ⇒ ■（数）...............................47
\blacktriangle ⇒ ▲（数）.............................47
\blacktriangledown ⇒ ▼（数）......................47
\blacktriangleleft ⇒ ◀（amssymb）（数）.........51
\blacktriangleright ⇒ ▶（amssymb）（数）.......51
\bot ⇒ ⊥（数）...47
\bowtie ⇒ ⋈（数）....................................51
\Box ⇒ □（数）..47
\boxdot ⇒ ⊡（数）....................................49
\boxminus ⇒ ⊟（数）................................49
\boxplus ⇒ ⊞（数）...................................49
\boxtimes ⇒ ⊠（数）.................................49
\breve{a} ⇒ ă（数）...................................57
\breve{\imath} ⇒ ĭ（数）.............................57
\breve{\jmath} ⇒ j̆（数）.............................57
\bullet ⇒ •（数）.......................................49
\Bumpeq ⇒ ≎（amssymb）（数）...................51
\bumpeq ⇒ ≏（amssymb）（数）...................51

C

\c{a} ⇒ ą（文）...57
\Cap ⇒ ⋒（数）..49
\cap ⇒ ∩（数）...49
\caption ⇒ 図表の標題（figure 環境と table 環境）..86
\cdot ⇒ ·（数）................................... 49, 56
\cdots ⇒ · · ·（数）....................................56
\centerdot ⇒ ⋅（数）................................49
\centerline ⇒ 1 行のテキストの中寄せ..............34
\chapter ⇒ 章..21
\check{a} ⇒ ǎ（数）..................................57
\check{\imath} ⇒ ǐ（数）............................57
\check{\jmath} ⇒ ǰ（数）............................57
\chi ⇒ χ（数）...39
\choose ⇒ 二項係数：m \choose n → $\binom{m}{n}$..72
\circ ⇒ ∘（数）...49
\circeq ⇒ ≗（amssymb）（数）.....................51
\circle ⇒ 円：picture 環境............................82
\circle* ⇒ 塗りつぶしの円............................82
\circlearrowleft ⇒ ↺（amssymb）（数）...........52
\circlearrowright ⇒ ↻（amssymb）（数）..........52
\circledast ⇒ ⊛（数）.................................49
\circledcirc ⇒ ⊚（数）................................49
\circleddash ⇒ ⊖（数）...............................49
\circledS ⇒ Ⓢ（数）...................................47
\cite ⇒ 文献の引用（参考文献リストの作成）.....100
\cite ⇒ 文献の引用：参考文献リスト..................98
\clearpage ⇒ 改ページ.................................31
\cline ⇒ 表に横罫線を部分的に引く.................62
\clubsuit ⇒ ♣（数）....................................47
\color ⇒ 色の指定.....................................105
\colorbox ⇒ 色ボックス：宝石箱　宝石箱...........106

\columnsep ⇒ 2段組における左右の段間の距離
　　（ページのレイアウトパラメータ）............ 7
\columnseprule ⇒ 2段組における左右の段間に引く罫
　　線の幅（ページのレイアウトパラメータ）.... 7
\complement ⇒ ∁ (数) 47
\cong ⇒ ≅ (数) 51
\coprod ⇒ ∐ (Sum 型記号) 68
\copyright ⇒ © (数) 48
\cos ⇒ cos (Log 型記号) 69
\cosh ⇒ cosh (Log 型記号) 69
\cot ⇒ cot (Log 型記号) 69
\coth ⇒ coth (Log 型記号) 69
\csc ⇒ csc (Log 型記号) 69
\Cup ⇒ ⋓ (数) 49
\cup ⇒ ∪ (数) 49
\curlyeqprec ⇒ ⋞ amssymb (数) 51
\curlyeqsucc ⇒ ⋟ amssymb (数) 51
\curlyvee ⇒ ⋎ (数) 49
\curlywedge ⇒ ⋏ (数) 49
\curvearrowleft ⇒ ↶ amssymb (数) 52
\curvearrowright ⇒ ↷ amssymb (数) 52

D

\d{a} ⇒ ạ (文) 57
\dag ⇒ † (数) 48
\dagger ⇒ † (数) 49
\dagger ⇒ † (数) 47
\dashleftarrow ⇒ ⇠ amssymb (数) 52
\dashrightarrow ⇒ ⇢ amssymb (数) 52
\dashv ⇒ ⊣ (数) 51
\ddag ⇒ ‡ (数) 48
\ddagger ⇒ ‡ (数) 49
\ddagger ⇒ ‡ (数) 47
\ddddot{a} ⇒ ⃜a (数) 57
\dddot{\imath} ⇒ ⃛ı (数) 57
\dddot{\jmath} ⇒ ⃛ȷ (数) 57
\ddot{a} ⇒ ä (数) 57
\ddot{\imath} ⇒ ï (数) 57
\ddot{\jmath} ⇒ ̈ȷ (数) 57
\ddots ⇒ ⋱ (数) 56
\definecolor ⇒ 色の定義 108
\deg ⇒ deg (Log 型記号) 69
\Delta ⇒ Δ (数) 39
\delta ⇒ δ (数) 39
\det ⇒ det (Log 型記号) 69
\diagdown ⇒ ╲ (数) 47
\diagup ⇒ ╱ (数) 47
\diamond ⇒ ⋄ (数) 49
\Diamond ⇒ ◇ (数) 47
\diamondsuit ⇒ ♢ (数) 47
\dim ⇒ dim (Log 型記号) 69
\displaystyle ⇒ D–スタイルの宣言 67
\div ⇒ ÷ (数) 49
\divideontimes ⇒ ⋇ (数) 49
\documentclass ⇒ 文書クラスを指定 5, 6
\dot{a} ⇒ ȧ (数) 57
\doteq ⇒ ≐ (数) 51
\doteqdot ⇒ ≑ amssymb (数) 51
\dot{\imath} ⇒ i (数) 57
\dot{\jmath} ⇒ j (数) 57
\dotplus ⇒ ∔ (数) 49
\doublebarwedge ⇒ ⩞ (数) 49
\doublerulesep ⇒ 表の行間隔の調整 62
\downdownarrows ⇒ ⇊ amssymb (数) 52
\downharpoonleft ⇒ ⇃ amssymb (数) 52
\downharpoonright ⇒ ⇂ amssymb (数) 52

E

\ell ⇒ ℓ (数) 47
\emptyset ⇒ ∅ (数) 47
\end ⇒ 環境命令の終わり 15
\epsilon ⇒ ε (数) 39
\eqcirc ⇒ ≗ amssymb (数) 51
\eqslantgtr ⇒ ⪖ amssymb (数) 51
\eqslantless ⇒ ⪕ amssymb (数) 51
\equiv ⇒ ≡ (数) 51
\eta ⇒ η (数) 39
\eth ⇒ ð (数) 47
\evensidemargin ⇒ 偶数（左）ページにおける左基準線
　　より本文領域までの距離（ページのレイアウ
　　トパラメータ）............................... 7
\exists ⇒ ∃ (数) 47
\exp ⇒ exp (Log 型記号) 69

F

\fallingdotseq ⇒ ≒ amssymb (数) 51
\fbox ⇒ 枠付きボックス： aaa 89
\fboxrule ⇒ ボックス枠の線の太さ 91
\fboxsep ⇒ ボックスとその内部のテキストとの隙間..91
\fcolorbox ⇒ 色枠付きの色ボックス： 平方根 107
\Finv ⇒ Ⅎ (数) 47
\flat ⇒ ♭ (数) 47
\footnote ⇒ 脚注の出力 88
\footnotesize ⇒ a花√2 （文・数）............. 43
\footskip ⇒ 本文領域の下端とフッタ領域の下端まで
　　の距離（ページのレイアウトパラメータ）.... 7
\forall ⇒ ∀ (数) 47
\frac ⇒ 分数：\frac{1}{2} → 1/2 71
\framebox ⇒ 枠付きボックス（\makebox に対応）.... 89
\frown ⇒ ⌢ (数) 51

G

\Game ⇒ ⅁ (数) 47
\Gamma ⇒ Γ (数) 39
\gamma ⇒ γ (数) 39
\gcd ⇒ gcd (Log 型記号) 69
\geq ⇒ ≥ (数) 51
\geqq ⇒ ≧ amssymb (数) 51
\geqslant ⇒ ⩾ amssymb (数) 51
\gg ⇒ ≫ (数) 51
\ggg ⇒ ⋙ amssymb (数) 51
\gnapprox ⇒ ⪊ amssymb (数) 51
\gneq ⇒ ⪈ amssymb (数) 51
\gneqq ⇒ ≩ amssymb (数) 51
\gnsim ⇒ ⋧ amssymb (数) 51
\grave{a} ⇒ à (数) 57
\grave{\imath} ⇒ ı̀ (数) 57
\grave{\jmath} ⇒ ȷ̀ (数) 57
\gtfamily ⇒ 桜さくらサクラ（ゴシック体：宣言型）..41
\gtrapprox ⇒ ⪆ amssymb (数) 51
\gtrdot ⇒ ⋗ amssymb (数) 51
\gtreqless ⇒ ⋛ amssymb (数) 51
\gtreqqless ⇒ ⪌ amssymb (数) 51
\gtrless ⇒ ≷ amssymb (数) 51
\gtrsim ⇒ ≳ amssymb (数) 51
\gvertneqq ⇒ ≩ amssymb (数) 51

H

\H{a} ⇒ ő (文) 57
\hat{a} ⇒ â (数) 57
\hat{\imath} ⇒ î (数) 57
\hat{\jmath} ⇒ ĵ (数) 57
\hbar ⇒ ℏ (数) 47
\headheight ⇒ ヘッダ領域の高さ（ページのレイアウ
　　トパラメータ）............................... 7

\headsep ⇒ ヘッダ領域の下端より本文領域の上端までの距離（ページのレイアウトパラメータ） 7
\heartsuit ⇒ ♡ (数) 47
\hfill ⇒ 行末にある最後のテキストの頭まで空ける水平方向のスペース 28
\hline ⇒ アレイ表，タブロー表に横罫線を引く 61
\hom ⇒ hom (Log 型記号) 69
\hookleftarrow ⇒ ↩ (数) 52
\hookrightarrow ⇒ ↪ (数) 52
\hslash ⇒ ℏ (数) 47
\hspace ⇒ 水平方向のスペース 28
\hspace* ⇒ 行頭で使用する水平方向のスペース 28
\Huge ⇒ a花√2 (文・数) 43
\huge ⇒ a花√2 (文・数) 43

I

\i ⇒ ı (文) 47
\Im ⇒ ℑ (数) 47
\in ⇒ ∈ (数) 51
\inf ⇒ inf (Log 型記号) 69
\infty ⇒ ∞ (数) 47
\input ⇒ 文書ファイルの読込み 14
\int ⇒ ∫ (Sum 型記号) 68
\intercal ⇒ ⊺ (数) 49
\iota ⇒ ι (数) 39
\item ⇒ 箇条書の項目の入力 76
\itshape ⇒ 02abAB (イタリック体：宣言型) .. 41

J

\j ⇒ ȷ (文) 47
\Join ⇒ ⋈ (数) 51
\Join ⇒ ⋈ (数) 47

K

\kappa ⇒ κ (数) 39
\ker ⇒ ker (Log 型記号) 69

L

\label ⇒ 相互参照のラベル (\ref も見よ) 94
\Lambda ⇒ Λ (数) 39
\lambda ⇒ λ (数) 39
\langle ⇒ ⟨ (数) 53
\LARGE ⇒ a花√2 (文・数) 43
\Large ⇒ a花√2 (文・数) 43
\large ⇒ a花√2 (文・数) 43
\LaTeX ⇒ LaTeX (文) 47
\LaTeXe ⇒ LaTeX 2ε (文) 47
\lceil ⇒ ⌈ (数) 53
\ldots ⇒ … 56
\leadsto ⇒ ⇝ (数) 52
\left ⇒ (∑_{i=1}^{10}) (自動拡大) 55
\left. ⇒ 見えない記号（左） 55
\Leftarrow ⇒ ⇐ (数) 52
\leftarrow ⇒ ← (数) 52
\leftarrowtail ⇒ ↢ [amssymb] (数) 52
\leftharpoondown ⇒ ↽ (数) 52
\leftharpoonup ⇒ ↼ (数) 52
\leftleftarrows ⇒ ⇇ [amssymb] (数) 52
\leftline ⇒ 1 行のテキストの左寄せ 34
\Leftrightarrow ⇒ ⇔ (数) 52
\leftrightarrow ⇒ ↔ (数) 52
\leftrightarrows ⇒ ⇆ [amssymb] (数) 52
\leftrightharpoons ⇒ ⇋ [amssymb] (数) .. 52
\leftrightsquigarrow ⇒ ↭ [amssymb] (数) .. 52
\leftthreetimes ⇒ ⋋ [amssymb] (数) 49
\leq ⇒ ≤ (数) 51
\leqq ⇒ ≦ [amssymb] (数) 51
\leqslant ⇒ ⩽ [amssymb] (数) 51
\lessapprox ⇒ ⪅ [amssymb] (数) 51
\lessdot ⇒ ⋖ [amssymb] (数) 51
\lesseqgtr ⇒ ⋚ [amssymb] (数) 51
\lesseqqgtr ⇒ ⪋ [amssymb] (数) 51
\lessgtr ⇒ ≶ [amssymb] (数) 51
\lesssim ⇒ ≲ [amssymb] (数) 51
\lfloor ⇒ ⌊ (数) 53
\lg ⇒ lg (Log 型記号) 69
\lhd ⇒ ◁ (数) 49
\lhd ⇒ ◁ (数) 47
\lim ⇒ lim (Log 型記号) 69
\liminf ⇒ lim inf (Log 型記号) 69
\limsup ⇒ lim sup (Log 型記号) 69
\line ⇒ 直線 78, 80
\ll ⇒ ≪ (数) 51
\L ⇒ Ł 47
\l ⇒ ł 47
\Lleftarrow ⇒ ⇚ [amssymb] (数) 52
\lll ⇒ ⋘ [amssymb] (数) 51
\ln ⇒ ln (Log 型記号) 69
\lnapprox ⇒ ⪉ [amssymb] (数) 51
\lneq ⇒ ⪇ [amssymb] (数) 51
\lneqq ⇒ ≨ [amssymb] (数) 51
\lnsim ⇒ ⋦ [amssymb] (数) 51
\log ⇒ log (Log 型記号) 69
\Longleftarrow ⇒ ⟸ (数) 52
\longleftarrow ⇒ ⟵ (数) 52
\Longleftrightarrow ⇒ ⟺ (数) 52
\longleftrightarrow ⇒ ⟷ (数) 52
\longmapsto ⇒ ⟼ (数) 52
\Longrightarrow ⇒ ⟹ (数) 52
\longrightarrow ⇒ ⟶ (数) 52
\looparrowleft ⇒ ↫ [amssymb] (数) 52
\looparrowright ⇒ ↬ [amssymb] (数) 52
\lozenge ⇒ ◊ (数) 47
\Lsh ⇒ ↰ [amssymb] (数) 49
\ltimes ⇒ ⋉ (数) 49
\lvertneqq ⇒ ⪇ [amssymb] (数) 51

M

\makebox ⇒ 枠なしボックス（\framebox に対応） 90
\mapsto ⇒ ↦ (数) 52
\marginparpush ⇒ 欄外脚注間の距離（ページのレイアウトパラメータ） 7
\marginparsep ⇒ 欄外脚注と本文の距離（ページのレイアウトパラメータ） 7
\marginparwidth ⇒ 欄外脚注の幅（ページのレイアウトパラメータ） 7
\max ⇒ max (Log 型記号) 69
\mbox ⇒ 枠なしボックス（\fbox に対応） 90
\mcfamily ⇒ 桜さくらサクラ（明朝体：宣言型） .. 41
\mdseries ⇒ 02abAB（ミディアム体：宣言型） 41
\measuredangle ⇒ ∡ (数) 47
\mho ⇒ ℧ (数) 47
\mid ⇒ | (数) 51
\min ⇒ min (Log 型記号) 69
\models ⇒ ⊨ (数) 51
\mp ⇒ ∓ (数) 49
\mu ⇒ μ (数) 39
\multimap ⇒ ⊸ [amssymb] (数) 52
\multiput ⇒ 同じ図形要素を並べる 83

N

\nabla ⇒ ∇ (数) 47
\natural ⇒ ♮ (数) 47
\ncong ⇒ ≇ [amssymb] (数) 51

\nearrow ⇒ ↗ (数) 52
\neg ⇒ ¬ (数) 47
\newcommand ⇒ 新命令の定義 17
\newenvironment ⇒ 新環境命令の定義 18
\nexists ⇒ ∄ (数) 47
\ngeq ⇒ ≱ [amssymb] (数) 51
\ngeqq ⇒ ≩ [amssymb] (数) 51
\ngeqslant ⇒ ≱ [amssymb] (数) 51
\ngtr ⇒ ≯ [amssymb] (数) 51
\ni ⇒ ∋ (数) 51
\nLeftarrow ⇒ ⇍ [amssymb] (数) 52
\nleftarrow ⇒ ↚ [amssymb] (数) 52
\nLeftrightarrow ⇒ ⇎ [amssymb] (数) 52
\nleftrightarrow ⇒ ↮ [amssymb] (数) 52
\nleq ⇒ ≰ [amssymb] (数) 51
\nleqq ⇒ ≨ [amssymb] (数) 51
\nleqslant ⇒ ≰ [amssymb] (数) 51
\nless ⇒ ≮ [amssymb] (数) 51
\nmid ⇒ ∤ [amssymb] (数) 51
\nocite ⇒ 本文では引用しないが参考文献リストには
        載せる文献の宣言 100
\noindent ⇒ 行頭の字下げの一時的解除 27
\nonumber ⇒ 自動数式番号の解除 65
\normalfont ⇒ 02abAB（ノーマルフォント体：
        宣言型） 41
\normalsize ⇒ a花√2 （文・数）
        （\documentclass で指定したサイズ） 43
\nparallel ⇒ ∦ [amssymb] (数) 51
\nprec ⇒ ⊀ [amssymb] (数) 51
\npreceq ⇒ ⋠ [amssymb] (数) 51
\nRightarrow ⇒ ⇏ [amssymb] (数) 52
\nrightarrow ⇒ ↛ [amssymb] (数) 52
\nshortmid ⇒ ∤ [amssymb] (数) 51
\nshortparallel ⇒ ∦ [amssymb] (数) 51
\nsim ⇒ ≁ [amssymb] (数) 51
\nsubseteq ⇒ ⊈ [amssymb] (数) 51
\nsucc ⇒ ⊁ [amssymb] (数) 51
\nsucceq ⇒ ⋡ [amssymb] (数) 51
\nsupseteq ⇒ ⊉ [amssymb] (数) 51
\nsupseteqq ⇒ ⊉ [amssymb] (数) 51
\ntriangleleft ⇒ ⋪ [amssymb] (数) 51
\ntrianglelefteq ⇒ ⋬ [amssymb] (数) 51
\ntriangleright ⇒ ⋫ [amssymb] (数) 51
\ntrianglerighteq ⇒ ⋭ [amssymb] (数) 51
\nu ⇒ ν (数) 39
\nVDash ⇒ ⊯ [amssymb] (数) 51
\nvDash ⇒ ⊭ [amssymb] (数) 51
\nvdash ⇒ ⊬ [amssymb] (数) 51
\nwarrow ⇒ ↖ (数) 52

O

\O ⇒ Ø （文） 47
\o ⇒ ø （文） 47
\oddsidemargin ⇒ 奇数（右）ページにおける左基準線
        より本文領域までの距離（ページのレイアウ
        トパラメータ） 7
\odot ⇒ ⊙ (数) 49
\OE ⇒ Œ （文） 47
\oe ⇒ œ （文） 47
\oint ⇒ ∮ （Sum 型記号） 68
\Omega ⇒ Ω (数) 39
\omega ⇒ ω (数) 39
\ominus ⇒ ⊖ (数) 49
\oplus ⇒ ⊕ (数) 49
\oslash ⇒ ⊘ (数) 49
\otimes ⇒ ⊗ (数) 49
\oval ⇒ 四分円 82
\overbrace{aaa} ⇒ $\overbrace{aaa}$ (数) 60
\overline{aaa} ⇒ $\overline{aaa}$ (数) 59

P

\P ⇒ ¶ (数) 48
\pageref ⇒ 相互参照ラベルの宣言されているページ
        番号の参照 96
\pagestyle ⇒ ページ形式の宣言（empty, plain,
        headings, myheadings） 11
\par ⇒ 段落改行 30, 31
\paragraph ⇒ 段落 21
\parallel ⇒ ∥ (数) 51
\parindent ⇒ 行頭の字下げ幅 27
\parskip ⇒ 段落改行における追加改行幅 31
\part ⇒ 部 21
\partial ⇒ ∂ (数) 47
\perp ⇒ ⊥ (数) 51
\Phi ⇒ Φ (数) 39
\phi ⇒ φ (数) 39
\Pi ⇒ Π (数) 39
\pi ⇒ π (数) 39
\pitchfork ⇒ ⋔ [amssymb] (数) 51
\pm ⇒ ± (数) 49
\pounds ⇒ £ (数) 48
\Pr ⇒ Pr （Log 型記号） 69
\prec ⇒ ≺ (数) 51
\precapprox ⇒ ⪷ [amssymb] (数) 51
\preccurlyeq ⇒ ≼ [amssymb] (数) 51
\preceq ⇒ ⪯ (数) 51
\precnapprox ⇒ ⪹ [amssymb] (数) 51
\precnsim ⇒ ⋨ [amssymb] (数) 51
\precsim ⇒ ≾ [amssymb] (数) 51
\prime ⇒ ′ (数) 58
\prod ⇒ ∏ （Sum 型記号） 68
\propto ⇒ ∝ (数) 51
\Psi ⇒ Ψ (数) 39
\psi ⇒ ψ (数) 39
\put ⇒ 図形要素の参照点の指定 78, 79

Q

\qquad ⇒ 水平方向の標準的なスペース 28
\quad ⇒ 水平方向の標準的なスペース 28

R

\rangle ⇒ ⟩ (数) 53
\rceil ⇒ ⌉ (数) 53
\Re ⇒ ℜ (数) 47
\ref ⇒ 相互参照ラベルの呼出し（\label も見よ） 94
\renewcommand ⇒ 既存命令の再定義 18
\rfloor ⇒ ⌋ (数) 53
\rhd ⇒ ▷ (数) 49
\rhd ⇒ ▷ (数) 47
\rho ⇒ ρ (数) 39
\right ⇒ $\left.\sum_{i=1}^{10}\right)$ （自動拡大） 55
\right. ⇒ 見えない記号（右） 55
\Rightarrow ⇒ ⇒ (数) 52
\rightarrow ⇒ → (数) 52
\rightarrowtail ⇒ ↣ [amssymb] (数) 52
\rightharpoondown ⇒ ⇁ (数) 52
\rightharpoonup ⇒ ⇀ (数) 52
\rightleftarrows ⇒ ⇄ [amssymb] (数) 52
\rightleftharpoons ⇒ ⇌ (数) 52
\rightline ⇒ 1 行のテキストの右寄せ 34
\rightrightarrows ⇒ ⇉ [amssymb] (数) 52
\rightsquigarrow ⇒ ⇝ [amssymb] (数) 52
\rightthreetimes ⇒ ⋌ (数) 49
\risingdotseq ⇒ ≓ [amssymb] (数) 51
\rmfamily ⇒ 02abAB（ローマン体：宣言型） 41
\Roman ⇒ I, II, III, ⋯（ページ番号用の種類） 12
\roman ⇒ i, ii, iii, ⋯（ページ番号用の種類） 12
\Rsh ⇒ ↱ [amssymb] (数) 52

`\rtimes` ⇒ ⋊ (数)	49
`\rule` ⇒ 黒ボックス：■ ▎ ▃ （罫線ボックスとも言う）	91

S

`\S` ⇒ § (数)	48
`\scriptsize` ⇒ a花$\sqrt{2}$ (文・数)	43
`\scshape` ⇒ ABCabc (スモールキャップ体：宣言型)	41
`\searrow` ⇒ ↘ (数)	52
`\sec` ⇒ sec (Log 型記号)	69
`\section` ⇒ 節	21
`\setminus` ⇒ \ (数)	49
`\sffamily` ⇒ 02abAB (サンセリフ体：宣言型)	41
`\sharp` ⇒ ♯ (数)	47
`\shortmid` ⇒ ∣ [amssymb] (数)	51
`\shortparallel` ⇒ ∥ [amssymb] (数)	51
`\Sigma` ⇒ Σ (数)	39
`\sigma` ⇒ σ (数)	39
`\sim` ⇒ ∼ (数)	51
`\simeq` ⇒ ≃ (数)	51
`\sin` ⇒ sin (Log 型記号)	69
`\sinh` ⇒ sinh (Log 型記号)	69
`\slshape` ⇒ *02abAB* (スラント体：宣言型)	41
`\small` ⇒ a花$\sqrt{2}$ (文・数)	43
`\smallfrown` ⇒ ⌢ [amssymb] (数)	51
`\smallsetminus` ⇒ ∖ (数)	49
`\smallsmile` ⇒ ⌣ [amssymb] (数)	51
`\smile` ⇒ ⌣ (数)	51
`\spadesuit` ⇒ ♠ (数)	47
`\sphericalangle` ⇒ ∢ (数)	47
`\sqcap` ⇒ ⊓ (数)	49
`\sqcup` ⇒ ⊔ (数)	49
`\sqrt` ⇒ 平方根：\sqrt[3n]{7} → $\sqrt[3n]{7}$	71
`\sqsubset` ⇒ ⊏ [amssymb] (数)	51
`\sqsubset` ⇒ ⊏ (数)	47
`\sqsubseteq` ⇒ ⊑ (数)	51
`\sqsupset` ⇒ ⊐ [amssymb] (数)	51
`\sqsupset` ⇒ ⊐ (数)	47
`\sqsupseteq` ⇒ ⊒ (数)	51
`\square` ⇒ □ (数)	47
`\ss` ⇒ ß (文)	47
`\star` ⇒ ⋆ (数)	49
`\subparagraph` ⇒ 小段落	21
`\subsection` ⇒ 小節	21
`\Subset` ⇒ ⋐ [amssymb] (数)	51
`\subset` ⇒ ⊂ (数)	51
`\subseteq` ⇒ ⊆ (数)	51
`\subseteqq` ⇒ ⫅ [amssymb] (数)	51
`\subsetneq` ⇒ ⊊ [amssymb] (数)	51
`\subsetneqq` ⇒ ⫋ [amssymb] (数)	51
`\subsubsection` ⇒ 小小節	21
`\succ` ⇒ ≻ (数)	51
`\succapprox` ⇒ ⪸ [amssymb] (数)	51
`\succcurlyeq` ⇒ ≽ [amssymb] (数)	51
`\succeq` ⇒ ⪰ (数)	51
`\succnapprox` ⇒ ⪺ [amssymb] (数)	51
`\succnsim` ⇒ ⋩ [amssymb] (数)	51
`\succsim` ⇒ ≿ [amssymb] (数)	51
`\sum` ⇒ ∑ (Sum 型記号)	68
`\sup` ⇒ sup (Log 型記号)	69
`\Supset` ⇒ ⋑ [amssymb] (数)	51
`\supset` ⇒ ⊃ (数)	51
`\supseteq` ⇒ ⊇ (数)	51
`\supseteqq` ⇒ ⫆ [amssymb] (数)	51
`\supsetneq` ⇒ ⊋ [amssymb] (数)	51
`\supsetneqq` ⇒ ⫌ [amssymb] (数)	51
`\surd` ⇒ √ (数)	47
`\swarrow` ⇒ ↙ (数)	52

T

`\t{az}` ⇒ a͡z (文)	57
`\tableofcontents` ⇒ 目次の出力	25
`\tan` ⇒ tan (Log 型記号)	69
`\tanh` ⇒ tanh (Log 型記号)	69
`\tau` ⇒ τ (数)	39
`\TeX` ⇒ TeX (文)	47
`\textasciicircum` ⇒ ^ (文)	47
`\textasciitilde` ⇒ ~ (文)	47
`\textbackslash` ⇒ \ (文)	47
`\textbar` ⇒	(文)	47
`\textbf` ⇒ **02abAB** (ボールド体：命令型)	41
`\textbullet` ⇒ • (文)	47
`\textcolor` ⇒ 色文字：いろ☆におえど	106
`\textgreater` ⇒ > (文)	47
`\textgt` ⇒ 桜さくらサクラ (ゴシック体：命令型)	41
`\textheight` ⇒ 本文領域の高さ (ページのレイアウトパラメータ)	7
`\textit` ⇒ *02abAB* (イタリック体：命令型)	41
`\textless` ⇒ < (文)	47
`\textmc` ⇒ 桜さくらサクラ (明朝体：命令型)	41
`\textmd` ⇒ 02abAB (ミディアム体：命令型)	41
`\textnormal` ⇒ 02abAB (ノーマルフォント体：命令型)	41
`\textperiodcentered` ⇒ · (文)	47
`\textregistered` ⇒ ® (文)	47
`\textrm` ⇒ 02abAB (ローマン体：命令型)	41
`\textsc` ⇒ ABCabc (スモールキャップ体：命令型)	41
`\textsf` ⇒ 02abAB (サンセリフ体：命令型)	41
`\textsl` ⇒ *02abAB* (スラント体：命令型)	41
`\textstyle` ⇒ T–スタイルの宣言	67
`\texttrademark` ⇒ ™ (文)	47
`\textttt` ⇒ 02abAB (タイプライタ体：命令型)	41
`\textup` ⇒ 02abAB (直立体：命令型)	41
`\textvisiblespace` ⇒ ␣ (文)	47
`\textwidth` ⇒ 本文領域の幅 (ページのレイアウトパラメータ)	7
`\thebibliography` 環境 ⇒ 参考文献リスト環境	98
`\therefore` ⇒ ∴ [amssymb] (数)	51
`\Theta` ⇒ Θ (数)	39
`\theta` ⇒ θ (数)	39
`\thickapprox` ⇒ ≈ [amssymb] (数)	51
`\thicksim` ⇒ ∼ [amssymb] (数)	51
`\tilde{a}` ⇒ ã (数)	57
`\tilde{\imath}` ⇒ ı̃ (数)	57
`\tilde{\jmath}` ⇒ ȷ̃ (数)	57
`\times` ⇒ × (数)	49
`\tiny` ⇒ a花$\sqrt{2}$ (文・数)	43
`\top` ⇒ ⊤ (数)	47
`\topmargin` ⇒ ページの上基準線よりヘッダ領域の上端までの距離 (ページのレイアウトパラメータ)	7
`\topskip` ⇒ 本文領域の上端から本文の第 1 行目までの距離 (ページのレイアウトパラメータ)	7
`\triangle` ⇒ △ (数)	47
`\triangledown` ⇒ ▽ (数)	47
`\triangleleft` ⇒ ◁ (数)	49
`\trianglelefteq` ⇒ ⊴ [amssymb] (数)	51
`\triangleq` ⇒ ≜ [amssymb] (数)	51
`\triangleright` ⇒ ▷ (数)	49
`\trianglerighteq` ⇒ ⊵ [amssymb] (数)	51
`\ttfamily` ⇒ 02abAB (タイプライタ体：宣言型)	41
`\twoheadleftarrow` ⇒ ↞ [amssymb] (数)	52
`\twoheadrightarrow` ⇒ ↠ [amssymb] (数)	52

U

`\u{a}` ⇒ ă (文)	57
`\underbrace{aaa}` ⇒ $\underbrace{aaa}$ (数)	60
`\underline{aaa}` ⇒ aaa (文・数)	59
`\unitlength` ⇒ 単位長	78
`\unlhd` ⇒ ⊴ (数)	49
`\unlhd` ⇒ ⊴ (数)	47

\unrhd ⇒ ⊵ (数)	49
\unrhd ⇒ ⊵ (数)	47
\upharpoonleft ⇒ ↿ [amssymb] (数)	52
\upharpoonright ⇒ ↾ [amssymb] (数)	52
\uplus ⇒ ⊎ (数)	49
\upshape ⇒ 02abAB (直立体：宣言型)	41
\Upsilon ⇒ Υ (数)	39
\upsilon ⇒ υ (数)	39
\usepackage ⇒ パッケージの登録	20

V

\v{a} ⇒ ă (文)	57
\varepsilon ⇒ ε (数)	39
\varnothing ⇒ ∅ (数)	47
\varphi ⇒ φ (数)	39
\varpropto ⇒ ∝ [amssymb] (数)	51
\varrho ⇒ ϱ (数)	39
\varsigma ⇒ ς (数)	39
\varsubsetneq ⇒ ⊊ [amssymb] (数)	51
\varsubsetneqq ⇒ ⊊ [amssymb] (数)	51
\varsupsetneq ⇒ ⊋ [amssymb] (数)	51
\varsupsetneqq ⇒ ⊋ [amssymb] (数)	51
\vartheta ⇒ ϑ (数)	39
\vartriangle ⇒ △ (数)	47
\vartriangleleft ⇒ ⊲ [amssymb] (数)	51
\vartriangleright ⇒ ⊳ [amssymb] (数)	51
\Vdash ⇒ ⊩ [amssymb] (数)	51
\vDash ⇒ ⊨ [amssymb] (数)	51
\vdash ⇒ ⊢ (数)	51
\vdots ⇒ ⋮ (数)	56
\vec{a} ⇒ a⃗ (数)	57
\vec{\imath} ⇒ ı⃗ (数)	57
\vec{\jmath} ⇒ ȷ⃗ (数)	57
\vector ⇒ ベクトル	81
\vee ⇒ ∨ (数)	49
\veebar ⇒ ⊻ (数)	49
\vspace ⇒ 垂直方向のスペース	29
\vspace* ⇒ ページ頭で使用する垂直方向のスペース	29
\Vvdash ⇒ ⊪ [amssymb] (数)	51

W

\wedge ⇒ ∧ (数)	49
\wp ⇒ ℘ (数)	47
\wr ⇒ ≀ (数)	49

X

\Xi ⇒ Ξ (数)	39
\xi ⇒ ξ (数)	39

Z

\zeta ⇒ ζ (数)	39

命令：「\」なし

A

address ⇒ 住所 (参考文献のフィールド)	104
annote ⇒ 注釈：無視される (参考文献のフィールド)	104
array 環境 ⇒ アレイ表 (数)	61
article ⇒ 欧文の論文（文書クラス）	6
author ⇒ 著者名 (参考文献のフィールド)	104

B

book ⇒ 欧文の本（文書クラス）	6
booktitle ⇒ その一部が引用されている本などの標題 (参考文献のフィールド)	104

C

center 環境 ⇒ 複数行のテキストの中寄せ	34
chapter ⇒ 章 (参考文献のフィールド)	104
cmyk ⇒ （CMYK 配色：Cyan, Magenta, Yellow, Black）	108

D

description 環境 ⇒ 箇条書 好みのラベル（動物，植物，鉱物など）	77
document 環境 ⇒ 文書を作成する領域 （文書環境とも言う）	5

E

edition ⇒ 版 (参考文献のフィールド)	104
editor ⇒ 編集者の名 (参考文献のフィールド)	104
empty ⇒ ページ形式（「ヘッダ」と「フッタ」には何も出力されない）	11
enumerate 環境 ⇒ 箇条書 項目ラベル (1. (a) i. A.)	76
eqnarray 環境 ⇒ 段落数式：自動数式番号あり	65
eqnarray* 環境 ⇒ 段落数式：自動数式番号なし	65

F

figure 環境 ⇒ 図を描く環境	86
flushleft 環境 ⇒ 複数行のテキストの左寄せ	34
flushright 環境 ⇒ 複数行のテキストの右寄せ	34

G

gray ⇒ GRAY 配色：白と黒の中間色としての灰色	107

H

headings ⇒ ページ形式（ヘッダにページ番号，章，節などの番号とその標題が出力）	11
howpublished ⇒ 規格外文献の発表のされ方 (参考文献のフィールド)	104
hsb ⇒ （HSB 配色：Hue（色相），Saturation（彩度），Brightness（輝度）	109

I

institution ⇒ それを出している組織の名前 (参考文献のフィールド)	104
itemize 環境 ⇒ 箇条書 項目ラベル (• – * .)	76

J

jarticle ⇒ 和文の論文（文書クラス）	6
jbook ⇒ 和文の本（文書クラス）	6
journal ⇒ 雑誌の名前 (参考文献のフィールド)	104
jreport ⇒ 和文の報告書（文書クラス）	6

K

key ⇒ 参考文献のフィールド	104

L

letter ⇒ 欧文の手紙（文書クラス）	6
list 環境 ⇒ より自由な形式の箇条書（本書では述べない）	76

M

minipage 環境 ⇒ ミニページ	93
month ⇒ 月 (参考文献のフィールド)	104
myheadings ⇒ ページ形式（ヘッダに自分好みの情報が出力できる）	11

N

named ⇒ 標準の 7 色以外の色を指定	111
newtheorem ⇒ 定理環境の定義	75
note ⇒ 追加情報 (参考文献のフィールド)	104

number ⇒ 「巻」に続く「号」(参考文献のフィールド).104

O

organization ⇒ それを出している学術会議の名前
(参考文献のフィールド)................104

P

pages ⇒ ページ番号 (参考文献のフィールド).......104
picture 環境 ⇒ 図形を描く環境...............78, 79
plain ⇒ ページ形式 (フッタにページ番号のみを
出力).............................11
publisher ⇒ 出版社名 (参考文献のフィールド).....104

R

report ⇒ 欧文の報告書 (文書クラス) 6
rgb ⇒ （RGB 配色：Red, Green, Blue)...........109

S

school ⇒ その学位論文を出している大学名 (参考
文献のフィールド)......................104
secnumdepth ⇒ 章・節の番号付けの深さ.............21
series ⇒ シリーズ名, 巻名 (参考文献のフィールド) 104

T

tabbing 環境 ⇒ タビング表 (文).................61
table 環境 ⇒ 表を書く環境.....................86
tabular 環境 ⇒ タブロー表 (文)...................63
tarticle ⇒ 縦書きの論文 (文書クラス).............6
tbook ⇒ 縦書きの本（文書クラス）................6
title ⇒ 標題 (参考文献のフィールド)............104
treport ⇒ 縦書きの報告書 (文書クラス) 6
type ⇒ (参考文献のフィールド)................104

V

volume ⇒ 巻番号 (参考文献のフィールド)..........104

Y

year ⇒ 年 (参考文献のフィールド)................104
yomi ⇒ 参考文献のフィールド 104

命令：「@」付き

A

@article ⇒ 文献カテゴリ........................103

B

@book ⇒ 文献カテゴリ...........................103
@booklet ⇒ 文献カテゴリ........................103

C

@conference ⇒ 文献カテゴリ.....................103

I

@inbook ⇒ 文献カテゴリ.........................103
@incollection ⇒ 文献カテゴリ...................103
@inproceedings ⇒ 文献カテゴリ..................103

M

@manual ⇒ 文献カテゴリ.........................103
@masterthesis ⇒ 文献カテゴリ...................103
@misc ⇒ 文献カテゴリ...........................103

P

@phdthesis ⇒ 文献カテゴリ......................103
@proceedings ⇒ 文献カテゴリ....................103

T

@techreport ⇒ 文献カテゴリ.....................103

U

@unpublished ⇒ 文献カテゴリ....................103

事項

あ

アクセント記号 ⇒ á, à, $\vec{a}$ (文・数)...............57
アレイ表 ⇒ array 環境..........................61
網掛け ⇒ 網掛け 108
アンダーブレイス ⇒ $\underbrace{AAAAA}$ (数) 60
アンダーライン ⇒ $\underline{aaa}$ (文・数)................59

い

イタリック体 ($02abAB$)：宣言型 ⇒ \itshape.........41
イタリック体 ($02abAB$)：命令型 ⇒ \textit.........41
位置パラメータ (図表) ⇒ t (ページ頭)・h (ここ)・
b (ページ末) p (最後のページ).........87
位置パラメータ (表) ⇒ l (左寄せ)・c (中寄せ)・
r (右寄せ) 61
位置パラメータ (表) ⇒ t (上部合わせ)・
c (中心合わせ)・b (下部合わせ)........62
色の指定 ⇒ \color..............................105
色の定義 ⇒ \definecolor..........................108
色ボックス ⇒ \colorbox：宝石箱 宝石箱 106
色ボックスに色文字 ⇒ 富士山, 富士山 107
色文字 ⇒ \textcolor：いろ に おえど 106
色枠付きの色ボックス ⇒ \fcolorbox：
平方根 107

う

上付き添字 ⇒ x^2 : x^2 70

え

エラー対策 ⇒ 文献 [12] 今井，
[6, Lamport,p.152–168] が役立つ.........114
エラーメッセージ ⇒ LaTeX 2_εのコンパイル時に現れる 114
円 ⇒ \circle.......................................82

お

欧文の文書クラス ⇒ article, book, report,
letter.................................6
大型演算子 ⇒ $\sum$, $\int$ など (「可変サイズの記号」とも言
う．本書では「Sum 型記号」と言う) 68
オーバーブレイス ⇒ $\overbrace{AAAAA}$ (数) 60
オーバーライン ⇒ $\overline{aaa}$ (数) 59
同じ図形要素を並べる ⇒ \multiput................83
オプション引数 ⇒ [ ] (省略できる)..................15
オプション引数項目 ⇒ オプション引数 [ ] として指定
する項目...................................15

か

カーニング ⇒ 字詰め：「To」(通常は「To」).........37
改行幅 ⇒ \baselineskip (ある行のテキストと次の行
のテキストの基準線間のスペース) 30
改行不可スペース ⇒ ~ (定理~1.2)..................33
改ページ ⇒ \clearpage 31
箇条書 ⇒ itemize 環境, enumerate 環境,
description 環境 76
箇条書の入れ子 ⇒ 最大レベル 4 まで................76
箇条書の相互参照 ⇒ enumerate 環境................96
片面印刷 ⇒ oneside (文書クラスオプション).........11
可変サイズの記号 ⇒ $\sum$, $\int$ (「大型演算子」とも言う．
本書では「Sum 型記号」と言う) 68

環境命令 ⇒ \begin{ }で始まり\end{ }で終わる命令
　　　（array 環境, minipage 環境など）........ 15
関係演算子記号 ⇒ ≤, ⊂, ∝ など、amssymb を登録... 50

き

キーボード上の記号 ⇒ =, +, -, (, ... 45
奇数ページ ⇒ 右ページ 12
既存命令の再定義 ⇒ \renewcommand 18
脚注 ⇒ \footnote 88
脚注番号の相互参照 ⇒ 96
脚注ラベル ⇒ 1,2, ... a,b, ... *,†, ... 88
行頭の字下げの一時的解除 ⇒ \noindent 27
行頭の字下げ幅 ⇒ \parindent 27
行列 ⇒ $\begin{pmatrix} a & b & c \\ d & e & f \\ g & h & i \end{pmatrix}$ 73
行列式 ⇒ $\begin{vmatrix} a & b & c \\ d & e & f \\ g & h & i \end{vmatrix}$ 73
曲線 ⇒ ベジェー曲線 \bezier, \qbezier 84
ギリシャ大文字 ⇒ $\Gamma, \Delta, \Theta, \Lambda$ ... （数）........ 39
ギリシャ小文字 I ⇒ $\alpha, \beta, \gamma, \delta$ ... （数）........ 39
ギリシャ小文字 II ⇒ $\varepsilon, \vartheta, \varsigma, \varrho$ ... （数）........ 39

く

偶数ページ ⇒ 左ページ 12
区切り記号 ⇒ (,) · 「 」· | · ⟨ ⟩ など 45, 53
区切り記号の拡大命令 I ⇒
　　\big · \Big · \bigg · \Bigg （単独）........ 53
区切り記号の拡大命令 II ⇒
　　\bigm · \Bigm · \biggm · \Biggm （単独）... 53
区切り記号の拡大命令 III ⇒ \bigl · \Bigl · \biggl · \Biggl
　　\bigr · \Bigr · \biggr · \Biggr （単独）........ 53
区切り記号の拡大命令 IV ⇒ \left · \right （左右対） 54
グルーピング ⇒ { ... }（宣言したことをある範囲に限定
　　すること）........ 15
黒ボックス ⇒ \rule: ■ ▌ ▬ （「罫線ボッ
　　クス」とも言う）........ 91

こ

ゴシック体 (桜さくらサクラ)：宣言型 ⇒ \gtfamily ... 41
ゴシック体 (桜さくらサクラ)：命令型 ⇒ \textgt ... 41
コンパイル ⇒ LaTeX 2ε のコンパイル（文書ファイルの
　　入力文を出力文に変換する）........ 5

さ

輝度 ⇒ Brightness 109
彩度 ⇒ Saturation 109
左右モード ⇒ 改行不可で、左から右へ何処までも延び
　　ていくモード 35, 37
参考文献リスト環境 ⇒ thebibliography 環境 98
参考文献リストの作成（手作業）⇒ 簡単な例 97
参考文献リストの作成（自動的）⇒ 簡単な例 99
参照ラベル ⇒ \label （相互参照）........ 94, 113
参照ラベルの付け方と管理 ⇒ 113
参照ラベルの定義 ⇒ \label, \ref を見よ 94
サンセリフ体 (02abAB)：宣言型 ⇒ \sffamily 41
サンセリフ体 (02abAB)：命令型 ⇒ \textsf 41

し

色相 ⇒ Hue 109
下付き添字 ⇒ x_2 : x_2 70
自動拡大命令 ⇒ \left · \right （左右対）........ 54
自動数式番号の相互参照 ⇒ 94
四分円 ⇒ \oval 82
出力されない注釈 ⇒ % 記号の後ろに書く 46
章 ⇒ \chapter 21
小小節 ⇒ \subsubsection 21
小節 ⇒ \subsection 21

章・節の番号付けの深さ ⇒ secnumdepth 21
小段落 ⇒ \subparagraph 21
書体の組み合わせ選定 ⇒ 42
新環境命令の定義 ⇒ \newenvironment 18
新命令の定義 ⇒ \newcommand 17

す

垂直方向のスペース ⇒ \vspace, \vspace*（ページの
　　頭で使用）........ 29
水平方向のスペース ⇒ \hspace, \hspace*（行頭で
　　使用）........ 28
水平方向の標準的なスペース ⇒ \quad, \qquad 28
数学イタリック体 ⇒ 数式の中での英文字 ($differ$) ... 39
数式モード ⇒ 数式を書くモード 35
数式モードの英文字 ⇒ $a, b, c, \ldots, A, B, C, \ldots$（数学イ
　　タリック体）........ 39
数式モードの数字 ⇒ 1,2,3, ... （ローマン体）........ 39
図環境 (figure 環境) ⇒ 86
図形環境 ⇒ picture 環境 79
図形原点の移動 ⇒ \begin{picture}(Dx,Dy)(X,Y) に
　　おける (x,y) 79
図形範囲 ⇒ \begin{picture}(Dx,Dy) における
　　(Dx,Dy) 78, 79
図形要素 ⇒ \put(x,y){~} における ~ の部分 78
図形要素の参照点 ⇒ \put(x,y) 命令における
　　(x,y) 79, 80
図形要素の参照点 ⇒ \put(x,y) 命令における (x,y) ... 78
スタイルファイル ⇒ パッケージのファイルのこと（拡張
　　子は ~.sty）........ 20
図表出力位置の制御変数 ⇒ 87
図表出力位置のパラメータ ⇒ t, h, b, p 86
図表番号の相互参照 ⇒ 95
スモールキャップ体 (ABCabc)：宣言型 ⇒
　　\scshape 41
スモールキャップ体 (ABCabc)：命令型 ⇒ \textsc ... 41
スラント体 ($02abAB$)：宣言型 ⇒ \slshape 41
スラント体 ($02abAB$)：命令型 ⇒ \textsl 41

せ

節 ⇒ \section 21
宣言型の命令 ⇒ それを宣言するとそれ以降の出力形式が
　　変わるような命令 15

そ

相互参照ラベルの呼出し ⇒ \ref, \label を見よ 94
相互参照 ⇒ \ref 94

た

タイプライタ体 (02abAB)：宣言型 ⇒ \ttfamily 41
タイプライタ体 (02abAB)：命令型 ⇒ \texttt 41
ダッシュ記号 ⇒ -, –, — 56
縦書きの文書クラス ⇒ tarticle, tbook, treport 6
縦罫線 ⇒ | ：アレイ表 61
タビング表 ⇒ tabbing 環境 61
タブロー表 ⇒ tabular 環境 61
単位長 ⇒ \unitlength 78
単語間スペース ⇒ \␣ 32
単独命令 ⇒ &, \alpha などそれ自体で 1 つの命令とな
　　るもの 15
段落 ⇒ \subparagraph 21
段落改行 ⇒ \par あるいは「1 以上の空行」........ 30
段落数式 ⇒ $$~$$：1 行の数式（自動数式番号なし）... 66
段落数式 ⇒ equarray 環境（自動数式番号あり）........ 65
段落数式 ⇒ equarray* 環境（自動数式番号なし）........ 65
段落モード ⇒ ページ末で自動的に改行され、かつ文章の
　　任意の所で改行もできるモード 35
段落モード ⇒ 文書を書くモード（改行可） 37

ち

注付き定理環境 ⇒ **Axiom (Alice) 1** 75

直線 ⇒ \line 80
直立体 (02abAB)：宣言型 ⇒ \upshape 41
直立体 (02abAB)：命令型 ⇒ \textup 41

て

ディスプレイスタイル ⇒ \displaystyle (D–スタイル) 66
定理環境の定義 ⇒ \newtheorem 75
定理番号の相互参照 ⇒ 95
テキストスタイル ⇒ \textstyle (T–スタイル) 66

と

ドット記号 ⇒ \cdot, \cdots, \ldots など 56

な

中寄せ ⇒ \centerline：1 行のテキストの 34

に

二項演算子記号 ⇒ ±, ×, ∩, ⊓ など 49
二項係数 ⇒ m \choose n → $\binom{m}{n}$ 72
任意フィールド ⇒ 文献データベースファイル 103

ぬ

塗りつぶしの円 ⇒ \circle* 82

の

ノーマルフォント体 (02abAB)：宣言型 ⇒
    \normalfont 41
ノーマルフォント体 (02abAB)：命令型 ⇒
    \textnormal 41

は

場合分け ⇒ array 環境による 74
配色 ⇒ GRAY, CMYK, RGB, HSB 107
パッケージ ⇒ \usepackage で登録 20

ひ

引数 ⇒ [ ], { } 15
引数項目 ⇒ 引数の [ ], { } の中に書かれる項目 .. 15
左ページ ⇒ 偶数ページ 12
左寄せ ⇒ \leftline：1 行のテキストの 34
筆者が本書執筆時に出会った一見不可解なエラーとその
    対策 ⇒ [12, 今井] [6, Lamport] 114
必須フィールド ⇒ 文献データベースファイル 103
必須引数 ⇒ { }（省略できない） 15
否定関係演算子記号 ⇒ ≦, ⊂, ∝ など 〔amssymb〕
    を登録 51
1 つ以上の空行 ⇒ 段落改行 30
表環境 (table 環境) ⇒ 86

ふ

部 ⇒ \part 21
ファイル名 ⇒ 113
ファイル名の付け方と管理 ⇒ 113
フィールド ⇒ author, year など 104
複数行のテキストの中寄せ ⇒ center 環境 34
複数行のテキストの左寄せ ⇒ flushleft 環境 34
複数行のテキストの右寄せ ⇒ flushright 環境 34
部・章・節・段落の番号の相互参照 ⇒ 94
フッタ ⇒ 「本文」の下に確保される領域（ページ番号
    などを出力）................................ 7, 11
プライム記号 ⇒ ′（数） 57
プリアンブル ⇒ 事前に約束事を宣言する領域 5
プリントアウト ⇒ ディスプレイに出力されたものと同
    じものをプリンタに出力します。 5
プレビュー ⇒ コンパイルで出力文に変換されたものを
    ディスプレイに出力します。 5
付録作成の宣言 ⇒ \appendix 23

付録の番号 ⇒ **A**, **B**, ..., **A.1**, **A.2**, ... 23
付録の見出し ⇒「付録」という見出しは，book,
    report では自動的に出力されるが，article
    では自動的には出力されない 23
プロポーショナルスペーシング ⇒「differ」（数学イタ
    リック体では「$differ$」）................... 37
文間スペース ⇒ \@ 32
文献出力スタイルの指定 ⇒
    \bibliographystyle 101
文献引用キー ⇒ 通常は著者名 98, 101
文献の引用キーを宣言する命令 ⇒ \bibitem 98
文献カテゴリ ⇒ @article, @book など 103
文献の引用 ⇒ \cite 98, 100
文献ラベル ⇒ [1], [2], ... 98
文書環境 ⇒ 文書を作成する領域
    （document 環境とも言う）..................... 5
文書クラスオプション ⇒「pt」「twoside」など 6
文書クラス指定領域 ⇒ 文書クラスを指定する領域
    (\documentclass) 5
文書クラスファイル ⇒ 拡張子が「~.cls」のファイル
    （各文書クラスの構造を決める命令群が入って
    いるファイル）................................. 6
文書ファイル ⇒「~.TEX」なるファイル
    （本文を書くファイル：ファイル名は本書では英
    大文字のタイプライタ体とする：機種やそれにイ
    ンストールされている OS によっては文書ファイル名
    を英大文字にするとコンパイルができないことがあり
    ます。そのときは xyz.tex と英小文字にすること）.. 5
文書ファイルの基本構造 ⇒「文書クラス指定領域」
    「プリアンブル」「文書環境」. 5
文書ファイルのコピー ⇒ \input 14
文書ファイルの分割と結合 ⇒ \input 14
文書モード ⇒「段落モード」+「左右モード」... 35, 37
文書モードの英文字 ⇒ a,b,c,..., A,B,C,... （ローマ
    ン体）...................................... 37
文書モードの数字 ⇒ 1,2,3, ... （ローマ体）...... 37
分数 ⇒ \frac{1}{2} → $\frac{1}{2}$ 70
文中改行 ⇒ \\ 30
文中数式 ⇒ 文の流れの中に書く数式 65

へ

平方根 ⇒ \sqrt[3n]{7} → $\sqrt[3n]{7}$ 71
ページ形式の宣言 ⇒ \pagestyle 11
ページの上基準線 ⇒ ページの基準点より右方向に伸び
    る線 7
ページの基準点 ⇒ 用紙の左上端点より下と右へそれぞれ
    （1 インチ移動した点）........................ 7
ページの左基準線 ⇒ ページの基準点より下方向に伸び
    る線 7
ページのレイアウトパラメータ ⇒ \textwidth,
    \topmargin など 7
ページ番号 ⇒ article と book・report では異なる ... 11
ページ番号の種類 ⇒ \arabic, \roman, \Roman,
    \alph, \Alph 12
ページ番号の相互参照 ⇒ \pageref 96
ベクトル ⇒ $(a_1, a_2, a_3, a_4, ..., a_n)$ 73
ベクトル ⇒ \vector 81
ベジェー曲線 ⇒ \bezier, \qbezier ：〔bezier〕 84
ヘッダ ⇒「本文」の上に確保される領域（ページ番号
    などを出力）................................ 7, 11

ほ

ボールド体 (**02abAB**)：宣言型 ⇒ \bfseries 41
ボールド体 (**02abAB**)：命令型 ⇒ \textbf 41
ボックスとその内部のテキストとの隙間 ⇒ \fboxsep .. 91
ボックス枠の線の太さ ⇒ \fboxrule 91
本文 ⇒ 文章の本体を書く領域 7

ま

マクロ命令 ⇒ いくつかの単独命令，環境命令，および文
　　章の組合せとして作られている命令．......... 15

み

見えない記号 ⇒ \left．・\right．............. 55
右ページ ⇒ 奇数ページ 12
右寄せ ⇒ \rightline：1 行のテキストの 34
ミディアム体（02abAB）：宣言型 ⇒ \mdseries... 41
ミディアム体（02abAB）：命令型 ⇒ \textmd.... 41
ミニページ ⇒ minipage 環境 93
明朝体（桜さくらサクラ）：宣言型 ⇒ \mcfamily... 41
明朝体（桜さくらサクラ）：命令型 ⇒ \textmc.... 41

め

命令型の命令 ⇒ 宣言型の命令以外の命令 15

も

目次の出力 ⇒ \tableofcontents 25
文字サイズ ⇒ \tiny, \scriptsize, \large,
　　\normalfont など 43
文字で終わる命令の後ろの 2 つ以上の空白 ⇒ 無視さ
　　れる 16

や

矢印記号 ⇒ ←, ⇒, ⇔, ↦, ↖, ╱ など 52

よ

横罫線 ⇒ \hline：アレイ表 61
横罫線を部分的に引く ⇒ \cline：アレイ表 62

ら

欄外脚注 ⇒ 「本文」の右マージンの外に確保される脚注の
　　領域 7

り

リガチャ ⇒ 合字：「ff, fi, fl, ffi, ffi」（通常は「ff, fi, fl, ffl
　　ffi」） 38
両面印刷 ⇒ twoside（文書クラスオプション） ... 11

ろ

ローマン体（02abAB）：宣言型 ⇒ \rmfamily.... 41
ローマン体（02abAB）：命令型 ⇒ \textrm...... 41

わ

枠付きボックス ⇒ \fbox：aaa 89
枠付きボックス ⇒ \framebox：横幅と縦幅を指定：
　　aaa 90
枠付きボックス ⇒ \framebox：横幅を指定：
　　aaa 89
枠なしボックス ⇒ \makebox：横幅と縦幅を指定：aaa
　　................................... 90
枠なしボックス ⇒ \makebox：横幅を指定：aaa.... 90
枠なしボックス ⇒ \mbox：枠なしボックス：
　　aaa 90
和文の文書クラス ⇒ jarticle, jbook, jreport 6

機能別

い

イタリック体（*02abAB*）
- 宣言型 ⇒ \itshape........................ 41
- 命令型 ⇒ \textit......................... 41

位置パラメータ
- 表 ⇒ l（左寄せ）・c（中寄せ）・
　　r（右寄せ） 61
- 表 ⇒ t（上部合わせ）・c（中心合わせ）・
　　b（下部合わせ） 62

色
- 色の指定 ⇒ \color....................... 105
- 色の定義 ⇒ \definecolor.................. 108
- 色ボックス ⇒ \colorbox：宝石箱 宝石箱 106
- 色ボックスに色文字 富士山，富士山 107
- 色文字 ⇒ \textcolor：いろはにおえど....... 106
- 色枠付きの色ボックス ⇒ \fcolorbox：
　　平方根 107
- 配色
  - CMYK ⇒ cyan, magenta, yellow, black
　　の混合 108
  - GRAY ⇒ 各種濃淡の灰色................ 107
  - HSB ⇒ Hue（色相），Saturation（彩度），
　　Brightness（輝度）の混合 109
  - RGB ⇒ Red, Green, Blue の混合 109

印刷
- 片面印刷 ⇒ oneside（文書クラスオプション）... 11
- 両面印刷 ⇒ twoside（文書クラスオプション）... 11

え

英文字
- 数式モードの英文字 ⇒ $a, b, c, \ldots, A, B, C, \ldots$
　　（数学イタリック体） 39
- 文書モードの英文字 ⇒ a,b,c,…, A,B,C,…
　　（ローマン体） 37

エラー
- エラー対策 ⇒ 文献 [12] 今井，
　　[6, Lamport,p.152–168] が役立つ 114
- エラーメッセージ ⇒ LaTeX 2ε のコンパイル時に現
　　れる 114
- 筆者が本書執筆時に出会った一見不可解なエラー
　　とその対策 ⇒ [12, 今井] [6, Lamport] 114

か

改行
- 改行幅 ⇒ \baselineskip（ある行のテキストと次
　　の行のテキストの基準線間のスペース） 30
- 段落改行 ⇒ \par あるいは「1 つ以上の空行」... 30
- 文中改行 ⇒ \\ 30

改ページ
- \clearpage ⇒ 31

箇条書
- description 環境 ⇒ 好みのラベル
　　（動物，植物，鉱物など） 77
- enumerate 環境 ⇒
　　項目ラベル（1. (a) i. A.） 76
- itemize 環境 ⇒
　　項目ラベル（• − ∗ .） 76
- list 環境 ⇒ より自由な形式の箇条書
　　（本書では述べない） 76
- 入れ子 ⇒ 最大レベル 4 まで 76

き

記号
- 関係演算子記号 ⇒ ≤, ⊂, ∝ など：amssymb
　　を登録 50
- 区切り記号
  - 区切り記号とは ⇒ (,)・「」・⟨ ⟩ など....53
  - 拡大命令 I ⇒ \big・\Big・\bigg・\Bigg
　　（単独） 53
  - 拡大命令 II ⇒ \bigm・\Bigm・\biggm・\Biggm
　　（単独） 53
  - 拡大命令 III ⇒ \bigl・\Bigl・\biggl・\Biggl・
　　\bigr・\Bigr・\biggr・\Biggr（単独）... 54
  - 自動拡大命令 ⇒ \left・\right
　　（左右対）......................... 54
- 特殊記号
  - 特殊記号（文）⇒ œ, å, ł, Å, Ł, ø など... 47

- ○ 特殊記号 (数) ⇒ ℵ, ∂, ℑ, ℧ など：`latexsym` `amssymb` を登録..................47
- ○ 特殊記号 (数・文) ⇒ ©, §, ¶, £ など......48
- 二項演算子記号 ⇒ ±, ×, ∩, ⊓ など.........49
- 否定関係演算子記号 ⇒ ≰, ⊄, ∝ など：`amssymb` を登録....................................51
- 見えない記号 ⇒ `\left.` `\right.`...............55

脚注
- 脚注の出力 ⇒ `\footnote`......................88
- 脚注ラベル ⇒ 1, 2, . . . a, b, . . . *, †, ...88
- 欄外脚注 ⇒ 「本文」の右マージンの外に確保される脚注の領域.........................7

行頭
- 行頭の字下げの一時的解除 ⇒ `\noindent`........27
- 行頭の字下げ幅 ⇒ `\parindent`.................27

く

空白
- 文字で終わる命令の後ろの 2 つ以上の空白 ⇒ 無視される.........................16

区切り記号
- 区切り記号とは ⇒ (,) ・「・」・〈 など............53
- 拡大命令 I ⇒ `\big`・`\Big`・`\bigg`・`\Bigg` (単独).........53
- 拡大命令 II ⇒ `\bigm`・`\Bigm`・`\biggm`・`\Biggm` (単独) 53
- 拡大命令 III ⇒ `\bigl`・`\Bigl`・`\biggl`・`\Biggl`・`\bigr`・`\Bigr`・`\biggr`・`\Biggr` (単独) ...54
- 自動拡大命令 ⇒ `\left`・`\right` (左右対) 54

こ

ゴシック体 (桜さくらサクラ)
- 宣言型 ⇒ `\gtfamily`..........................41
- 命令型 ⇒ `\textgt`...........................41

さ

参考文献リストの作成
- 自動的：簡単な例 ⇒ 99
- 手作業：簡単な例 ⇒ 97

サンセリフ体 (02abAB)
- 宣言型 ⇒ `\sffamily`.........................41
- 命令型 ⇒ `\textsf`...........................41

し

字下げ
- 行頭の字下げの一時的解除 ⇒ `\noindent`........27
- 行頭の字下げ幅 ⇒ `\parindent`.................27

章・節
- 部 ⇒ `\part`................................21
- 章 ⇒ `\chapter`.............................21
- 節 ⇒ `\section`.............................21
- 小節 ⇒ `\subsection`.........................21
- 小小節 ⇒ `\subsubsection`....................21
- 段落 ⇒ `\subparagraph`.......................21
- 小段落 ⇒ `\subparagraph`.....................21

書体選定
- 書体の組み合わせ選定 ⇒ 42
- 宣言型
  - ○ `\bfseries` ⇒ **02abAB**（ボールド体）......41
  - ○ `\gtfamily` ⇒ 桜さくらサクラ（ゴシック体）.41
  - ○ `\itshape` ⇒ *02abAB*（イタリック体）....41
  - ○ `\rmfamily` ⇒ 02abAB（ローマン体）.....41
  - ○ `\mcfamily` ⇒ 桜さくらサクラ（明朝体）....41
  - ○ `\mdseries` ⇒ 02abAB（ミディアム体）....41
  - ○ `\normalfont` ⇒ 2aA（ノーマルフォント体）..................................41
  - ○ `\scshape` ⇒ ABCabc（スモールキャップ体）.......................................41
  - ○ `\sffamily` ⇒ 02abAB（サンセリフ体）....41
  - ○ `\slshape` ⇒ *02abAB*（スラント体）......41
  - ○ `\ttfamily` ⇒ 02abAB（タイプライタ体）....41
  - ○ `\upshape` ⇒ 02abAB（直立体）...........41
- 命令型
  - ○ `\textbf` ⇒ **02abAB**（ボールド体）.......41
  - ○ `\textgt` ⇒ 桜さくらサクラ（ゴシック体）...41
  - ○ `\textit` ⇒ *02abAB*（イタリック体）.....41
  - ○ `\textrm` ⇒ 02abAB（ローマン体）........41
  - ○ `\textmc` ⇒ 桜さくらサクラ（明朝体）......41
  - ○ `\textmd` ⇒ 02abAB（ミディアム体）......41
  - ○ `\textnormal` ⇒ 2aA（ノーマルフォント体）.41
  - ○ `\textsc` ⇒ ABCabc（スモールキャップ体）.41
  - ○ `\textsf` ⇒ 02abAB（サンセリフ体）......41
  - ○ `\textsl` ⇒ *02abAB*（スラント体）........41
  - ○ `\texttt` ⇒ 02abAB（タイプライタ体）....41
  - ○ `\textup` ⇒ 02abAB（直立体）............41

す

数字
- 数式モードの数字 ⇒ 1,2,3,... （ローマン体）...39
- 文書モードの数字 ⇒ 1,2,3,... （ローマン体）...37

数式
- 数式のスタイル
  - ○ D-スタイル ⇒ `\displaystyle`..............66
  - ○ T-スタイル ⇒ `\textstyle`.................66
- 段落数式
  - ○ 複数行の数式 ⇒ `equarray` 環境（自動数式番号あり）......................65
  - ○ 複数行の数式 ⇒ `equarray*` 環境（自動数式番号なし）......................65
- 段落数式 ⇒ `$$`〜`$$`：1 行の数式（自動数式番号なし）............................66

図環境 (figure 環境) と表環境 (table 環境)
- 図表出力位置の制御変数
  - ○ `topnumber` ⇒ 上部出力図表の最大数.........87
  - ○ `bottomnumber` ⇒ 下部出力図表の最大数......87
  - ○ `totalnumber` ⇒ 出力図表の最大数...........87
  - ○ `topfraction` ⇒ 上部出力図表の最大面積比率..87
  - ○ `\bottomfraction` ⇒ 下部出力図表の最大面積比率....................................87
  - ○ `\textfraction` ⇒ 出力テキストの最低面積比率......................................87
  - ○ `\floatpagefraction` ⇒ 出力図表の最低面積比率..87
- 図表出力位置のパラメータ
  - ○ t ⇒ ページ頭 (top) 86
  - ○ h ⇒ ここ (here) 86
  - ○ b ⇒ ページ末 (bottom) 86
  - ○ p ⇒ 最後のページ 86

図形 (picture 環境)
- 円 ⇒ `\circle`, `\circle*`....................82
- 同じ図形要素を並べる ⇒ `\multiput`..........83
- 四分円 ⇒ `\oval`............................82
- 図形環境 ⇒ `picture` 環境....................79
- 図形原点の移動 ⇒ `\begin{picture}(Dx,Dy)(X,Y)` における (x,y)................................79
- 図形範囲 ⇒ `\begin{picture}(Dx,Dy)` における (Dx,Dy)....................................78, 79
- 図形要素 ⇒ `\put(x,y){~}` における ~ の部分 ..78
- 図形要素の参照点 ⇒ `\put(x,y)` 命令における (x,y).................................78, 79, 80
- 単位長 ⇒ `\unitlength`.......................78
- 直線 ⇒ `\line`...............................80
- ベクトル ⇒ `\vector`：`picture` 環境..........81

スペース
- 改行不可スペース ⇒ `~`（定理~1.2）..........33
- 垂直方向のスペース
  - ○ 垂直方向に指定した幅のスペースを空ける ⇒ `\vspace`, `\vspace*`（ページの頭で使用）...29
- 水平方向のスペース

○ 水平方向に指定した幅のスペースを空ける ⇒ \hspace, \hspace* (行頭で使用) 28
○ 標準的な水平方向のスペース ⇒ \quad, \qquad 28
● 単語間スペース ⇒ \␣ 32
● 文間スペース ⇒ \@ 32

スモールキャップ体 (ABCABC)
　● 宣言型 ⇒ \scshape 41
　● 命令型 ⇒ \textsc 41
スラント体 (02abAB)
　● 宣言型 ⇒ \slshape 41
　● 命令型 ⇒ \textsl 41

そ

相互参照
　● 箇条書の相互参照 ⇒ enumerate 環境 96
　● 脚注番号の相互参照 ⇒ 96
　● 参照ラベル ⇒ \label 94
　● 参照ラベルの定義 ⇒ \label, \ref を見よ 94
　● 自動数式番号の相互参照 ⇒ 94
　● 図表番号の相互参照 ⇒ 95
　● 相互参照ラベルの呼出し ⇒ \ref, \label を見よ .. 94
　● 定理番号の相互参照 ⇒ 95
　● 部・章・節・段落の番号の相互参照 ⇒ 94
　● ページ番号の相互参照 ⇒ \pageref 96
添字
　● x^2 ⇒ x^2: 上付き添字 70
　● x_2 ⇒ x_2: 下付き添字 70

た

タイプライタ体 (02abAB)
　● 宣言型 ⇒ \ttfamily 41
　● 命令型 ⇒ \texttt 41
ダッシュ記号
　● —— ⇒ —: 文の区切り (文) 56
　● -- ⇒ –: 数字の範囲 (文) 56
　● - ⇒ -: 単語間の区切り (文) 56

ち

直立体 (02abAB)
　● 宣言型 ⇒ \upshape 41
　● 命令型 ⇒ \textup 41

て

定理環境
　● 定理環境の定義 ⇒ \newtheorem 75
　● 通常の定理 ⇒ Theorem 1 75
　● 注付き定理 ⇒ Axiom (Alice) 1 75

と

特殊記号
　● 特殊記号 (文) ⇒ œ, å, ł, Å, L, ø など 47
　● 特殊記号 (数) ⇒ ℵ, ∂, ℑ, ℧ など: latexsym amssymb を登録 47
　● 特殊記号 (数・文) ⇒ ©, §, ¶, £ など 48
ドット記号
　● \cdot ⇒ · (数) 56
　● \cdots ⇒ ⋯ (数) 56
　● \ddots ⇒ ⋱ (数) 56
　● \ldots ⇒ ... (文・数) 56
　● \vdots ⇒ ⋮ (数) 56

な

中寄せ
　● 1 行のテキスト ⇒ \centerline 34
　● 複数行のテキスト ⇒ center 環境 34

の

ノーマルフォント体 (02abAB)
　● 宣言型 ⇒ \normalfont 41
　● 命令型 ⇒ \textnormal 41

ひ

引数
　● オプション引数 ⇒ [ ] (省略できる) 15
　● オプション引数項目 ⇒ オプション引数 [ ] として指定する項目 15
　● 必須引数 ⇒ { } (省略できない) 15
左寄せ
　● 1 行のテキスト ⇒ \leftline 34
　● 複数行のテキスト ⇒ flushleft 環境 34
表
　● アレイ表
　　○ array 環境 ⇒ 61
　　○ 位置パラメータ ⇒ t・c・b 62
　　○ 縦罫線 ⇒ | 61
　　○ 横罫線 ⇒ \hline 61
　　○ 横罫線を部分的に引く ⇒ \cline 62
　● タブロー表 ⇒ tabular 環境 (文) 63

ふ

フィールド
　● 任意フィールド ⇒ 文献データベースファイル (~.BIB) 103
　● 必須フィールド ⇒ 文献データベースファイル (~.BIB) 103
付録
　● 付録作成の宣言 ⇒ \appendix 23
　● 付録の番号 ⇒ A, B, ..., A.1, A.2, ... 23
　● 付録の見出し ⇒ 「付録」という見出しは, book, report では自動的に出力されるが, article では自動的には出力されない 23
文献
　● 参考文献リスト環境 ⇒ thebibliography 環境 98
　● 文献出力スタイルの指定 ⇒ \bibliographystyle 101
　● 文献引用キー ⇒ 通常は著者名 98, 101
　● 文献の引用キーを宣言する命令 ⇒ \bibitem 98
　● 文献の引用 ⇒ \cite 98, 100
　● 文献ラベル ⇒ [1], [2], ⋯ 98
文献データベースファイル (~.BIB)
　● 任意フィールド ⇒ 103
　● 必須フィールド ⇒ 103
　● フィールド
　　○ key ⇒ 104
　　○ type ⇒ 104
　　○ yomi ⇒ 104
　　○ address ⇒ 住所 104
　　○ annote ⇒ 注釈 (無視される) 104
　　○ author ⇒ 著者名 104
　　○ booktitle ⇒ その一部が引用されている本などの標題 104
　　○ chapter ⇒ 章 104
　　○ edition ⇒ 版 104
　　○ editor ⇒ 編集者の名 104
　　○ howpublished ⇒ 規格外のものの発表のされ方 104
　　○ institution ⇒ それを出している組織の名前 104
　　○ journal ⇒ 雑誌の名前 104
　　○ month ⇒ 月 104
　　○ note ⇒ 追加情報 104
　　○ number ⇒ 「巻」に続く「号」 104
　　○ organization ⇒ それを出している学術会議の名前 104
　　○ pages ⇒ ページ番号 104
　　○ publisher ⇒ 出版社名 104
　　○ school ⇒ 大学名 104
　　○ series ⇒ シリーズ名, 巻名 104

- ○ title ⇒ 標題 104
- ○ volume ⇒ 巻番号 104
- ○ year ⇒ 年 104
- ○ 自分で登録 ⇒ 104
- 文献カテゴリ
  - ○ @article(論文) ⇒ 103
  - ○ @book(本) ⇒ 103
  - ○ @booklet(出版社の明記されていない本) ⇒ 103
  - ○ @conference(@inproceeding と同じ) ⇒ . 103
  - ○ @inbook(本のある章やあるページの引用) ⇒ 103
  - ○ @incollection(本の一部でそれ自体にタイトルのあるもの) ⇒ 103
  - ○ @inproceedings(学術会議の紀要に収録されているもの) ⇒ 103
  - ○ @manual(技術文書，マニュアル) ⇒ ... 103
  - ○ @masterthesis(修士論文) ⇒ 103
  - ○ @misc(どれにも該当しないもの) ⇒ ... 103
  - ○ @phdthesis(博士論文) ⇒ 103
  - ○ @proceedings(学術会議の紀要) ⇒ 103
  - ○ @techreport(研究機関が出す技報) ⇒ ... 103
  - ○ @unpublished(非公式出版物) ⇒ ... 103

文書クラス
- 欧文 ⇒ article, book, report, letter 6
- 縦書き ⇒ tarticle, tbook, treport 6
- 和文 ⇒ jarticle, jbook, jreport 6

へ

ページ
- 奇数ページ ⇒ 右ページ 12
- 偶数ページ ⇒ 左ページ 12
- ページの上基準線 ⇒ ページの基準点より右方向に伸びる線 7
- ページの基準点 ⇒ 用紙の左上端点より下と右へそれぞれ (1 インチ移動した点) 7
- ページの下基準線 ⇒ ページの基準点より下方向に伸びる線 7
- ページのレイアウトパラメータ
  - ○ \columnsep ⇒ 2 段組における左右の段間の距離 7
  - ○ \columnseprule ⇒ 2 段組における左右の段間に引く罫線の幅 7
  - ○ \evensidemargin ⇒ 偶数 (左) ページにおける左基準線より本文領域までの距離 7
  - ○ \footskip ⇒ 本文領域の下端とフッタ領域の下端までの距離 7
  - ○ \headheight ⇒ ヘッダ領域の高さ 7
  - ○ \headsep ⇒ ヘッダ領域の下端より本文領域の上端までの距離 7
  - ○ \marginparpush ⇒ 欄外脚注間の距離 ... 7
  - ○ \marginparsep ⇒ 欄外脚注と本文の距離 7
  - ○ \marginparwidth ⇒ 欄外脚注の幅 7
  - ○ \oddsidemargin ⇒ 奇数 (右) ページにおける左基準線より本文領域までの距離 7
  - ○ \textheight ⇒ 本文領域の高さ 7
  - ○ \textwidth ⇒ 本文領域の幅 7
  - ○ \topmargin ⇒ ページの上基準線よりヘッダ領域の上端までの距離 7
  - ○ \topskip ⇒ 本文領域の上端から本文の第 1 行目までの距離 7
- 左ページ ⇒ 偶数ページ 12
- ページ形式の種類
  - ○ empty ⇒ ヘッダ・フッタの設計には何も出力されない 11
  - ○ headings ⇒ ヘッダにページ番号や章・節などの番号と標題が出力 11
  - ○ myheadings ⇒ ヘッダに自分好みの情報が出力できる 11
  - ○ plain ⇒ フッタにページ番号のみを出力 11
- ページ形式の宣言 ⇒ \pagestyle 11
- ページ番号 ⇒ article と book・report では異なる 11
- ページ番号の種類 ⇒ \arabic, \roman, \Roman, \alph, \Alph 12
- 右ページ ⇒ 奇数ページ 12

ベジェー曲線
- \bezier ⇒ bezier 84
- \qbezier ⇒ bezier 84
- 始点 ⇒ 84
- 終点 ⇒ 84
- 制御点 ⇒ 84
- 点列数 ⇒ 84

ほ

ボールド体 (02abAB)
- 宣言型 ⇒ \bfseries 41
- 命令型 ⇒ \textbf 41

ボックス
- 黒ボックス ⇒ \rule : （「罫線ボックス」とも言う）................. 91
- ボックスとその内部のテキストとの隙間 ⇒ \fboxsep 91
- ボックス枠の線の太さ ⇒ \fboxrule 91
- 枠付きボックス
  - ○ \fbox ⇒ 枠付きボックス：aaa 89
  - ○ \framebox ⇒ 横幅を指定：aaa 89
  - ○ \framebox ⇒ 横幅と縦幅を指定：aaa 90
- 枠なしボックス
  - ○ \mbox ⇒ 枠なしボックス：aaa 90
  - ○ \makebox ⇒ 横幅を指定：aaa 90
  - ○ \makebox ⇒ 横幅と縦幅を指定：aaa 90

ま

マクロ命令
- 既存命令の再定義 ⇒ \renewcommand 18
- 新環境命令の定義 ⇒ \newenvironment 18
- 新命令の定義 ⇒ \newcommand 17

み

右寄せ
- 1 行のテキスト ⇒ \rightline 34
- 複数行のテキスト ⇒ flushright 環境 34

ミディアム体 (02abAB)
- 宣言型 ⇒ \mdcories 41
- 命令型 ⇒ \textmd 41

明朝体 (桜さくらサクラ)
- 宣言型 ⇒ \mcfamily 41
- 命令型 ⇒ \textmc 41

め

命令
- 環境命令 ⇒ \begin{ } で始まり \end{ } で終わる命令 (array 環境, minipage 環境など) .. 15
- 宣言型の命令 ⇒ それを宣言するとそれ以降の出力形式が変わるような命令 15
- 単独命令 ⇒ &, \alpha などそれ自体で 1 つの命令となるもの 15
- マクロ命令
  - ○ 既存命令の再定義 ⇒ \renewcommand 18
  - ○ 新環境命令の定義 ⇒ \newenvironment 18
  - ○ 新命令の定義 ⇒ \newcommand 17
- マクロ命令 ⇒ いくつかの単独命令，環境命令，および文章の組合せとして作られている命令 .. 15
- 命令型の命令 ⇒ 宣言型の命令以外の命令 15

も

モード

- 左右モード ⇒ 改行不可で，左から右へ何処までも
  延びていくモード 35, 37
- 数式モード ⇒ 数式を書くモード 35
- 段落モード ⇒ ページ末で自動的に改行され，かつ文
  章の任意の所で改行もできるモード 35
- 段落モード ⇒ 文書を書くモード（改行可）..... 37
- 文書モード ⇒ 「段落モード」＋「左右モード」... 37

目次
- 目次の出力 ⇒ \tableofcontents 25

文字間の幅の調整
- カーニング（字詰め）⇒ 「To」（通常は「To」）.. 37
- プロポーショナルスペーシング ⇒ $\lceil differ \rceil$
  （数学イタリック体では $\lceil differ \rceil$）....... 37
- リガチャ ⇒ 合字「ff, fi, fl, ffl, ffi」（通常は「ff, fi,
  fl, ffl, ffi」）............................... 38

文字サイズ
- \tiny ⇒ a花√2（文・数）................ 43
- \scriptsize ⇒ a花√2（文・数）.......... 43
- \footnotesize ⇒ a花√2（文・数）....... 43
- \small ⇒ a花√2（文・数）............... 43
- \normalsize ⇒ a花√2（文・数）
  （\documentclass で指定したサイズ）..... 43
- \large ⇒ a花√2（文・数）............... 43
- \Large ⇒ a花√2（文・数）............... 43
- \LARGE ⇒ a花√2（文・数）.............. 43
- \huge ⇒ a花√2（文・数）................ 43
- \Huge ⇒ a花√2（文・数）............... 43

や

矢印
- 矢印記号 ⇒ ←, ⇒, ⇔, ↦, ↙, ↗ など..... 52

ローマン体 (02abAB)
- 宣言型 ⇒ \rmfamily........................ 41
- 命令型 ⇒ \textrm.......................... 41

その他

- D–スタイル ⇒ ディスプレイスタイル 66
- T–スタイル ⇒ テキストスタイル 66
- CTAN ⇒ Comprehensive TeX Archive Network 118
- LaTeX 2ε に関する情報の所在 ⇒ CTAN 118
- Log 型記号 ⇒ log, sin, cos, lim, max など......... 69
- o ⇒ オミクロン（ギリシャ文字）...................... 39
- Sum 型記号 ⇒ ∑, ∫, ∏, ∩, ⊗ など（「可変サイズの
  記号」，「大型演算子」とも言う）........... 68
- TeX ユーザーズ・グループ ⇒ 118

色の種類

標準 8 色
- red ⇒ 105
- blue ⇒ 105
- green ⇒ 105
- yellow ⇒ 105
- cyan ⇒ 105
- magenta ⇒ 105
- black ⇒ 105
- white ⇒ 105

Crayola 67 色
- GreenYellow ⇒ 111
- Yellow ⇒ 111
- Goldenrod ⇒ 111
- Dandelion ⇒ 111
- Apricot ⇒ 111
- Peach ⇒ 111
- Melon ⇒ 111
- YellowOrange ⇒ 111
- Orange ⇒ 111
- BurntOrange ⇒ 111
- Bittersweet ⇒ 111
- RedOrange ⇒ 111
- Mahogany ⇒ 111
- Maroon ⇒ 111
- BrickRed ⇒ 111
- Red ⇒ 111
- OrangeRed ⇒ 111
- RubineRed ⇒ 111
- WildStrawberry ⇒ 111
- Salmon ⇒ 111
- CarnationPink ⇒ 111
- Magenta ⇒ 111
- Rhodamine ⇒ 111
- Mulberry ⇒ 111
- RedViolet ⇒ 111
- Fuchsia ⇒ 111
- Lavender ⇒ 111
- Thistle ⇒ 111
- Orchid ⇒ 111
- DarkOrchid ⇒ 111
- Purple ⇒ 111
- Plum ⇒ 111
- Violet ⇒ 111
- RoyalPurple ⇒ 111
- BlueViolet ⇒ 111
- Periwinkle ⇒ 111
- CadetBlue ⇒ 111
- CornflowerBlue ⇒ 111
- MidnightBlue ⇒ 111
- NavyBlue ⇒ 111
- RoyalBlue ⇒ 111
- Blue ⇒ 111
- Cerulean ⇒ 111
- Cyan ⇒ 111
- VioletRed ⇒ 111
- ProcessBlue ⇒ 111
- SkyBlue ⇒ 111
- Turquoise ⇒ 111
- Aquamarine ⇒ 111
- BlueGreen ⇒ 111
- Emerald ⇒ 111
- JungleGreen ⇒ 111
- SeaGreen ⇒ 111
- Green ⇒ 111
- ForestGreen ⇒ 111
- PineGreen ⇒ 111
- LimeGreen ⇒ 111
- YellowGreen ⇒ 111
- SpringGreen ⇒ 111
- OliveGreen ⇒ 111
- RawSienna ⇒ 111
- Sepia ⇒ 111
- Brown ⇒ 111
- Tan ⇒ 111
- Gray ⇒ 111
- Black ⇒ 111
- White ⇒ 111

著者略歴

生田誠三(いくたせいぞう)
1941年　北海道に生まれる
1972年　慶應義塾大学大学院工学研究科
　　　　管理工学専攻博士課程修了
現　在　筑波大学社会工学系助教授
　　　　工学博士
専　攻　生産管理，オペレーションズリサーチ

LaTeX 2_ε 入門　　　　　　　定価はカバーに表示
2003年6月25日　初版第1刷

著　者　生　田　誠　三
発行者　朝　倉　邦　造
発行所　株式会社　朝　倉　書　店
　　　　東京都新宿区新小川町6-29
　　　　郵便番号　162-8707
　　　　電　話　03(3260)0141
　　　　Ｆ　Ａ　Ｘ　03(3260)0180
　　　　http://www.asakura.co.jp

©2003〈無断複写・転載を禁ず〉　　ローヤル企画・渡辺製本
ISBN 4-254-12157-1　C 3041　　　Printed in Japan

筑波大 生田誠三著 **LaTeX 2ε 文典** 12140-7 C3041　B5判 372頁 本体4800円	LaTeXを使い始めた人が必ず経験する"このあとどうすればいいのだろう"という疑問の答を,入力と出力結果を示しながら徹底的に伝授。2ε対応〔内容〕クラス／プリアンブル／ヘッダ／マクロ命令／数式のレイアウト／行列／色指定／図形／他
中大 小林道正・東大 小林 研著 **LaTeX で数学を** ―LaTeX2ε + AMS-LaTeX入門― 11075-8 C3041　A5判 256頁 本体3400円	LaTeX2εを使って数学の文書を作成するための具体例豊富で実用的なわかりやすい入門書。〔内容〕文書の書き方／環境／数式記号／数式の書き方／フォント／AMSの環境／図版の取り入れ方／表の作り方／適用例／英文論文例／マクロ命令
関大 上島紳一・関大 吉田宣章・関大 柴田　一著 **情報学入門** ―コンピュータの仕組みと言語― 12136-9 C3041　A5判 208頁 本体2900円	理工系や経営・経済などの分野にとらわれず,コンピュータやネットワークを通して広く情報を扱う。〔内容〕情報学とは／コンピュータの構成／インターネットとその仕組／データ通信の原理／コンピュータ言語／情報ベース／問題解決法／他
九州工業大学情報科学センター編 **インターネット時代の フリーUNIX入門** ―Linux, FreeBSDを用いた情報リテラシー― 12148-2 C3041　B5判 288頁 本体2900円	"情報, ネットワーク, マルチメディア"をキーワードにした情報処理基礎教育のテキスト。〔内容〕UNIXの基礎／エディタの使い方／電子メール・Webページの利用法／pLaTeX／作図ツール／UNIXコマンド／各種プログラム言語
東海大 豊田 正編著 名城大 中山 功・東北大 原 啓明・東海大 安江正樹著 **C言語によるコンピュータ入門** 12152-0 C3004　A5判 248頁 本体3200円	豊富な例題でプログラミングを修得し,ハードも理解することでコンピュータの仕組みがわかる。〔内容〕コンピュータの誕生と発展／ハードウェアの基礎／C言語を操る／数値データ・文字データの表示／キーボードからの入力／データベース他
愛知工大 小池慎一・名商大 原田義久・愛知工大 中村欽明・愛知工大 伊藤 雅・名文理大 山住富也著 **コンピュータ活用技術** 12153-9 C3004　A5判 192頁 本体2800円	コンピュータの基本を理解し自身の力で使いこなせるよう,やさしく,わかりやすく解説した入門書。〔内容〕アプリケーションソフトの基本的活用法／インターネット活用法／コマンドレベルでのコンピュータ操作／自宅内でのネットワーク他
ソモソフト 奥川峻史著 **インターネット・Webテクノロジ通論** 12156-3 C3004　A5判 184頁 本体2900円	よく理解したい,本当に使いこなしたい,読者のための入門・実践書〔内容〕最新LANテクノロジ／TCP／IPプロトコルスイート／インターネットワーキング／高速インターネット／メール／Web／セキュリティ／モバイルインターネット
会津大 ILSグループ著 **インターネット・リテラシー** 12125-3 C3041　B5判 148頁 本体3900円	目的をもってインターネットを始める人のために,概念からしくみまでを図解により解説。〔内容〕WWWの概要／Java言語―アプレットの活用法／デザイナーのためのTcl & Tk言語／サーバ管理をめざす人へのPerl言語／他[CD-ROM付]
M.F.モリアティ著　前自治医大 長野 敬訳 **「考える」科学文章の書き方** 10172-4 C3040　A5判 224頁 本体3600円	「書く」ことは「考える」ことだ。学生レポートからヒポクラテスまで様々な例文を駆使し,素材を作品に仕上げていく方法をコーチ。〔内容〕科学を考える・書く／読者と目的／抄録／見出し／論文／図表／展望／定義／文脈としての分類／比較／他
J.ゾーベル著　CSK 黒川利明・黒川容子訳 **コンピュータサイエンスの 英語文書の書き方** 10173-2 C3040　A5判 192頁 本体3200円	計算機科学・数学的内容を含む論文やレポートの文体を解説し,発表にまで言及した入門書〔内容〕論文／文体:一般的ガイドライン／文体:具体的なこと／句読点／数学／グラフ,図,表／アルゴリズム／仮説と実験／編集／査読／短い講演
核融合科学研 廣岡慶彦著 **理科系のための 入門英語プレゼンテーション** 10184-8 C3040　A5判 136頁 本体2500円	著者の体験に基づく豊富な実例を用いてプレゼン英語を初歩から解説する入門編。学会・会議に不可欠なコミュニケーションのコツも伝授。〔内容〕予備知識／準備と実践／質疑応答／国際会議出席に関連した英語／付録(予備練習／重要表現他)
核融合科学研 廣岡慶彦著 **理科系のための 実戦英語プレゼンテーション** 10182-1 C3040　A5判 144頁 本体2700円	豊富な実例を駆使してプレゼン英語の実際を解説。質問に答えられないときの切り抜け方など,とっておきのコツも伝授する。〔内容〕心構え／発表のアウトライン／研究背景・動機の説明／研究方法の説明／結果と考察／質疑応答／重要表現

上記価格(税別)は2003年5月現在